21世纪海上丝绸之路研究丛书

"一带一路"经贸合作
及其经济效应

RESEARCH ON ECONOMIC AND
TRADE COOPERATION AND
THEIR EFFECTS OF THE "BELT AND ROAD"

许培源 著

社会科学文献出版社
SOCIAL SCIENCES ACADEMIC PRESS (CHINA)

本书为以马克思主义为指导的哲学社会科学学科基础理论研究基地"21世纪海上丝绸之路研究中心"的研究成果

前　言

　　"一带一路"是中央统揽国内国外两个大局，基于国家主权安全和经济发展利益需要，在周边和国际环境趋于复杂的背景下，提出的一个重大构想。经贸合作是"一带一路"建设的主轴，本书研究"一带一路"尤其是 21 世纪海上丝绸之路①的经贸合作及其经济效应，包括宏观决策篇、国别（地区）篇和专题研究篇三部分。

　　宏观决策篇从建设路径、贸易自由化便利化、境外经贸合作区投资、与国内自贸试验区对接四个方面研究 21 世纪海上丝绸之路建设。

　　建设路径方面，21 世纪海上丝绸之路建设的基本路径是：以国际经贸合作为核心，以海上运输通道和基础设施建设为骨架，以沿线的重点港口、中心城市、资源区块、产业园区为支撑体系，以互联互通和贸易投资便利化为手段，以利益共同体和命运共同体为建设方向，推动以南海和重要通道为主的海上合作和共同开发，实现海上的联通便利化；同时，推进海上丝绸之路经济融合，形成开放式国际经济合作带，打造具有强大产业聚集效能的经济走廊，以利益交融、互利共赢的一体化伙伴关系，重构海丝经贸合作新格局，参与和引领全球经济治理，拓展国际发展新空间。

　　贸易自由化便利化方面，当前沿线各国贸易自由化便利化水平差异显著，南亚的贸易自由化、便利化水平均最低，是推进自由贸易区谈判的优先领域；中国的贸易自由化水平较低，应着力扩大市场准入、减少贸易限

---

① 为行文简便，21 世纪海上丝绸之路在本书中有时简称海上丝绸之路或"海丝"。

制；东非、南非的贸易便利化程度低，应着力基础设施建设、提高通关效率等。进一步模拟评估贸易自由化便利化的国际经济效应发现：贸易自由化、便利化均对沿线各区域的实际 GDP、社会福利、进出口等产生正向激励，但贸易便利化的作用更显著；从区域看，贸易自由化对南亚、东非、南非的进出口影响较大，贸易便利化对"海丝"各区域进出口影响均十分显著，而二者均显著改善和提升中国的贸易条件和社会福利水平；从产业角度看，贸易自由化便利化推动沿线各国朝着各自比较优势的方向发展。由于一些国家在贸易自由化、贸易便利化中呈正负相反的收益，因此，两者同步推进是构建"海丝"自由贸易区网络的最优模式。

境外经贸合作区投资方面，境外经贸合作区借鉴中国"经济特区"建设经验，已成为"一带一路"建设的重要载体。合作区沿着"一带一路"建设的"六走廊三通道"布局，形成陆上和海上丝绸之路国际经济合作带，引领中国对外投资进入新阶段。传统的国际直接投资理论无法解释境外经贸合作区建设实践。基于"一带一路"国家间制度异质性引发的高投资壁垒和风险，以及合作区企业的"集体行动优势"和"政府保障优势"，建构境外经贸合作区理论，是"一带一路"经济学基础理论创新。中国对"一带一路"沿线 65 个国家投资的实证分析也表明："一带一路"国家间制度异质性引发的高风险和高壁垒显著抑制中国企业的海外投资，政府为合作区企业克服"集体行动难题"提供的选择性激励和利用政府间外交关系"保驾护航"能够帮助合作区企业克服国家间制度异质性引发的高投资壁垒和风险。因此，"一带一路"的"五通"应致力于为境外经贸合作区的建设和运行创造良好的条件，以"一带一路"引领境外经贸合作区发展。

与国内自贸试验区（简称自贸区）对接方面，上海、广东、天津、福建等自贸区作为"一带一路"的国内支点，在功能上承接着设施联通、贸易畅通、资金融通等"一带一路"建设的核心任务，各个自贸区的区位、港口、产业等条件不同，差异化地推进"一带一路"建设。上海自贸区以制度创新为核心，推动以服务贸易、投资、知识产权、金融规则等为主的国际经贸规则的融合和重构，是"一带一路"经贸合作规则的先行先试；天津自贸区发挥天津港的优势，打造"一带"和"一路"双向开放新平台、新通道，既建设联通中亚、蒙俄、欧洲的陆路通道，又加强与日韩的海上互联互通；福建自贸区对接台湾自由经济示范区，携手两岸共建海上丝绸之路，同时依托东南国际航运中心，拓展海洋合作，打造海上关键支点；广东自贸区打造粤港澳大湾区，依托港口和机场群及香港金融服务优势，成为海上丝绸之路的贸易、金融和航运中心。

国别（地区）篇选择海上丝绸之路沿线重要国家印尼、马来西亚、泰国，枢纽城市香港、澳门，研究其在"一带一路"尤其是海上丝绸之路建设中的态度、角色和作为。

印尼方面。印尼在海上丝绸之路建设中占据重要地位，其"全球海洋支点"战略与中国海上丝绸之路倡议有重叠和合作空间，也存在竞争。因此印尼的态度和行动至关重要。研究发现，印尼一方面乐于通过参与海上丝绸之路建设推动其"全球海洋支点"战略，提升其国际地位，同时获得资金和技术支持；另一方面，印尼国内仍然存在反对的声音，不愿意因为参与海上丝绸之路而损害与其他国家的经贸和外交关系，且更强调其国内建设目标。中国可将印尼定位为海上丝绸之路的关键支点、示范、中介和重要市场，并注意从印尼最为关心的海上互联互通和出口型制造业两大方面与该国进行对接，注重形成"点、线、面"的一体化协同。当前，两国应着力开展多层次交流，改革投资制度，发挥华侨华人的桥梁作用。

马来西亚方面。与一些东南亚国家普遍的"谨慎和观望"的模糊态度相比，马来西亚政商各界对海上丝绸之路倡议给予了更多的正面回应和支持，但其参与海上丝绸之路建设以实现本国经济目标为诉求，坚持东盟是外交第一方向，且不希望本国和东南亚成为大国博弈的场所。中国可以将马来西亚定位为海上丝绸之路的重要门户、多方共建的重要平台及合作共赢的良好示范。通过和马来西亚签订共建海上丝绸之路的框架性协议，加强与东盟互联互通规划（AMPC）对接，创新伊斯兰金融合作，以及依托马中关丹产业园、巴生港自由贸易园区、依斯干达经济特区等强化国际产能合作，可以推动丝路共建、实现互利共赢。

泰国方面。泰国地处中南半岛的核心，中泰经贸合作值得期待。但泰国对华出口以初级产品为主，贸易逆差严重，中国对泰国出口以制造品为主，且竞争性制造品居多。两国双边投资规模很小，投资便利化和互联互通水平明显不足。当前，在中国—东盟自贸区升级版、21世纪海上丝绸之路、美国亚太/印太平衡三大宏观环境下，深化和拓展中泰经济关系要有大战略、大思路。战略上，以 CAFTA 升级版为平台，创新机制体制，深化双多边经济合作；建设大湄公河次区域（GMS）经济走廊，以基础设施和农业合作为牵引，增强互利和互信；抓住海上丝绸之路建设机遇，融合通道建设和经济合作，实现互利共赢。相应的主要举措包括：加大双边投资力度、促进产能合作；发展投资带动型贸易，缩小贸易差额；加快基础设施建设，提高互联互通能力；加强金融合作提供融资支撑；开展全方位、多层次交流等。

香港方面。香港处于海上丝绸之路的关键节点，在金融投资、贸易航运、现代服务、国际化人才等领域有深厚的积累，其主要优势与"一带一路"建设的设施联通、贸易畅通、资金融通等核心内容高度契合，"一带一路"是香港发展的战略机遇。香港可以以粤港澳大湾区为载体，成为：21 世纪海上丝绸之路的心脏区域；"一带一路"区域最大的国际融资中心，亚洲基础设施投资银行（AIIB）等四大"资金池"的合作中心；"一带一路"基础设施建设和产业转移的桥梁；推动"一带一路"沿线人民币国际化的重要力量；"一带一路"国际化制度和人才的孵化器和输出地。

澳门方面。澳门与香港同处珠江入海口，都具有作为珠三角地区对外窗口的地位。可以发挥其地理优势，建成闽粤两省乃至中国与海上丝绸之路沿线重点港口对接的枢纽城市。澳门也是东西方文化交流荟萃、包容互鉴的经典城市，可以发挥其历史人文优势，挖掘澳门"不同而和、和而不同"的丝路文化，传播"包容互鉴"的丝路精神，建成海上丝绸之路国际旅游城市。此外，澳门与葡语国家联系广泛，可以建设成为中国与葡语国家经贸合作的服务平台。

专题研究篇关注中国—东盟海上互联互通、"一带一路"科技合作、"一带一路"沿线恐怖活动以及福建省"海丝"核心区建设四个专题。

中国—东盟海上互联互通方面。东盟是 21 世纪海上丝绸之路主航道的辐射区，21 世纪海上丝绸之路建设旨在将中国东部沿海港口和东盟国家主要港口连接起来，推动港口、城市和海洋经济合作，形成海上丝绸之路国际经济合作带。中国—东盟海上互联互通不仅是中国—东盟经贸合作的基础，也是影响合作成效的重要因素。从经济学角度看，海上互联互通主要指港航基础设施建设升级、航线增加的"硬联通"，以及港口通关便利，海关标准、程序、规章等一致的"软联通"。运用全球贸易分析（GTAP）

模型模拟"硬联通"和"软联通"对双多边贸易、投资和经济增长的影响，结果显示："硬联通"带来的运输成本下降和"软联通"带来的贸易便利化均能提升双方的实际GDP、社会福利和进出口规模，改善贸易条件，推动中国与东盟各国经济朝着各自比较优势的方向发展，但"软联通"的作用要大得多。因此中国—东盟海上互联互通建设，应重点推进海关通关制度、措施、标准的建设，加强海关口岸管理，推进贸易便利化，才能有效提升经贸合作的层次和水平。

"一带一路"科技合作方面。科技合作是共建"一带一路"的重要内容，是提升我国与"一带一路"沿线国家合作水平的重点领域，也是推进"一带一路"重大工程项目顺利实施的技术保障，在"一带一路"建设中起引领和支撑作用。基于中国与"一带一路"沿线65个国家科技合作的实证分析表明：当前"一带一路"沿线国家与中国的科技合作处于起步阶段，合作多局限于地理邻近国，且合作广度不足；各种科技合作的作用可归为合作研发、技术转移两类，分别通过影响"一带一路"沿线国家研发能力和知识存量的形式，促进其技术创新与经济增长，且在技术水平较低的国家作用更大；研发合作和技术转移的创新增长效应相互促进，因此两类科技合作同时开展才能有效发挥其效应。

应对"一带一路"沿线恐怖活动方面。"一带一路"沿线为恐怖活动多发地带，恐怖活动及其空间溢出效应已成为制约"一带一路"旅游业发展的重要因素。利用空间杜宾模型量化评估"一带一路"沿线国家恐怖活动及其空间溢出效应对沿线各国旅游业的影响，结果显示："一带一路"沿线国家恐怖活动和旅游业发展均呈现显著的空间集聚特征；恐怖活动对旅游业发展产生的直接效应、间接效应（空间溢出效应）和总效应均为负，间接效应更大，即恐怖活动不仅抑制活动发生国旅游业发展，还通过溢出效应对地理邻近和文化相近的国家旅游业产生重要影响；在次区域层面，中蒙俄—中亚—东南亚、南亚—西亚、中东欧三大区域恐怖活动对旅游业的直接、间接和总影响也均为负，其中南亚—西亚区域的直接和间接影响最显著。这意味着，构建反恐合作联盟和旅游安全合作机制是应对"一带一路"沿线恐怖活动的必要措施，而南亚—西亚则是该合作的重点区域。

福建省"海丝"核心区建设方面。福建省的地理区位、产业基础、海洋资源、港口条件、人文特色等优势，使其成为 21 世纪海上丝绸之路的核心区。核心区的功能定位是 21 世纪海上丝绸之路互联互通的重要枢纽、经贸合作的前沿平台、体制机制创新的先行区域、人文交流的重要纽带。相应地，从互联互通、经贸合作、海洋合作、科技合作、人文交流等方面探索并提出福建省"海丝"核心区建设的机制与路径，即：构建"海、陆、空、网"复合型互联互通网络；建设境外经贸合作区、产业园区、生产加工基地等，打造"海丝"生产价值链；加强与东南亚及台湾地区的"海丝"经贸合作；发挥远洋渔业优势，拓展与东盟国家的海洋合作；以东南亚国家为重点，创新科技合作机制，构建"海丝"核心区创新网络；实施"海丝引智计划"，密切"海丝"人文交流等。

目 录
Contents

宏观决策篇

第一章　21世纪海上丝绸之路及其建设路径

"一带一路"是中央统揽国内国外两个大局，基于国家主权安全和经济发展利益需要，在周边和国际环境趋于复杂的背景下，提出的一个重大构想。21世纪海上丝绸之路建设的基本路径是：以国际经贸合作为核心，以海上运输通道和基础设施建设为骨架，以沿线的重点港口、中心城市、资源区块、产业园区为支撑体系，以互联互通和贸易投资便利化为手段，以利益共同体和命运共同体为建设方向，推动以南海和重要通道为主的海上合作和共同开发，实现海上的联通便利化；同时，推进海上丝绸之路经济融合，形成开放式国际经济合作带，打造具有强大产业聚集效能的经济走廊，以利益交融、互利共赢的一体化伙伴关系，重构海上丝绸之路经贸合作新格局，参与和引领全球经济治理，拓展国际发展新空间。

一　21世纪海上丝绸之路的内涵及其意义

（一）"一带一路"的提出

2013年10月习近平在访问印度尼西亚期间，提出中国愿同东盟国家加强海上合作，共同建设21世纪海上丝绸之路的倡议。这与2013年9月习近平访问哈萨克斯坦时提出的丝绸之路经济带一脉相承。"一带一路"是中央统揽国内国外两个大局，基于国家主权安全和经济发展利益需要，在周边和国际环境趋于复杂的背景下，提出的一个重大构想。目的是通过向西向海开发开放，形成沿海沿边全方位对外开放的新格局，把握陆地和海上区域合作的主动权，贯通陆海大通道，打造我国周边地区的政治互信、经济融合、文化包容、安全合作的利益和命运共同体，以更加牢固的国家安全屏障，更加广阔的国际市场空间，更加紧密的战略伙伴网络，营造更为宽松的国际和周边环境，实现我们国家和平发展和可持续发展的目标。

（二）21 世纪海上丝绸之路的内涵和实现形式

21 世纪海上丝绸之路与古代海上丝绸之路有相似的地理范围和概念，但有完全不同的内涵和建设内容。它既是国家发展、区域合作和周边外交的需要，也是维护民族主权，建设海洋强国的需要，在"一带一路"建设中具有更重要、更紧迫的意义。

从地理范围来看，21 世纪海上丝绸之路的重点方向是从中国沿海港口过南海到印度洋，延伸至欧洲；从中国沿海港口过南海到南太平洋。[①] 这条路线覆盖了东南亚、南亚及波斯湾、红海湾及印度洋西岸，以及大洋洲等 30 多个国家和地区。

从内涵来看，21 世纪海上丝绸之路是中国参与和引领全球尤其是亚太治理、从经济大国转向经济强国的经济外交平台。其主旨在于依托沿线重点港口和城市，通过完善区域基础设施实现高水平的互联互通，提升贸易投资便利化水平，进而实现区域经济融合和促进政治互信，通过深入人文交流实现不同文明的互鉴共荣和和平友好，最终打造政治互信、经济融合、文化包容的利益共同体、命运共同体和责任共同体。

从实现形式来看，21 世纪海上丝绸之路要以多元化的合作机制为推动，围绕"政策沟通、设施联通、贸易畅通、资金融通和民心相通"五大重点，建设一条基于中国沿海始发，途经东南亚、南亚、波斯湾、红海湾及印度洋西岸各国的航线，通过沿线港口及其城市合作建立起全球化的经贸合作网络。[②]

---

① 国家发展和改革委员会：《推动共建丝绸之路经济带和 21 世纪海上丝绸之路的愿景与行动》，http://www.sdpc.gov.cn/gzdt/201503/t20150328_669091.html。

② 刘赐贵：《发展海洋合作伙伴关系 推进 21 世纪海上丝绸之路建设的若干思考》，《国际问题研究》2014 年第 4 期，第 2 页。

（三）21世纪海上丝绸之路的意义

中国提出共建21世纪海上丝绸之路，是在国内外发展格局深刻变化的背景下作出的重大决策。一方面，中国的改革开放已经取得了举世瞩目的成就，成为名副其实的经济大国，但是经济发展开始进入"新常态"，而进一步改革攻坚、成为经济强国依然任重道远；另一方面，全球范围内尤其是亚太地区的政治、贸易和投资格局正在进行深刻调整，中国迫切需要在新一轮的变革中寻求和掌握发展的主动权和主导权。

1. 有利于中国在全球尤其是亚太经济合作和治理中发挥更大的作用

进入21世纪，中国经济快速发展，在全球和亚太地区的影响力大幅提升。21世纪海上丝绸之路的建设，旨在建立一个开放、多元、包容、可延展的经贸合作和经济治理平台，通过团结更多国家、汇聚更多变革能量，推动全球治理和改革朝着更加公正、合理的方向发展，在全球经贸制度建设和全球经济治理中注入更多"中国元素"，争取在全球和亚太区域合作中赢得主动。

2. 有利于构建多元平衡的开放体系，形成全方位开放新格局

当前，我国的进出口贸易过度依赖欧美发达国家，不仅贸易摩擦频发，而且增长空间有限。海上丝绸之路沿线广大发展中国家和新兴工业化国家的市场潜力巨大、能源和原材料丰富。建设海上丝绸之路，既可以拓展市场，又可以保障能源供应。在国际投资方面，我国之前主要是吸引外资尤其是发达国家和地区的资本，对外投资明显不足。建设海上丝绸之路，有利于推动中国企业到海上丝绸之路沿线国家投资。在开发开放方面，我国以面东、面海的东部地区为主，广大内陆地区尤其是西部和西南沿边地区开发相对缓慢，这导致区域经济发展很不平衡。21世纪海上丝绸之路既是对外开放国策的坚持，又是进一步的深化和调整，对外开放方向逐步向广大发展中国家，向我国内陆和西部地区延伸，客观上有利于实现"走出去"和"引进来"相结合，构建多元平衡的开放体系，形成全方位开放新格局。

3. 有利于构建新时期的国家战略安全体系

21世纪海上丝绸之路以政治和经济的深度互动为主轴，强化国家的交通安全、能源安全、金融安全、产业安全和人文安全等战略体系。综观世

界各国，无不将经济议题置于对外关系和国家战略安全的重要地位，美国政府将经济问题置于国家安全战略的首要位置，以经济力量推进美国在全球的领导地位。[①] 海上丝绸之路沿线各个国家和地区的经济发展水平、政治体制、文化、宗教和民族成分千差万别，利益诉求错综复杂，同时还是大国利益交织的焦点地区。而中国在海上丝绸之路沿线具有较大的经济和地缘政治利益，在该地区构建良好的国际环境对我国有着重要的战略意义。以能源为例，通过加强与印尼和波斯湾沿岸国家的合作，可以保障我国的能源供应；通过加强海上丝绸之路沿线港口、航线和管道建设，可以进一步巩固能源运输的通道安全。

4. 有利于形成和平共荣的亚太合作新格局

21 世纪海上丝绸之路所致力于打造的利益共同体、命运共同体和责任共同体，将是今后中国周边外交的重要方向。中国领导人以共建 21 世纪海上丝绸之路的倡议诠释中国外交新理念，把中国梦（国家富强、民族振兴、人民幸福）同周边国家人民的幸福、周边国家的发展对接起来。21 世纪海上丝绸之路向世人展示了一个开放、和平、自信的中国，为实现亚太地区的和平共荣发展指明了方向。

二 中国倡议建设 21 世纪海上丝绸之路的优势和困难

（一）中国倡议建设 21 世纪海上丝绸之路的优势

一是综合国力强劲。21 世纪海上丝绸之路建设是涉及多个国家、多个领域的全方位的系统工程，其主导和推动者必须具备相当强劲的综合国力。经过几十年的发展和积累，中国成为无可争议的区域性大国，正处于向全球性大国（强国）转变的"换档期"和"上升期"。2014 年，我国经济总量位居世界第二，外汇储备、制造业产值、货物贸易和吸引 FDI 均为世界第一，我国还是 120 多个国家和地区的第一大贸易伙伴。与此同时，我国的政治实力、科技实力和人口素质都表现出强劲的上升势头。

二是区域合作深化。多年以来，中国与日韩及东南亚各国因为地理

---

① 达巍：《全球再平衡：奥巴马政府国家安全战略再思考》，《外交评论》2014 年第 2 期，第 66 页。

位置的毗邻优势，通过产业转移和加工贸易形成了一个梯度传递型的区域分工体系，实现了与各国产业和贸易的深度融合，形成了经济上的紧密联系。随着中国劳动力成本上升和产业梯度转型升级，一些低端的加工制造环节开始向越南、孟加拉国等国家转移，但长期内仍将与国内的中高端制造形成配套并依赖于广大的中国市场。正是基于地理邻近和紧密的经贸关系，中国一直在大力推进亚洲地区的经济一体化进程，包括各种双边、多边、区域、次区域合作。这些多层次、开放型、多样化、包容性的区域合作组织和架构，特别是中国—东盟自贸区、中巴经济走廊等次区域合作，深化了中国同东南亚和南亚国家之间的经贸联系，提升了区域经济一体化水平，为未来各个领域的合作提供了基础条件和先期经验。

三是地缘优势突出。我国处于亚太地区的中心位置，沿海地区既是连接欧亚非三大洲和太平洋两岸诸航线的重要枢纽所必经的海域，又是中国周边地区海上贸易的经济走廊，有着良好的通达性。21世纪海上丝绸之路作为"一带一路"的一部分，与丝绸之路经济带结合，起于国内沿海发达地区，直达西亚、中东等地，辐射至西非和欧洲地区，形成了非常突出的地缘优势。

四是历史渊源深厚。从汉代到隋唐，再到宋元，古代海上丝绸之路推动中原文化与海洋文明融合发展，在东南沿海形成了诸多重要的港口和对外通商的口岸，曾经创造过海上国际贸易的辉煌历史。古代海上丝绸之路包含了中国与沿线国家和地区间的航海、造船、港口往来、国际贸易、移民、国际关系和科技文化交流等丰富多元的历史内容。可以说，海上丝绸之路的历史和文化，是沿线国家和地区共同的历史和文化。

五是人文联系亲密。中华文明在中国周边地区具有深远的影响，儒家文化得到广泛的认同，并且形成了共通的东亚文化圈。数百年来，有大量的华人迁移到东南亚国家，据最新统计，海外华人华侨不少于6200万人，其中80%以上集中在海上丝绸之路沿线。另外，在东南亚还形成了以中国为中心、以华人为主导、以华资即华商资本为引擎的华人经济圈，形成工商业和金融业经济网络和增长中心，带动了整个地区的投资、贸易、旅游、交通、通信等各个领域的发展。这无疑为以文化为纽带开展海上丝绸之路建设创造了优良的基础条件。

（二）中国倡议建设 21 世纪海上丝绸之路的困难和挑战

1. 国内改革攻坚任务繁重，经济发展进入"新常态"

经过多年的经济高速增长，中国开始进入发展的"新常态"，目前仍处于经济增速换挡期、结构调整阵痛期和前期刺激政策消化期"三期叠加"阶段。在"新常态"下，经济增长速度转入中低水平，产业结构面临升级换代，同时就业、环保、区域发展平衡和社会公平等各种经济、政治问题日益突出，在高速增长阶段所潜藏的各种风险也逐步显露出来。建设 21 世纪海上丝绸之路是以开放促改革、为发展谋空间的创举，但也需要强劲的经济实力、良好的国内环境作为后盾。首先需要大量的资金投入对外投资和建设工作，还需要强大的产业实力以不断提高中国在全球生产网络中的地位，同时还需要较强的制度创新能力构建国际合作和全球经济治理的新模式。因此，在海上丝绸之路建设的过程中，将会面临资金分配、政策协调和利益平衡的种种困难。

2. 海上丝绸之路沿线政经博弈复杂，外部干扰因素多

21 世纪海上丝绸之路的区位早已引起世界各国重视，不少国家早已或明或暗进行布局，展开争取丝绸之路建设主动权的博弈。整体战略方面，美国提出了"新丝绸之路"行动计划，印度、伊朗和阿富汗试图共同推进南亚"南方丝绸之路"建设行动，巴基斯坦、伊朗、土耳其三国共同建设战略"通道"。各种计划和行动显示了东亚、南亚、中亚、西亚各国围绕"通道"建设出现了复杂的竞合局面。① 区域一体化方面，有关国家展开了更大范围的合作与竞争，亚太地区出现了"意大利面碗"式的多重自贸区网络治理难题。地缘政治方面，中国周边地区的地缘矛盾复杂。沿线的部分国家政局动荡，南亚地区的反恐形势严峻，一些国家之间存在边界纠纷。

3. 地区发展多元化，多边协调难度大

沿线国家和地区经济发展水平差异大，合作基础不牢。沿线各国的发展不平衡，各国之间的政治安全互信不足，同我国贸易投资自由化的程度

---

① 陈万灵、何传添：《海上丝绸之路各方博弈及其经贸定位》，《改革》2014 年第 3 期，第 78 页。

不一，海上商贸物流通关体系有待完善。其中，东南亚国家同我国接壤的地区，互联互通的基础设施和配套设施建设相对滞后，口岸和边贸的管理水平不高，管理制度创新不足。在此基础上进行"海丝"经贸一体化将面临很大的挑战，首先是互联互通建设所需要的大量资金问题，而核心是如何在地区发展高度差异化的基础上推进经济一体化。"海丝"沿线辐射 30 多个国家，涉及亚太经合组织（APEC）、东盟（ASEAN）、南亚共同体（SAC）、跨太平洋战略合作伙伴关系协定（TPP）、区域全面伙伴关系协定（RCEP）等错综复杂的经贸合作和制度安排。沿线各国的政治生态迥异，政策规划有别，宗教文化不同，民族交叉融合，利益诉求多元，与我国的关系有亲有疏，在经济一体化过程中还涉及南海争端、边界纠纷、主权让渡、资源保护和生态环境等复杂课题，短时间内难以形成统一建设的共识。

三　21 世纪海上丝绸之路建设路径

21 世纪海上丝绸之路建设的基本路径是：以国际经贸合作为核心，以海上运输通道和基础设施建设为骨架，以沿线的重点港口、中心城市、资源区块、产业园区为支撑体系，以互联互通和贸易投资便利化为手段，以利益共同体和命运共同体为建设方向，推动以南海和重要通道为主的海上合作和共同开发，实现海上的联通便利化；推进海上丝绸之路经济融合，形成开放式国际经济合作带，打造具有强大产业聚集效能的经济走廊，以利益交融、互利共赢的一体化伙伴关系，重构亚太经贸合作格局，参与和引领全球经济治理，拓展国际发展空间。

基于以上路径选择，我们认为 21 世纪海上丝绸之路建设应当致力于建立以下三大合作机制、实施五大重要举措。

（一）三大合作机制

1. 外交与安全合作机制

任何一个国际经济决策都伴随着外交决策，尤其是在政经博弈复杂的"海丝"沿线。要重视外交工作的高层引领作用，将经济工作置于首要议题，形成经济和外交相互促进的良性机制。要与"海丝"沿线国家加强沟通协调，加紧商签投资保护、交通运输、贸易便利化、金融合作、司法协助等相关的一些协议，推动海上国际合作，共同保护海上航道安全，打击海上跨国犯罪，推进《南海行为准则》的谈判。整合现有多边协商机制，建立"海丝"沿线国家和地区共同参与的战略平台，共同商讨、解决事关"海丝"建设的经济、外交和安全议题。提高国家领导人、经济和外交高级官员互访和相互交流的频率，增进了解和战略互信。

2. 海洋、港口与城市合作机制

首先，要用好现有合作机制，在与印尼、马来西亚、泰国、越南等国签署双边海洋领域合作谅解备忘录和协议的基础上，继续推动与更多国家签订双边或多边海洋合作机制，探索建立海洋部门的多边联席制度，共同开展海洋经济、环保、科技和渔业等各个领域的合作。

其次，要根据各个省市的比较优势和在"一带一路"中的定位，建立各省市与"海丝"沿线重点地区的城市合作机制。以对方首都、港口、地方首府和经济发达城市为重点，通过产业园区共建、友好城市协作、"海丝"世界文化遗产联合申报等多种形式建立合作关系。

最后，要建立"海丝"港口合作机制。以上海、天津、宁波—舟山、广州、深圳、湛江、汕头、青岛、烟台、大连、福州、厦门、泉州、海口、三亚等沿海城市港口为主，与东南亚、南亚和中东各主要港口建立港口城市联盟和"一对一"的港口合作关系，建立中国大陆、台湾和香港重要港口合作开发和运营的机制。

3. 经贸合作机制

经贸合作是21世纪海上丝绸之路建设的主渠道和优先领域。但又不同于其他区域贸易协定，"海丝"既不是一个制度性的安排，也不是一个架构性的组织，更不是一个排他性的区域组织。[①]"海丝"经贸机制要吸收和整合现有亚太经贸合作机制，融入中国元素，形成独特的多元化合作机制。要大力推动中国—东盟"10+1"升级版，更大限度地发挥亚太经合组织（APEC）的作用，积极做好亚欧会议（ASEM）、亚洲合作对话（ACD）、亚信会议（CICA）、中阿合作论坛、中国—海合会战略对话和大湄公河次区域（GMS）经济合作等多边合作平台。同时还要充分发挥各类境内外投资贸易博览会、国际论坛等区域和次区域平台的作用。

---

① 李向阳：《论海上丝绸之路的多元合作机制》，《世界经济与政治》2014年第11期，第5页。

（二）五大重要举措

1. 打造关键支点体系

海上丝绸之路涉及境外 30 多个国家和地区以及境内众多省市，而我国国内改革攻坚和各项建设的任务依然繁重，不可能面面俱到。因此要确定"海丝"建设的核心区域、重点对象、优先领域、重大项目以及关键节点，按照轻重缓急来谋篇布局，精准发力、重点突破。换言之，要选取有价值的国家（地区）率先构建关键支点，进行重大建设，推动以南海和重要通道为主的海上合作和共同开发，实现海上的联通便利化，同时，结合经贸合作布局，打造利益和命运共同体，对其他各方形成积极的示范、引导和激励效应。

在区域层面，重点选择周边国家和地区、资源丰富型国家和地区、重要通道型国家和地区等不同类型的国家和地区作为关键支点。其中，泰国、缅甸是与我国政经关系良好的周边国家；印尼既是资源丰富型国家又是通道型国家，还是东盟最大的市场；海湾诸国则是资源丰富型国家；新加坡、马来西亚、斯里兰卡、马尔代夫都具有重要通道价值。

在次区域层面，着眼于中南半岛和马六甲海峡，打通陆海两条重要通道，突破贸易和能源运输网络的运输瓶颈。[1] 大力支持"泛亚铁路计划"，实施高铁"走出去"战略，建立连接中国西南地区和中南半岛直达孟加拉湾、安达曼海和马六甲海峡的铁路、管道运输网络。争取在马六甲海峡及其周边区域的港口进行联合开发和运营。

2. 提升互联互通水平

基础设施互联互通是"海丝"建设的优先领域，也是将其红利惠及沿线地区最直接有效的手段。要在关键支点体系选择的基础上，打造陆海空一体化的互联互通网络。

一是海上互联互通，涉及港口及航线、物流集散和交易设施，重点是打造东南亚重要港口与西南陆地的通道，对接西南陆上丝绸之路。

二是陆上高速公路、高速铁路互联互通和油气管道。主要是加快中国

---

[1] 周方冶：《中泰关系-东盟合作中的战略支点作用——基于 21 世纪海上丝绸之路的分析视角》，《南洋问题研究》2014 年第 11 期，第 20 页。

与越南、老挝、柬埔寨、泰国、马来西亚、缅甸等 6 国的陆路通道建设；重点推动 GMS 公路和铁路运输通道及相关基础设施建设；以"高铁换大米"为样板，推进"泛亚铁路计划"；建设和运营好中缅油气管道并研究发展至其他国家的支线。

三是空中互联互通。以北京、上海和广州的枢纽港为主，包括沿海各个主要航空港，积极开通至东南亚和中东地区的航线，研究加快加密航班，大力发展航空货运业务。

四是信息和电网联通。研究发展与越南、缅甸和老挝等国电信基础设施互通、电力资源共享以及水利开发合作。

3. 推进"海丝"经贸合作

一是大力推进自由贸易区战略。要顺应"第一代"国际贸易规则向"第二代"国际贸易规则升级的趋势，加快启动和推进中国—东盟自贸区升级版谈判，同时争取与"海丝"关键支点国家完成签订双边自贸协定。

二是参与重构东亚生产分工体系。东亚地区独特的垂直分工制造网络是其全球竞争力的主要来源。随着中国劳动力红利的结束和产业转型的推进，东南亚国家正在承接相应的产业转移。中国要加快向东南亚"走出去"的步伐，引导建立以中国为中心的生产分工体系。

三是推动服务贸易自由化。应发挥中国在建筑、咨询、信息技术等服务的优势，以及新加坡在金融服务，其他东盟国家在旅游、运输服务的优势，放宽服务业市场准入，推动服务贸易自由化。

四是加快境外经贸区建设。在关键支点国家和地区、重要港口、铁路沿线，以中国—马来西亚"两国双园"模式为样板，进行境外经贸区建设，重点发展资源开发型、港口服务型、国内产业配套型三种园区。比如在中缅油气管道沿线建设石化基地，在印尼纺织服装重要产区万隆建设工业园区以承接国内产业转移。

五是创新亚太金融合作。以亚洲基础设施投资银行为杠杆，进一步推动亚太金融合作格局的改革和创新；推动人民币由周边化到区域化进而到国际化的发展步伐；加强与东南亚各国金融市场开放和货币政策的协调。

4. 加强海洋开发与合作

海洋开发与合作是 21 世纪海上丝绸之路建设的重点内容之一，也是建设海洋强国的应有之义。① 要推动与"海丝"沿线国家在渔业捕捞、能源开发、海洋船舶、海洋工程设备和海洋科技研发等领域的跨国合作。以水产品为例,我国水产品总量、出口量和远洋捕捞量均为世界第一,对于发展农产品贸易、就业等具有重要作用,但远洋捕捞的增加也带来了很多跨国渔业纠纷和环保问题。因此要进一步推动与"海丝"沿线国家签订渔业合作协议,共同进行渔业资源开发和利用。还要大力发展跨国海洋产业价值链,鼓励在印尼、缅甸等关键支点国家建立远洋渔业基地,同时发展与远洋渔业相关的渔业资源调查、渔场探测、冷库、物流、水产品深加工、海洋食品开发、远洋渔船检测服务等,建立国际性的海洋全产业链。

5. 大力推进人文交流

国之交在于民相亲,民相亲在于心相通。民心相通是"海丝"五大合作重点之一。首先要充分发挥"海丝"历史文化的天然纽带作用,同时赋予"亲、诚、惠、容"新的内涵,同沿线国家加强人文交流,增设友好城市和协调机制,共同打造世界遗产和风景旅游区,联合举办各类文化节事活动。还要积极开展各类文化产业和文化贸易合作,深入实施人脉工程,加强教育、智库、媒体、非政府组织等的交流。

此外,要积极发挥华侨华人在"海丝"建设中的独特作用。华侨华人是丝路建设的天然合作者、积极贡献者和努力推动者,在参与建设、协助公关、舆论宣传等方面具有得天独厚的优势。要以"侨"为示范,发扬"丝路"精神,讲好丝路大故事、传播中国好声音;以"侨"为中介,借助华商经济金融实力,实施境外自贸区战略;以"侨"为伙伴,互利合作,助力海上运输通道和陆上基础设施的互联互通。

(本章的主要内容以同名发表于《21世纪海上丝绸之路研究报告(2017)》,社会科学文献出版社,2017)

---

① 全毅、汪洁、刘婉婷:《21世纪海上丝绸之路的战略构想与建设方略》,《国际贸易》2014年第8期,第11页。

第二章　21世纪海上丝绸之路贸易自由化便利化及其经济效应

　　贸易自由化便利化是促进"贸易畅通"，构建"海丝"自由贸易区网络的重要内容。当前"海丝"沿线各国贸易自由化便利化水平差异显著，南亚的贸易自由化、便利化水平均最低，是推进自由贸易区谈判的优先领域；中国的贸易自由化水平较低，应着力扩大市场准入、减少贸易限制；东非、南非的贸易便利化程度低，应着力基础设施建设、提高通关效率等。进一步模拟评估贸易自由化便利化的国际经济效应，结果表明：贸易自由化、便利化均对沿线各区域的实际GDP、社会福利、进出口等产生正向激励，但贸易便利化的作用更显著；从区域看，贸易自由化对南亚、东非、南非的进出口影响较大，贸易便利化对"海丝"各区域进出口影响均十分显著，而二者均显著改善和提升中国的贸易条件和社会福利水平；从产业角度看，贸易自由化便利化推动沿线各国朝着各自比较优势的方向发展，中国的纺织及制衣业部门、东盟的加工食品部门、南亚的粮食作物部门、西亚北非的重工业部门、东非和南非的牲畜和肉制品部门将获得加速发展，甚至南亚在轻工业、重工业的潜在比较优势也将转化为现实；由于一些国家在贸易自由化、便利化中呈正负相反的收益，因此，虽然贸易便利化的作用更显著，但两者同步推进是构建"海丝"自由贸易区网络的最优模式。

一　引言

《推动共建丝绸之路经济带和 21 世纪海上丝绸之路的愿景与行动》中明确指出，"投资贸易合作是'一带一路'建设的重点内容。宜着力研究解决投资贸易便利化问题，消除投资和贸易壁垒，积极同沿线国家和地区共同商建自由贸易区，激发释放合作潜力，做大合作'蛋糕'"①。

21 世纪海上丝绸之路是一条由沿线节点港口互联互通构成的、辐射港口城市及其腹地的贸易网络和经济带。② 打造海上丝绸之路沿线国家"命运共同体"，"贸易畅通"是重点内容。扩大市场准入、降低关税、减少政府干预等贸易自由化，以及提高口岸效率、改善海关环境、规范监管政策和信息等贸易便利化是实现"贸易畅通"的内在要求，是促进要素自由流动、资源高效配置、产业链高度融合，形成"立足周边、辐射'一带一路'、最终面向全球的高标准自由贸易区网络"的基础条件。

当前，海上丝绸之路沿线国家贸易自由化水平并不高。一方面，中国和东盟的越南、缅甸均属于中高关税水平国家；南亚国家处于工业化起步阶段，为了保护国内幼稚产业免受冲击，对进口产品设置了较高关税；西亚北非除海合会以外的其他成员、东非的绝大多数国家的关税水平均不低（见表 2-4）。相较于发达国家，"海丝"沿线国家贸易自由化整体水平不高，但其贸易结构存在明显的优势互补，因此推动贸易自由化可以为各国发挥比较优势、优化产业结构、促进贸易增长提供机遇。③ 另一方面，"海丝"沿线国家的贸易便利化仍处于较低水平。多数国家口岸报关程序复杂、通关时间长，加上大量隐性的贸易壁垒，商品和服务的跨境流动受到限制。据《2017~2018 年全球竞争力报告》，除新加坡、马来西亚和海合会的主要成员国以外，"海丝"沿线大部分国家的海关基础设施未达到相关的标准，存在巨大的提升空间（见表 2-5）。相关基础设施、设备、信

---

① 中华人民共和国商务部网站，http://www.mofcom.gov.cn/article/resume/n/201504/2015 0400929655.shtml。
② 陈万灵、何传添：《海上丝绸之路的各方博弈及其经贸定位》，《改革》2014 年第 3 期。
③ 周岩、陈淑梅：《21 世纪海上丝绸之路贸易自由化和便利化的经济效应分析》，《亚太经济》2016 年第 1 期。

息的完善，海关程序的改进，机构之间的协调和效率，以及立法政策的透明与理顺等贸易便利化措施，是贯彻落实自由贸易政策，实现"贸易畅通"的必要条件。[①]

本研究构建贸易自由化、便利化测度指标，依据各国参与自由贸易区建设情况、贸易自由化指数得分、贸易便利化指数得分等分析"海丝"沿线各国的贸易自由化、便利化水平，进而运用全球贸易分析（GTAP）模型模拟贸易自由化、便利化对"海丝"沿线各次区域及其他地区的宏观经济指标和产业发展的影响，提出构建"海丝"自由贸易区网络的策略和举措。

二 贸易自由化、便利化测度指标

贸易自由化（Trade Liberation）通过放宽市场准入、从进口量控制转向关税控制、降低关税、统一多重汇率、消除贸易壁垒等，推动自由贸易，使一国的贸易体制朝"中性化"、"公正化"和"开放性"方向发展，其测度内容包括贸易开放度指标和政府干预度指标；贸易便利化（Trade Facilitation）从降低贸易交易成本的角度探讨自由贸易，侧重贸易参与方的"边境措施"，包括口岸设施、海关程序、政策透明度、电子商务等的完善，是贸易自由化的深化和发展。

（一）贸易自由化测度指标

为了综合体现贸易开放度和政府干预度等多层次的贸易自由化内涵，本章采用 Heritage 基金会发布的贸易自由化指数（TL）衡量贸易自由化水平。TL 以一国商品进口额加权的关税计算基本贸易自由度，并对该国存在的数量限制、监管限制、出口补贴等非关税壁垒（NTB）赋予罚分，即：

$$TL_j = \frac{(Tariff_{max} - Tariff_j) \times 100}{Tariff_{max} - Tariff_{min}} - NTB_j \qquad (2.1)$$

---

① 佟家栋、李连庆：《贸易政策透明度与贸易便利化影响——基于可计算一般均衡模型的分析》，《南开经济研究》2014 年第 4 期；马莉莉、协天紫光、张亚斌：《新海上丝绸之路贸易便利化测度及对中国贸易潜力影响研究》，《人文杂志》2016 年第 9 期。

式中,右边第一项为基本贸易自由度,其中$Tariff_{max}=50\%$、$Tariff_{min}=0$为关税税率的上限和下限,$tariff_i$为国家j的加权关税率(%);第二项NTB_j为国家j的非关税壁垒罚分,依据国家j对商品和服务进出口"没有限制、很少限制、某些限制、许多限制、广泛限制"分别赋予0分、5分、10分、15分、20分。[①]

(二)贸易便利化测度指标

借鉴 Wilson 的研究方法[②],构建包括口岸效率、海关环境、规制环境、电子商务4个二级指标及公路基础设施质量、港口设施质量、航空运输设施质量、非常规支付与行贿等10个三级指标在内的贸易便利化指标体系[③],测度"海丝"沿线国家贸易便利化水平(见表2-1)。

表 2-1 贸易便利化水平测度指标

二级指标	三级指标(字符编码)	取值范围	数据来源
口岸效率	公路基础设施质量(ka_1)	1~7	《全球竞争力报告》
	港口设施质量(ka_2)	1~7	《全球竞争力报告》
	航空运输设施质量(ka_3)	1~7	《全球竞争力报告》
海关环境	腐败程度(hg_1)	1~100	透明国际
	非常规支付与行贿(hg_2)	1~7	《全球竞争力报告》
	海关程序负担(hg_3)	1~7	《全球竞争力报告》

① NTB 罚分包括:(1)数量限制-进口配额;出口限制;自愿出口限制;进出口禁运和禁令;对销贸易;价格限制-反倾销税;反补贴税边境税调整;可变征税/关税配额。(2)监管限制-许可;国内含量和混合要求;卫生和植物检疫标准;安全和行业标准规定;包装,标签和商标法规;广告和媒体规定。(3)海关限制-提前存款要求;海关估价手续;海关分类程序;清关手续。(4)直接政府干预补贴和其他援助;政府产业政策;政府资助研究等技术政策;竞争政策;政府采购政策;国营贸易,政府垄断和独家专营权。例如,一国"保护某些商品和服务,并阻碍一些国际贸易",则 NTB=10。

② J. S. Wilson, C. L. Mann and T. Otsuki, "Assessing the Benefits of Trade Facilitation, a Global Perspective," *The World Economy*, 2003, (6): 741-771.

③ Portugal-Perez 和 Wilson 拓展了 Wilson 的思想,将贸易便利化指标分成硬件基础设施和软件基础设施两大类,具体细分为港口效率、海关环境、制度环境、信息技术4大贸易便利化指标。汪洁和全毅采用口岸效率、海关环境、规制环境和电子商务4个指标对贸易便利化的内涵进行界定与量化。张亚斌和刘俊及马莉莉也采用了类似的指标。经分析比较,本章采用表2-1的指标体系。

二级指标	三级指标（字符编码）	取值范围	数据来源
规制环境	司法独立性（gz_1）	1~7	《全球竞争力报告》
	政府解决法规冲突效率（gz_2）	1~7	《全球竞争力报告》
	政府政策透明度（gz_3）	1~7	《全球竞争力报告》
电子商务	使用互联网人数比例（dz）	1~100	《全球竞争力报告》

表 2-1 中，各三级指标的数据来源于世界经济论坛发布的《全球竞争力报告》以及透明国际发布的清廉指数。各指标得分越高，表示贸易便利化水平越高。各三级指标数据取值范围和度量单位差异较大，可能导致评价结果不合理，需要对数据进行标准化处理，从而将指标数据控制在 0~1 范围内。具体为：

$$Y_{ij} = \frac{X_{ij} - min(x_{ij})}{max(x_{ij}) - min(x_{ij})} \tag{2.2}$$

计算一国贸易便利化指数需要确定标准化处理后的各三级指标的权重。为了克服既往研究对指标权重赋值的主观性和随意性，本章利用 SPSS19.0 软件，对 2017 年各标准化指标值进行主成分分析，使方差最大化旋转，最终得到主因子得分和每个主因子的方程贡献率。表达如下：

$$F_1 = 0.333ka_1 + 0.311ka_2 + 0.304ka_3 + 0.329hg_1 + 0.292hg_2 + 0.336hg_3$$
$$+ 0.319gz_1 + 0.332gz_2 + 0.32gz_3 + 0.282dz \tag{2.3}$$

主成分 F_1 中各三级指标的系数即为权重。二级指标权重为其包含的三级指标权重总和与所有三级指标权重总和的比值。得到各二级指标的权重后，再结合各二级指标的标准化值，加权计算贸易便利化综合评价指数，即：

$$TF_j = \sum_{i=1}^{4} u_i y_i \tag{2.4}$$

其中，TF_j 为国家 j 的贸易便利化指数，u_i 为二级指标权重，y_i 为二级指标的标准化值，i 为二级指标（$i=1$、2、3、4）。

三 "海丝"沿线各国及各次区域贸易自由化状况分析

本研究以 21 世纪海上丝绸之路沿线 34 个国家为研究对象,并划分为 6 个次区域,具体为:①中国;②东盟 9 国(新加坡、越南、马来西亚、文莱、印尼、菲律宾、泰国、柬埔寨、缅甸);③南亚 4 国(印度、巴基斯坦、孟加拉国、斯里兰卡);④西亚北非 9 国(沙特阿拉伯、阿联酋、阿曼、科威特、巴林、卡塔尔、伊朗、也门、埃及);⑤东非 7 国(埃塞俄比亚、肯尼亚、坦桑尼亚、莫桑比克、毛里求斯、塞舌尔、马达加斯加);⑥南部非洲 4 国(南非、博茨瓦纳、斯威士兰、莱索托)。

(一)"海丝"沿线各国签署自由贸易协定情况

与其他国家签署自由贸易协定(FTA),建设自由贸易区是推动贸易自由化、便利化的核心手段,一国与其他国家签署的 FTA 数量越多,贸易自由化、便利化水平越高。"海丝"沿线国家签署的 FTA 包括两类——中国和沿线国家签署的 FTA 以及沿线国家之间签署的(不包括中国的)FTA,它们都是推动"海丝"贸易自由化、便利化的重要内容。21 世纪海上丝绸之路建设旨在以沿线国家和地区的发展为依托,把沿线国家和地区作为区域经济一体化的重点方向,推进一系列自由贸易区谈判,逐步形成"海丝"自由贸易区网络。

(1)中国与"海丝"沿线国家签署的 FTA

表 2-2 中国与"海丝"沿线国家签署的 FTA(截至 2018 年)

FTA 名称	签署和谈判情况
中国—东盟 FTA	双方于 2002 年 11 月签署《中国—东盟全面经济合作框架协议》,同年开始实施早期计划,2010 年全面建成
中国—东盟 FTA 升级版	双方于 2015 年 11 结束谈判并签订《关于修订〈中国—东盟全面经济合作框架协议〉及乡下部分协议的议定书》
中国—新加坡 FTA	双方于 2006 年启动 FTA 谈判,于 2008 年签署《中国和新加坡自由贸易协定》,2009 年 1 月起正式实施
中国—新加坡 FTA 升级谈判	2015 年 11 月启动谈判,双方已举行 6 轮谈判
中国—巴基斯坦 FTA	双方于 2005 年 8 月启动 FTA 谈判,于 2006 年 11 月签订《中国—巴基斯坦自由贸易协定》

FTA 名称	签署和谈判情况
中国—巴基斯坦 FTA 第二阶段	双方已举行 10 轮谈判
中国—斯里兰卡 FTA 谈判	双方已举行 6 轮谈判
中国—海合会 FTA 谈判	双方已进行 9 轮谈判
中国—南部非洲关税同盟 FTA 谈判	2004 年 6 月启动谈判

资料来源：中国商务部网站，http：//fta.mofcom.gov.cn/。

表 2-2 显示，中国仅与"海丝"沿线 34 个国家中的少数经济体签订了 FTA，FTA 签订数量少且地区分布不均衡，仍需大力推进 FTA 谈判以实现贸易自由化。其中，中国—东盟自贸区（CAFTA）相对比较成熟，该区域内贸易自由化程度较高；中国与南亚除巴基斯坦、斯里兰卡以外的其他国家没有达成自由贸易协定；中国-海合会 FTA 处于谈判中，双方在货物贸易、服务贸易、投资领域和贸易便利化等领域已达成共识；① 中国与非洲地区未签署任何 FTA，虽然 2004 年启动了中国-南部非洲关税同盟 FTA 谈判，但迄今未有实质性进展。

（2）"海丝"沿线其他国家签署的 FTA

截至 2018 年，"海丝"沿线国家间签订的次区域的自由贸易协定，主要包括东盟自贸区、南盟自贸区和海合会自贸区等。此外，沿线各国还分别与其他国家或地区签订了一些双边或多边自贸协定，见表 2-3。

表 2-3 显示，21 世纪海上丝绸之路沿线国家中，东盟各国签订的 FTA 数量最多，对外开放程度最高，其中新加坡已签订 21 个 FTA，马来西亚签订 13 个；南亚地区经济总体落后，贸易投资壁垒较高，该地区大多数经济体签订的 FTA 数量少，且主要是和印度签订 FTA，形成本地区的"轮轴-辐条"FTA 结构。其中孟加拉国的开放程度最低，仅与两个国家签订 FTA；西亚北非地区的经济一体化水平也比较低，该地区各国签订的 FTA 数量少，且大多数 FTA 只涉及货物贸易及关税减让，较少涉及服务贸易和投资，该区域的伊朗、也门等国家的贸易自由化处于极低的水平；非洲各国于 2018 年 3 月签署成立非洲大陆自由贸易区（AFCFTA）协议，AFCFTA 可

---

① 如果中国-海合会 FTA 达成，将为双边经贸合作创造更加优惠、便利、稳定的政策环境和制度保障，提高双方的贸易便利化水平，甚至将带动中国与西亚北非其他国家的经贸合作。

能有利于非洲各国进一步降低关税、消除贸易壁垒，实现商品、服务、资金在非洲大陆的自由流动，也有助于非洲国家间协调海关文件和流程，促进贸易便利化，其影响取决于未来推进贸易自由化的速度、深度和广度。

表 2-3 "海丝"沿线其他国家签署的 FTA 数量（截至 2018 年底）

国家/地区	签署 FTA 数量	国家/地区	签署 FTA 数量	国家/地区	签署 FTA 数量
东盟		**南亚**		**东非**	
印尼	7	印度	9	埃塞俄比亚	0
文莱	8	巴基斯坦	5	肯尼亚	0
马来西亚	13	斯里兰卡	4	坦桑尼亚	2
菲律宾	7	孟加拉国	2	莫桑比克	3
新加坡	21	**西亚北非**		毛里求斯	4
泰国	10	沙特阿拉伯	2	塞舌尔	3
越南	10	阿联酋	2	马达加斯加	2
柬埔寨	6	阿曼	3	**南部非洲**	
缅甸	6	科威特	3	南非	5
		巴林	3	博茨瓦纳	4
		卡塔尔	2	斯威士兰	4
		伊朗	0	莱索托	4
		也门	1		
		埃及	6		

资料来源：中国商务部网站，http：//fta. mofcom. gov. cn/。

　　总体上看，"海丝"沿线经济体签订的 FTA 的贸易自由化、便利化程度并不高。"海丝"沿线国家签订的 FTA 具有几个特点：（1）碎片化：大量双边及多边 FTA 使整个地区经济呈多维的"轮轴-辐条"格局，形成"面条碗"态势，FTA 利用率较低；（2）贸易自由化、便利化程度低，主要是传统的货物贸易自由化，服务贸易和投资领域开放水平较低；（3）新议题覆盖面窄，基本属于"边界措施"和边界内国民待遇，较少涉及第二代贸易政策的 38 个议题（知识产权、竞争政策、劳工标准、环保标准、电子商务等）；（4）缺乏统一的"范式"，其 FTA 文本（东盟自贸区、南盟自贸区、海合会自贸区的文本）各具特色，包括嵌套型、辐条型、交叠型等复杂多样的结构体系，面临多重治理问题。

下面我们按照国别、区域来具体了解和分析"海丝"沿线各国和各次区域的贸易自由化、便利化现状。

（二）"海丝"沿线各国和各次区域贸易自由化现状

对 Heritage 基金会发布的贸易自由化指数①2017 年的数据进行整理，得到"海丝"沿线 34 个国家的贸易自由化指数及排名，进一步计算各次区域——中国、东盟、南亚、西亚北非、东非、南部非洲的贸易自由化指数（TL 指数），结果见表 2-4。

表 2-4 "海丝"沿线各国和各次区域的贸易自由化指数和排名

国家/地区	TL 指数	排名	国家/地区	TL 指数	排名	国家/地区	TL 指数	排名
中国	73.2	23	印度	72.4	24	埃塞俄比亚	60.7	31
印尼	80.5	13	巴基斯坦	65.9	29	肯尼亚	69.8	27
文莱	89.1	2	斯里兰卡	74.5	22	坦桑尼亚	76.9	20
马来西亚	87.4	4	孟加拉国	61.2	30	莫桑比克	76.7	21
菲律宾	80.7	12	**南亚**	68.5		毛里求斯	88.7	3
新加坡	90.0	1	沙特阿拉伯	78.2	18	塞舌尔	86.7	5
泰国	83.1	11	阿联酋	84.3	7	马达加斯加	78.0	19
越南	78.7	17	阿曼	86.2	6	**东非**	76.8	
柬埔寨	80.3	14	科威特	79.1	16	南非	71.6	25
缅甸	NA		巴林	83.4	9	博茨瓦纳	83.9	8
东盟	82.6		卡塔尔	83.3	10	斯威士兰	79.7	15
			伊朗	54.5	32	莱索托	68.5	28
			也门	NA		**南部非洲**	75.9	
			埃及	70.9	26			
			西亚北非	77.5				

注：贸易自由化指数在 80~100 为非常自由，70~79.9 为较自由，60~69.9 为中等自由，50~59.9 为较不自由，低于 50 为被压制状态。

---

① https://www.heritage.org/index/about.

表 2-4 显示，"海丝"沿线各国贸易自由化程度差异显著，包括中国在内的多数国家贸易自由化水平不高。2017 年，贸易自由化指数<75 的国家有中国、印度、巴基斯坦、斯里兰卡、孟加拉国、伊朗、埃及、埃塞俄比亚、肯尼亚、南非、莱索托等。这些国家在加快自由贸易进程方面有较大的空间和动力。

各次区域的贸易自由化指数，南亚<中国<南部非洲<东非<西亚北非<东盟。东盟国家得益于长期以来的贸易开放政策，贸易自由化指数达82.6，其中新加坡达 90.0，贸易自由化程度处于世界领先水平；南亚国家为了保护国内幼稚产业免受冲击，对进口产品设置了较高关税，印度、巴基斯坦、斯里兰卡、孟加拉国的贸易自由化指数均在 75 以下。虽然该区域2006 年启动了《南盟自由贸易区》协定，但至今仍停留在理论探索阶段，未见实质性行动。① 西亚北非地区则具有较高的贸易自由度，这是由于该地区的海合会国家（沙特阿拉伯、阿联酋、阿曼、科威特、巴林、卡塔尔）缔结了关税同盟，经济一体化水平较高，此举也在一定程度上弥补了该区域单一的经济结构，增强了国际竞争优势。

四 "海丝"沿线国家及各次区域贸易便利化现状

（一）贸易便利化总体状况②

依据《全球竞争力报告》和透明国际 2017 年公布的数据，利用式（2.2）对数据进行标准化处理，进而用式（2.3）计算各三级指标的贸易便利化权重，再用式（2.4）计算沿线各国的贸易便利化指数（TF 指数），并进行排名，结果见表 2-5。

---

① 南亚地区贸易密切程度不高的原因还有运输成本高和印巴领土争端引发的政治局势紧张等。

② 贸易便利化是"一带一路"实现"贸易畅通"的重点内容。《推动共建丝绸之路经济带和 21 世纪海上丝绸之路的愿景与行动》明确指出：沿线国家宜加强信息互换、监管互认、执法互助的海关合作，以及检验检疫、认证认可、标准计量、统计信息等方面的双多边合作，推动世界贸易组织《贸易便利化协定》生效和实施。改善边境口岸通关设施条件，加快边境口岸"单一窗口"建设，降低通关成本，提升通关能力。加强供应链安全与便利化合作，推进跨境监管程序协调，推动检验检疫证书国际互联网核查，开展"经认证的经营者"（AEO）互认。降低非关税壁垒，共同提高技术性贸易措施透明度，提高贸易自由化便利化水平。

表 2-5 "海丝"沿线各国和各次区域的贸易便利化指数和排名

国家/地区	TF 指数	排名	国家/地区	TF 指数	排名	国家/地区	TF 指数	排名
中国	0.57	10	印度	0.54	12	埃塞俄比亚	0.39	26
印尼	0.50	17	巴基斯坦	0.41	24	肯尼亚	0.49	19
文莱	0.57	9	斯里兰卡	0.46	21	坦桑尼亚	0.40	25
马来西亚	0.68	4	孟加拉国	0.35	28	莫桑比克	0.33	30
菲律宾	0.37	27	南亚	0.44		毛里求斯	0.58	8
新加坡	0.88	1	沙特阿拉伯	0.64	6	塞舌尔	0.53	13
泰国	0.51	15	阿联酋	0.84	2	马达加斯加	0.28	32
越南	0.42	23	阿曼	0.62	7	东非	0.43	
柬埔寨	0.33	29	科威特	0.69	18	南非	0.56	11
缅甸	NA		巴林	0.68	5	博茨瓦纳	0.52	14
东盟	0.54		卡塔尔	0.77	3	斯威士兰	0.46	21
			伊朗	0.44	22	莱索托	0.32	31
			也门	0.23	33	南部非洲	0.47	
			埃及	0.50	16			
			西亚北非	0.60				

注：贸易便利化指数 0.8 及以上为非常便利，0.7~0.79 为比较便利，0.6~0.69 为一般便利，小于 0.6 为不便利。

表 2-5 显示，"海丝"沿线 34 个国家中，中国的贸易便利化水平处于中等位置，排名第 10，表现为不便利，贸易便利化有很大的提升空间。为了改善通关环境、加快货物跨境流动，中国 2015 年 9 月接受了WTO《贸易便利化协定》议定书，成为第 16 个接受该议定书的成员；同时，中国海关积极实施"经认证的经营者"（AEO）制度，加紧与东盟、印度、埃及等沿线国家海关的 AEO 合作。一系列贸易便利化措施的实施有利于中国推动制度改革、提升海关效率、培育国际竞争新优势。东盟内部贸易便利化水平显著分化，新加坡的贸易便利化远远高于平均水平，得分位居榜首，其从 1986 年开始实施的"单一窗口"制度为贸易和运输企业提供了一站式服务，显著提高了货物通关效率；除新加坡、

马来西亚以外的其他东盟国家的贸易便利化指数均小于0.6，而越南和柬埔寨得分均小于0.45，表现为不便利，阻碍了其国际贸易的发展。南亚国家基础设施落后，该区域贸易便利化得分仅为0.44，得分最高的印度也仅为0.54，小于0.6，表现为不便利。"一带一路"沿线国家基础设施互联互通，为南亚国家改善基础设施提供了发展机遇。西亚北非的海合会6国具有较高的便利化水平，其中阿联酋得分大于0.8，表现为非常便利。海合会成员国优良的基础设施和便捷的通关环境，弥补了其单一经济结构的不足，同时也成为基础设施促进贸易便利化的成功范例。而非海合会成员的伊朗、也门和埃及贸易便利化水平则很低。东非、南部非洲的11个国家都表现为不便利。

总体上看，21世纪海上丝绸之路沿线各国贸易便利化水平差异十分显著，并且存在很大的提升空间。贸易便利化达到"一般便利"及以上水平（贸易便利化指数>0.6）的只有新加坡、马来西亚和海合会6国共8个经济体。大多数经济体的贸易便利化水平较低，其中贸易便利化指数<0.45的有菲律宾、越南、柬埔寨、巴基斯坦、孟加拉国、伊朗、也门、埃塞俄比亚、坦桑尼亚、莫桑比克等国家，这些国家受制于经济、政治发展水平以及战争、疾病等不确定性因素，经济对外开放程度低，作为自由贸易深层次内容的贸易便利化必然处于较低水平，因而成为构建"海丝"自由贸易区网络应优先考虑的重点国家。

从各次区域角度看，贸易便利化指数东非<南亚<南部非洲<东盟<中国<西亚北非，东非、南亚、南部非洲的贸易便利化水平处于同一层次，属于较不便利，东盟、中国、西亚北非的贸易便利化水平处于同一层次，属于或接近一般便利。

（二）贸易便利化二级指标分析

依据上述式（2.3）中各三级指标的权重及各二级指标（口岸效率、海关环境、规制环境、电子商务）所包含的三级指标，计算"海丝"沿线34个国家的口岸效率、海关环境、规制环境、电子商务指数，并进一步计算各次区域的均值，结果见表2-6。

为了更直观地对各次区域各贸易便利化二级指标进行比较和分析，表2-6中各次区域层面的数据见图2-1。

表2-6 "海丝"沿线各国各次区域的贸易便利化二级指标（指数）

国家/地区	口岸效率	海关环境	规制环境	电子商务
中国	0.62	0.53	0.56	0.53
印尼	0.55	0.46	0.55	0.25
文莱	0.57	0.61	0.50	0.75
马来西亚	0.74	0.60	0.66	0.79
菲律宾	0.33	0.33	0.41	0.56
新加坡	0.94	0.89	0.84	0.81
泰国	0.60	0.45	0.49	0.48
越南	0.44	0.38	0.43	0.47
柬埔寨	0.42	0.29	0.32	0.26
缅甸	NA	NA	NA	NA
东盟	0.58	0.50	0.53	0.54
印度	0.58	0.52	0.57	0.30
巴基斯坦	0.49	0.38	0.42	0.16
斯里兰卡	0.55	0.43	0.44	0.32
孟加拉国	0.39	0.32	0.39	0.18
南亚	0.50	0.41	0.46	0.24
沙特阿拉伯	0.63	0.61	0.63	0.74
阿联酋	0.90	0.81	0.79	0.91
阿曼	0.66	0.57	0.61	0.70
科威特	0.45	0.44	0.51	0.78
巴林	0.67	0.61	0.66	0.98
卡塔尔	0.80	0.73	0.74	0.94
伊朗	0.48	0.39	0.42	0.53
也门	0.22	0.22	0.26	0.25
埃及	0.59	0.45	0.48	0.39
西亚北非	0.60	0.54	0.57	0.69
埃塞俄比亚	0.40	0.38	0.46	0.15
肯尼亚	0.59	0.40	0.54	0.26
坦桑尼亚	0.40	0.40	0.48	0.13
莫桑比克	0.37	0.33	0.33	0.18
塞舌尔	0.58	0.57	0.62	0.53
毛里求斯	0.59	0.51	0.50	0.57
马达加斯加	0.35	0.28	0.27	0.05
东非	0.47	0.41	0.46	0.27
南非	0.66	0.45	0.58	0.54
博茨瓦纳	0.44	0.58	0.57	0.39
斯威士兰	0.52	0.51	0.41	0.29
莱索托	0.21	0.34	0.43	0.27
南部非洲	0.46	0.47	0.50	0.37

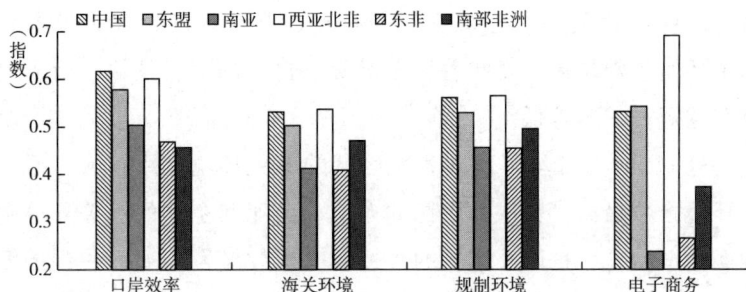

图 2-1　"海丝"沿线各次区域各贸易便利化二级指标（指数）

下面，依次对各贸易便利化二级指标进行分析。

1. 口岸效率

口岸效率以公路基础设施质量、港口设施质量、航空运输设施质量衡量。在现代国际贸易中，口岸效率对口岸货物的流转有重要影响，其地位也日益突出，是衡量贸易便利化水平的关键指标。

图 2-1 显示，中国和西亚北非地区的口岸效率较高，东盟多数国家处于海上丝绸之路的重要航线上，因此口岸效率指数也较高。东非和南部非洲地区的贸易结构以燃料、矿产品和木材产品等大宗资源性初级商品为主，不适合采用航空运输方式，故该地区航空物流较滞后，同时与海运相关的基础设施亟待系统性升级改造，这两个地区与世界的交通连通度较低，因此口岸效率指数较低，是推进"海上互联互通"基础设施建设潜力较大、可以重点提升的地区。具体到国家，新加坡口岸效率指数居"海丝"沿线国家首位；阿联酋、卡塔尔、沙特、阿曼、巴林等国家由于地处亚洲、欧洲和非洲的几何中心，是洲际远程航线的中转枢纽，且拥有良好的航空运输产业基础（该地区拥有颇负盛名的国际机场和航空公司），加上这些国家还拥有国际大型货物贸易港口，海运连通性较强，因此口岸效率指数也处于较高水平。中国的口岸效率表现也较突出，习近平总书记在多个场合用"重要支点""重要枢纽"等来形容港口在"一带一路"建设中的重要性，中国对港口基础设施投入力度大，港口规模与运力逐年提升。同时中国在公路、铁路、桥梁、码头、机场等基础设施领域优势突出，航线也不断拓展，航权日益开放，因此中国的口岸效率指数在四个二级指标中是最高的。

2. 海关环境

海关环境以通关中非常规支付与行贿、腐败程度、海关程序负担衡量。海关环境指数越高，意味着海关对货物清关的速度越快，所需出具文件的时间越短，成本越低。

图 2-1 显示，"海丝"沿线各次区域的海关环境差距较大，西亚北非的海关环境指数最高，其次为中国和东盟，南亚和东非的海关环境则明显比其他四个区域差，这两个区域的海关环境指数仅为 0.41。中国的海关环境指数达到 0.53，因为中国一方面通过接受 WTO《贸易便利化协定》（该协定中有 90%的内容与提升海关效率相关）营造便利的通关环境；另一方面推进全国通关一体化改革，通过共享原产地认证等专业认证结果进一步加快了通关速度，提高了监管效能，降低了通关成本。从总体上看，沿线各次区域的通关时效表现出十分大的差距，主要原因是沿线各国海关管理政策不同。首先，各国的法律制度差别较大，分属英美法系、大陆法系、伊斯兰法系，不少国家的法律体系和法治水平落后，不透明、不稳定，国际规则缺乏相关国内法的配套；其次，各国对海关行政效率的重视程度不一，一些国家对外依存度高（如新加坡），因此政府重视海关管理和投资，建设了高效率的贸易通关网络并简化了行政手续；最后，某些地区海关机构的冗杂是海关效率低下的主要原因，如菲律宾、泰国、孟加拉国等存在海关多头管理现象，因此这些国家的通关时效仍需进一步提高。

3. 规制环境

规制环境以司法独立性、政府解决法规冲突效率、政府政策透明度衡量。各国规制环境的差异会导致市场交易成本变化，影响贸易便利化水平。

图 2-1 显示，"海丝"沿线各次区域之间规制环境差异显著，西亚北非地区规制环境指数最高，其次为中国和东盟，经济发展相对落后、法治体制相对不健全的南亚和东非地区规制环境指数也最低。总体上，"海丝"沿线各次区域规制环境的情况和差异与它们在海关环境方面的情况和差异基本一致。

4. 电子商务

电子商务可以衡量一国或地区科技在贸易便利化中的作用，一国使用互联网的人数比例越高，依托互联网开展电子商务越便利。

虽然近年来沿线各国通信基础设施的绝对量快速增长，但是图 2-1 显示,"海丝"沿线各次区域的通信基础设施发展极其不均衡。西亚北非地区的通信基础设施体系尤其完善,其电子商务指数达到 0.69,东盟和中国的通信基础设施也处于较好水平,其电子商务指数分别为 0.54 和 0.53。相比之下,南亚、东非、南部非洲地区的通信基础设施明显落后,南亚和东非则处于极度落后水平,其电子商务指数分别仅为 0.24 和 0.27,这些地区的绝大多数国家通信基础设施水平亟待提升。

综上所述,"海丝"沿线各国贸易自由化、便利化水平差异显著。分区域看,贸易自由化方面,南亚<中国<南部非洲<东非<西亚北非<东盟;贸易便利化方面,东非<南亚<南部非洲<东盟<中国<西亚北非。即,南亚地区的贸易自由化、便利化水平均最低,是推进 FTA 谈判的优先领域;中国的贸易自由化水平较低,应着力扩大市场准入、减少贸易限制;东非、南部非洲的贸易便利化程度低,应着力基础设施建设、提高通关效率等。具体到贸易便利化的 4 个二级指标,4 个二级指标均显示,西亚北非、中国、东盟的贸易便利化水平相对较高,西亚北非尤甚,而南亚、东非、南部非洲的贸易便利化水平较低,南亚和东非的一些指标则处于极低水平。

五 "海丝"沿线国家贸易自由化、便利化的经济效应预测

推动"海丝"沿线国家贸易自由化、便利化、构建"海丝"自由贸易区网络,是一种国际区域经济一体化行动,这种行动会对"海丝"沿线各次区域及其产业产生联动、复杂和不均衡的影响,也会在"海丝"沿线区域和其他区域间产生贸易创造和贸易转移效应。为此,本章引入全球贸易分析(Global Trade Analysis Project,GTAP)模型①模拟"海丝"沿线国家贸易自由化、便利化的国际经济效应。依照该研究目的,我们:(1)将世

---

① GTAP 模型建立在一个完备的多国投入产出数据库基础之上。主要由两个部分组成:模型的主程序和模型数据库。模型的主程序根据新古典经济理论设定一些相关方程,并可以进行模拟运算;模型数据库提供各个国家或地区经济运行的主要数据及进出口数据,为主程序的运行提供数据支持。模型从生产着手,对于每个国家都进行了投入产出函数的设定和分析,不同私人部门、政府和生产者有着不同的生产或需求函数,并由存款和投资解决资金平衡问题。GTAP 模型拥有自己独立的数据库、模型和支持软件。使用 GTAP 模型评估一项或多项政策冲击对多国多部门产生的效应时,代表该项政策的外生变量在市场初始均衡状态下被赋予新的数值;内生变量在初始和新均衡状态下的数值变化,即反映了政策对经济活动的影响程度。

界划分为"海丝"沿线的中国、东盟、南亚、西亚北非、东非、南部非洲，以及欧盟、美国、其他地区，共9个区域；（2）借鉴相关文献，根据联合国SITC-3分类法，将57个行业划分为粮食作物、牲畜和肉制品、加工食品、自然资源、纺织及制衣业、轻工业、重工业、公共事业与建设、交通与通信、其他服务业等10个部门；（3）以"海丝"沿线国家间的关税下降50%表征贸易自由化、技术性贸易壁垒减少10%表征贸易便利化（见表2-7），模拟和预测其宏观经济效应和产业冲击效应。

表2-7　"海丝"沿线国家间贸易自由化、便利化模拟情景

贸易自由化情景（Ⅰ）	21世纪海上丝绸之路沿线国家之间关税下降50%
贸易便利化情景（Ⅱ）	21世纪海上丝绸之路沿线国家之间技术性贸易壁垒减少10%

依据以上区域和行业划分对原始数据进行归集之后，将表2-7的贸易自由化、贸易便利化情景引入模型，采用Johanson一步法，用RunGTAP软件求解，得到两种情景下的宏观经济效应——各区域的实际GDP、社会福利、贸易条件、进出口量等宏观经济指标的变化（见表2-8），以及产业冲击效应——各区域各行业的产出、进口、出口的变化（见表2-9）。

表2-8　关税下降50%、技术性贸易壁垒减少10%下各区域宏观经济指标的变化

		中国	东盟	南亚	西亚北非	东非	南部非洲	美国	欧盟	其他地区
实际GDP变化（%）	Ⅰ	0.03	0.05	0.27	0.08	0.19	0.17	-0.002	-0.004	-0.004
	Ⅱ	0.71	1.95	1.81	1.05	2.38	1.45	-0.01	-0.02	-0.01
社会福利变化（百亿美元）	Ⅰ	8.53	3.65	4.10	3.57	0.10	0.78	-3.36	-2.87	-4.46
	Ⅱ	74.80	55.34	49.28	38.42	5.33	8.00	-12.30	-9.35	-4.36
贸易条件变化（%）	Ⅰ	0.26	0.21	-0.26	0.09	-0.14	0.05	-0.12	-0.04	-0.06
	Ⅱ	0.73	1.13	1.57	1.48	1.47	1.44	-0.41	-0.11	-0.65
进口变化（%）	Ⅰ	1.02	1.38	2.79	1.75	2.24	2.55	-0.23	-0.11	-0.19
	Ⅱ	3.88	5.73	6.13	4.59	5.37	6.50	-1.33	-0.82	-1.69
出口变化（%）	Ⅰ	0.75	0.97	3.56	0.82	3.05	2.15	-0.04	-0.08	-0.11
	Ⅱ	2.25	3.56	5.11	3.22	5.63	4.43	-0.65	-0.64	-1.17

资料来源：RunGTAP模拟结果。

（一）宏观经济效应

1. 实际 GDP 变化

情景Ⅰ显示，"海丝"沿线国家间关税水平下降50%后，沿线各区域——中国、东盟、南亚、西亚北非、东非、南部非洲的实际 GDP 均呈现增长趋势。其中南亚地区增幅最大，达 0.27%；东非、南部非洲实际 GDP 分别增长 0.19%、0.17%；沿线其他五个区域的增长幅度均大于中国，说明这些地区贸易自由化的 GDP 增长效应显著。而美国、欧盟及其他地区均表现为轻微负增长，其影响基本可以忽略不计。

情景Ⅱ显示，"海丝"沿线国家间技术性贸易壁垒减少10%后，沿线各区域的实际 GDP 都出现了较大幅度的增长，而非"海丝"地区的实际 GDP 则由于贸易转移效应而受损。其中东非的实际 GDP 增幅最大，为 2.38%，其次为东盟 1.95%、南亚 1.81%、南部非洲 1.45%、西亚北非 1.05%，中国的实际 GDP 增幅依然最小，仅为 0.71%，而美国、欧盟及其他地区均表现为轻微负增长，三者依次为-0.01%、-0.02%、-0.01%。

对比情景Ⅰ和情景Ⅱ的结果可知，技术性贸易壁垒减少10%对实际 GDP 的正向影响远远大于关税降低50%的影响，贸易便利化水平提高对沿线国家实际 GDP 的拉动效果更显著。图2-2直观地展示了其结果。

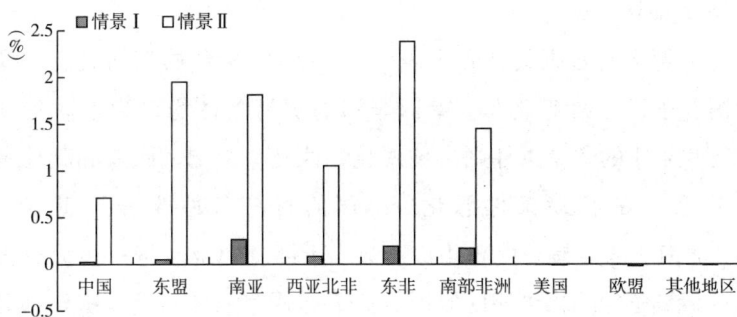

图2-2 关税下降50%、技术性贸易壁垒减少10%下各区域实际 GDP 变化

2. 社会福利变化

表2-8第2行数据显示了两种情景下各区域社会福利水平的变化。显然两种情景下的"海丝"自由贸易均提升了中国及沿线各区域的福利水

平。作为倡议的发起国，中国也能够从中获得较大效益，分别增长 853 亿美元和 7480 亿美元。相比之下，东盟、南亚、西亚北非的增长也不小，东非和南非的增长则较小，而美国、欧盟及其他地区的社会福利水平则有所下降，这与其进出口量削减带来的 GDP 减少和贸易条件恶化（在下文分析）有关。但根据加总数据，关税降低 50%、技术性贸易壁垒减少 10%将分别使世界总体福利增加 1004 亿美元、20516 亿美元，这说明虽然推动"海丝"沿线国家间的贸易自由化、便利化需要采取一系列广泛而深刻的制度化改革，包括消除腐败等艰难的行动，但是其预期收益也是巨大的。图 2-3 直观地展示了各区域社会福利的变化。

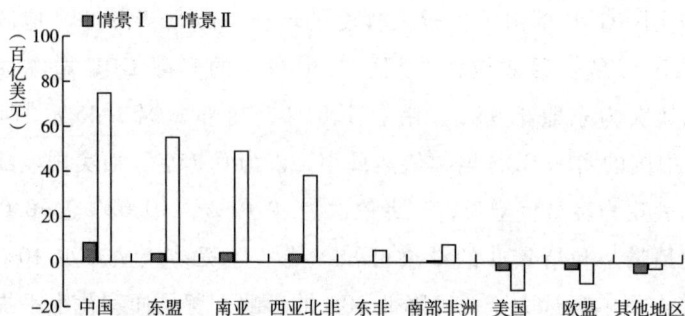

图 2-3　关税下降 50%、技术性贸易壁垒减少 10%下各区域福利水平变化

3. 贸易条件变化①

表 2-8 第 3 行数据的情景Ⅰ表明，"海丝"沿线国家间关税下降 50%后，中国、东盟、西亚北非、南部非洲的贸易条件均得到不同程度的改善，南亚和东非的贸易条件则出现恶化。此外，美国、欧盟和其他地区也出现不同程度的贸易条件恶化。中国的贸易条件改善最明显，提高 0.26%。而南亚的贸易条件恶化最明显，下降 0.26%。进一步分析南亚和东非地区贸易条件恶化可能的原因是：①这两个地区的出口结构都是以初级产品为主，产品需求弹性较小，关税降低导致初级产品的国际价格下降。②南亚和东非在"海丝"沿线成员国内产业优势并不突出，在区域内贸

---

① 贸易条件（Terms of trade）指一国的出口商品价格指数与该国进口商品价格指数之比。若此比值上升，意味着该国每单位出口商品可换回更多的进口商品，贸易条件改善。反之，贸易条件恶化。

易中难以占据优势。与中国改革开放形成的制造业优势相比，南亚和东非国家并没有发展出很明显的产业优势，因而难以从关税削减中获益。③由于"海丝"沿线国家关税削减，南亚的进、出口大幅度增加（分别增长2.79%、3.56%），短期内可能对其某些产业造成强烈冲击，导致贸易条件恶化。

情景Ⅱ显示，"海丝"沿线国家间技术性贸易壁垒减少10%后，沿线国家的贸易条件都得到了不同程度的改善，南亚和东非的贸易条件改善也分别达到1.57%、1.47%。对中国而言，贸易便利化水平提高10%，贸易条件改善0.73%。

综合情景Ⅰ和Ⅱ的分析可知：随着关税水平降低，南亚和东非的贸易条件出现了恶化，但随着技术性贸易壁垒的消减，南亚和东非的贸易条件逐渐好转。这说明在推进"海丝"贸易自由化便利化谈判过程中，应当把握贸易自由化和贸易便利化"双轮驱动"的原则，避免部分国家由贸易条件恶化导致贸易开放动力不足。图2-4直观地展示了各区域贸易条件的变化。

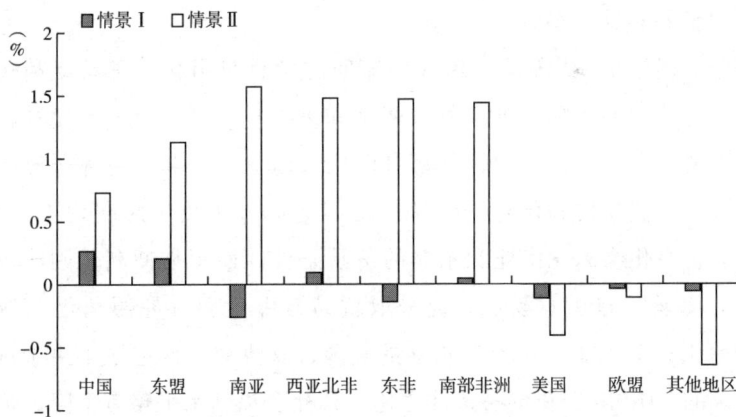

图2-4　关税下降50%、技术性贸易壁垒减少10%下各区域贸易条件的变化

4. 进出口变化

表2-8第4、5行数据的情景Ⅰ显示，得益于关税的减免，"海丝"沿线国家的进口与出口均有所增长。出口方面，增长最快的是南亚，增长3.56。东非、南部非洲紧随其后，分别增长3.05%和2.15%。此外，东

盟、西亚北非、中国等的出口也有不同程度的增长。而不属于"海丝"沿线的美国、欧盟和其他地区的进出口均有所下降。在进口方面，除南亚和东非外，"海丝"沿线各区域进口增长率都大于其出口增长率，说明关税水平降低对"海丝"沿线国家进口的正向刺激作用大于对出口的作用，原因主要是"海丝"沿线国家的国内需求将随着对外开放程度的提高而增加。

情景Ⅱ显示，"海丝"沿线国家间的贸易便利化均显著促进沿线各区域进出口，相比之下，南亚、东非、南部非洲进出口的增长率也比较高，中国作为"海丝"沿线已经达到较高贸易量水平的成员，其进出口增长幅度相对较小，贸易便利化水平提升10%，出口增长2.25%，进口增长3.88%，贸易便利化有利于减少中国贸易顺差，调整国内消费结构和优化产业结构。

总体来看，进出口变化呈现以下特点：第一，中国的进出口增长幅度均处在靠后位置，与预期不同，贸易自由化便利化更多地改善了中国的贸易条件，而不是增加贸易量。第二，受益于关税的减免，"海丝"沿线其他区域进出口均有增长，其中南亚、东非和南部非洲的进出口增长都比较显著，而非"海丝"沿线的美国、欧盟和其他地区的进出口均有所下降，呈现出"贸易转移"效应。

综合上述分析，"海丝"沿线国家间的贸易自由化、贸易便利化都能提升沿线各区域的实际GDP、社会福利和进出口水平，但贸易便利化的作用远大于贸易自由化；其中，贸易自由化对南亚、东非、南部非洲的进出口影响较大，贸易便利化对"海丝"沿线各区域进出口影响均十分显著；由于贸易自由化会恶化南亚和东非的贸易条件，而贸易便利化则相反，因此构建"海丝"自由贸易区，应采取贸易自由化和贸易便利化"双轮驱动"的原则；对于非"海丝"沿线的美国、欧盟和其他地区，由于进出口削减带来的GDP减少和贸易条件恶化，其社会福利水平略有下降，但影响较小。

（二）产业冲击效应

限于篇幅，表2-9仅给出关税降低50%、技术性贸易壁垒减少10%两者同时发生时的产业冲击情况。并且，在分析冲击结果时将10个部门归入初级产品、制造业和服务业三大类进行阐释。

1. *初级产品（粮食作物、牲畜和肉制品、自然资源）*

表 2-9 显示，在关税降低 50%、技术性贸易壁垒减少 10% 的情况下，在粮食作物部门，除了东非产出增加 1.24% 外，"海丝"沿线其他区域（中国、东盟、南亚、西亚北非、南部非洲）的产出均有不同程度的下降，而进出口则显著增长，其中中国和南亚出口分别增长 16.46%、14.20%，东盟、南亚、南部非洲的进口分别增长 10.05%、14.16% 和 8.89%。这说明中国和南亚的粮食作物在"海丝"沿线具有比较优势。那么为什么这些地区粮食作物产出减少而进出口反而增加呢？原因是"海丝"沿线国家间的关税减让、海关程序简化，以及其他贸易便利化措施的出台，推动了各国发挥比较优势，提升了其贸易规模和水平。在牲畜和肉制品部门，"海丝"沿线国家两极分化，东非、南部非洲和南亚产出增加，出口大幅增加，南亚进口也大幅增加，其中东非、南部非洲的产出分别增加 3.12%、2.2%，出口分别增加 29.85%、35.25%，而东盟和中国则产出下降、出口减少、进口增加，变化率依次分别为 -1.35%、-0.02%，-9.93%、-5.55%，15.50%、7.36%。显然，"海丝"沿线国家间贸易自由化便利化大大提高了东非和南部非洲牲畜和肉制品的出口市场份额。在自然资源方面，中国、东盟、南亚的产出将受到冲击，分别下降 3.1%、2.64%、2.93%，东非的产出则增长了 3.21%，进出口方面，南亚的出口增幅高达 50.37%、东非的进口增幅高达 26.58%。这可能是由于贸易自由化便利化将南亚自然资源的潜在比较优势转化为现实，同时，东非的经济发展产生了巨大的资源需求。此外，非"海丝"沿线的美国、欧盟和其他地区的粮食作物部门未受冲击，产出仍然增加，而其自然资源部门的产出和出口则减少，存在贸易转移效应。

表 2-9 关税降低 50%、技术性贸易壁垒减少 10% 后各区域各产业的变化

单位：%

类别	产业部门	中国	东盟	南亚	西亚北非	东非	南部非洲	美国	欧盟	其他地区
					产出变化					
初级产品	粮食作物	-0.62	-0.90	-0.15	-2.41	1.24	-2.20	0.30	0.27	0.35
	牲畜和肉制品	-0.02	-1.35	1.31	-1.00	3.12	2.20	0.11	0.03	0.16
	自然资源	-3.10	-2.64	-2.93	0.17	3.21	0.17	-0.01	-0.50	-0.29

续表

类别	产业部门	中国	东盟	南亚	西亚北非	东非	南部非洲	美国	欧盟	其他地区
制造业	加工食品	-0.20	1.96	-2.79	-0.62	-1.56	0.35	0.10	0.03	0.08
	纺织及制衣业	0.40	-4.46	-6.06	-12.45	-9.65	-15.98	1.74	1.60	1.32
	轻工业	0	-1.89	0.83	-4.00	-8.86	-3.53	0.16	0	0.50
	重工业	-0.08	1.27	-0.77	0.10	-10.47	-0.02	0	-0.40	-0.21
服务业	公共事业与建设	1.79	5.27	3.00	1.93	2.93	3.73	-0.45	-0.27	-0.50
	交通与通信	-0.08	-0.04	0.65	0.73	-0.22	-1.31	0.02	0.25	0.09
	其他服务业	0.23	-0.45	-0.55	0.25	1.57	0.95	0.02	0.04	0.02
进口变化										
初级产品	粮食作物	5.94	10.05	14.16	3.45	9.49	8.89	-0.93	-0.59	-1.27
	牲畜和肉制品	7.36	15.50	22.16	5.02	12.10	9.98	-1.16	-0.72	-1.65
	自然资源	1.45	10.51	1.36	9.5	26.58	0.79	-1.01	-1.42	-4.03
制造业	加工食品	7.98	8.00	27.66	3.89	10.56	8.68	-1.44	-0.68	-1.47
	纺织及制衣业	7.97	9.74	29.53	14.62	14.54	36.77	-2.37	-0.81	-2.02
	轻工业	6.47	9.78	18.25	6.13	8.48	11.41	-1.78	-0.87	-1.68
	重工业	5.69	5.04	9.51	7.41	5.96	9.07	-1.56	-0.91	-1.57
服务业	公共事业与建设	5.55	11.24	8.00	4.24	4.04	10.57	-1.53	-1.01	-1.84
	交通与通信	4.52	8.47	9.53	3.97	2.20	6.67	-1.58	-0.87	-1.68
	其他服务业	5.55	9.41	8.04	3.59	4.17	7.73	-1.63	-0.89	-1.67
出口变化										
初级产品	粮食作物	16.46	3.25	14.20	2.35	9.31	2.06	-0.23	-0.27	-0.06
	牲畜和肉制品	-5.55	-9.93	29.18	1.42	29.85	35.25	0.61	-0.44	0.75
	自然资源	19.08	7.88	50.37	2.19	14.74	6.71	-3.61	-5.21	-3.37
制造业	加工食品	4.64	9.92	3.56	1.31	0.14	3.66	-0.66	-0.61	-0.83
	纺织及制衣业	2.60	4.32	-3.13	-1.31	11.04	0.82	1.48	1.60	-0.81
	轻工业	1.93	0.24	15	10.04	7.76	0.12	-0.7	-0.71	-0.05
	重工业	4.18	7.57	17.54	11.19	1.51	10.74	-1.56	-1.46	-2.08
服务业	公共事业与建设	0.80	-5.87	-1.04	-0.19	16.86	3.95	0.42	-0.35	0.72
	交通与通信	-1.13	-3.24	-0.82	0.68	2.53	-0.41	0.96	0.57	1.20
	其他服务业	-2.10	-8.29	-7.97	-0.85	1.41	-0.41	0.93	0.33	1.51

资料来源:RunGTAP 模拟结果。

2. 制造业（加工食品、纺织及制衣业、轻工业、重工业）

在关税降低50%、技术性贸易壁垒减少10%的情况下，在加工食品部门，东盟的产出和出口增长显著，分别达到1.96%和9.92%，南亚产出下降2.79%而进口却增加了27.66%，中国和东非的进口增长也较显著。在纺织及制衣业部门，中国相对于沿线其他区域具有优势，产出增长0.40%，而其他区域均呈现产出下降、进口增加态势，其中南部非洲和西亚北非产出分别下降达15.98%、12.45%，而南部非洲和南亚进口分别增长36.77%、29.53%，值得注意的是美国和欧盟的产出和出口也有所增加。在轻工业部门，贸易自由化便利化使"海丝"沿线各区域进出口贸易加速发展，进出口变化显著高于产出变化，其中南亚逐渐在该领域显示出优势，其产出、出口、进口均有提高；而西亚北非、东非、南部非洲的弱势则加剧，产出分别下降4%、8.86%、3.53%。在重工业部门，除了东非产出下降10.47%外，沿线各区域产出变化有限，但进出口变化明显，其中南亚、西亚北非、南部非洲的出口分别增长17.54%、11.19%、10.74%，南亚、南部非洲进口分别增长9.51%、9.07%，而非"海丝"沿线的欧盟及其他地区，由于贸易转移效应，其重工业产出有所下降。总体上，"海丝"沿线国家贸易自由化便利化使各国更好地发挥比较优势，进出口增速显著高于产出增速，而中国在制造业各领域的进口增速均显著高于出口。

3. 服务业（公共事业与建设、交通与通信、其他服务业）

在关税降低50%、技术性贸易壁垒减少10%的冲击下，在公共事业与建设部门，"海丝"沿线各区域的产出、进口均有显著增长，出口则有增有减。其中东盟产出、进口分别增长5.27%、11.24%，南部非洲产出、进口分别增长3.73%、10.57%，而此时东盟的出口又下降5.87%，说明东盟地区公共事业与建设部门的需求增长迅猛，新增需求通过产出增加、进口增加、出口减少来弥补。相比之下，非"海丝"沿线的美国、欧盟和其他地区的产出、进口均有所下降。在交通与通信、其他服务业两大部门，与公共事业与建设部门明显不同，"海丝"沿线各区域在这些部门的产出略有增减，但出口以下降为主，进口则显著增加，其中东盟这两大部门出口分别下降3.24%、8.29%，进口分别增长8.47%、9.41%；南亚出口分别下降0.82%、7.97%，进口分别增长9.53%、8.04%；中国出口分别下降1.13%、2.1%，进口分别增长4.52%、5.55%；而在这两个部门，美国、欧盟和其他地区均呈现产出增加、出口增加、进口减少的态势。显然，美国、欧盟在这两大部门的优势较明显，因此未受到"海丝"沿线国家间贸易自由化便利化的冲击。总体上，"海丝"沿线国家间贸易自由化便利化促进了各国具有比较优势的服务业的发展，其进出口增速高于产出增速，但这种促进作用没有制造业明显，并且，沿线各区域服务进出口的增长也未对美国、欧盟和其他地区的服务业和服务贸易产生冲击。

总体上，"海丝"沿线国家间贸易自由化便利化将推动沿线各国发挥各自的比较优势，提升贸易规模和水平，各地区相关部门的进出口增速明显快于其产出增速，其中制造业最明显、初级产品次之、服务业作用小些。具体而言，首先，中国的纺织及制衣业部门、东盟的加工食品部门、南亚的粮食作物部门、西亚北非的重工业部门、东非和南部非洲的牲畜和肉制品部门将获得加速发展。其次，"海丝"沿线国家间贸易自由化便利化将使一些国家的潜在比较优势转化为现实的比较优势，比如南亚地区的轻工业、重工业中的一些行业。最后，与上述贸易创造效应相比，"海丝"沿线国家间贸易自由化便利化产生的贸易转移较小，主要发生在自然资源和重工业部门，对其他部门的影响则很小，而在交通与通信、其他服务业等服务部门，美国、欧盟和其他地区仍将呈现产出增加、出口增加的态势。

六 结论

贸易自由化便利化是促进"贸易畅通"，构建"海丝"自由贸易区网络的重要内容。采用 Heritage 基金会发布的贸易自由化指数和包含口岸效率、海关环境、规制环境、电子商务4个二级指标的贸易便利化指数分析"海丝"沿线各国和各次区域贸易自由化便利化现状，结果表明：沿线各国贸易自由化便利化水平差异显著。贸易自由化方面，南亚<中国<南部非洲<东非<西亚北非<东盟；贸易便利化方面，东非<南亚<南部非洲<东盟<中国<西亚北非。即，南亚的贸易自由化、便利化水平均最低，是推进自由贸易区谈判的优先领域；中国的贸易自由化水平较低，应着力扩大市场准入、减少贸易限制；东非、南部非洲的贸易便利化程度低，应着力基础设施建设、提高通关效率等。具体到贸易便利化的4个二级指标，4个二级指标均显示，西亚北非、中国、东盟的贸易便利化水平相对较高，西亚

北非尤甚，而南亚、东非、南部非洲的贸易便利化水平较低，南亚和东非的一些指标则处于极低水平。

进一步运用 GTAP 模型模拟"海丝"沿线国家贸易自由化便利化的国际经济效应，结果表明：（1）"海丝"贸易自由化、便利化均对沿线各区域的实际 GDP、社会福利、进出口等产生正向激励，而对欧美等其他国家和地区则有轻微的负面影响。（2）与关税下降 50% 相比，技术性贸易壁垒削减 10% 对宏观经济和产业发展的影响更大，贸易便利化的效应更显著。（3）从区域看，贸易自由化对南亚、东非、南部非洲的进出口影响较大，贸易便利化对"海丝"各区域进出口影响均十分显著，而二者均显著改善和提升中国的贸易条件和社会福利水平。（4）从产业角度看，贸易自由化便利化推动沿线各国朝着各自比较优势的方向发展，各区域的进出口增速明显快于其产出增速，其中制造业最明显，初级产品次之，服务业作用小些。具体而言，中国的纺织及制衣业部门、东盟的加工食品部门、南亚的粮食作物部门、西亚北非的重工业部门、东非和南部非洲的牲畜和肉制品部门将获得加速发展，甚至南亚在轻工业、重工业的潜在比较优势也将转化为现实。（5）由于一些国家在贸易自由化、贸易便利化中呈正负相反的收益，因此，虽然贸易便利化的作用更显著，但两者同步推进是构建"海丝"自由贸易区网络的最优模式。

（本章的主要内容以同名发表于《21 世纪海上丝绸之路研究
报告（2018~2019）》，社会科学文献出版社，2019）

第三章　境外经贸合作区的理论创新与实证检验

　　境外经贸合作区借鉴中国"经济特区"建设经验，已成为"一带一路"建设的重要载体。合作区沿着"一带一路"建设的"六走廊三通道"布局，形成陆上和海上丝绸之路国际经济合作带，引领中国对外投资进入新阶段。传统的国际直接投资理论无法解释境外经贸合作区建设实践。基于"一带一路"国家间制度异质性引发的高投资壁垒和风险，以及合作区企业的"集体行动优势"和"政府保障优势"，建构境外经贸合作区理论，创立"南南国际投资理论"，是"一带一路"经济学基础理论创新。以中国对"一带一路"沿线 65 个国家的投资数据为样本的实证检验也表明："一带一路"国家间制度异质性引发的高风险和高壁垒显著抑制中国企业的海外投资，政府为合作区企业克服"集体行动难题"提供的选择性激励和利用政府间外交关系"保驾护航"能够帮助合作区企业克服国家间制度异质性引发的高投资壁垒和风险。因此，"一带一路"的"五通"应致力于为境外经贸合作区的建设和运行创造良好的条件，以"一带一路"引领境外经贸合作区发展。

一　引言和文献综述

　　2015 年 3 月，国家发改委、商务部、外交部联合发布《推动共建丝绸之路经济带和 21 世纪海上丝绸之路的愿景与行动》，提出要"探索投资合作新模式，鼓励合作建设境外经贸合作区、跨境经济合作区等各类产业园区，促进产业集群发展"①。同年 12 月，商务部将境外经贸合作区提升到"一带一路"建设的重要承接点的高度。② 之后，境外经贸合作区建设进入快速发展的通道。③ 截至 2018 年 12 月，中国企业在"一带一路"沿线国家建设境外经贸合作区 82 个，累计投资 304.5 亿美元。④ 事实上，境外经贸合作区已经成为推进"一带一路"建设的重要载体和中国企业"走出去"的重要平台，其建设甚至直接关系到"一带一路"倡议的顺利实施。

理论方面，学术界对境外经贸合作区的研究也逐渐增加，主要包括：（1）境外经贸合作区的政策、作用和地位研究。境外经贸合作区得到政府强有力的支持，政府已经形成较为系统的政策体系来支持和引导境外经贸合作区的发展；⑤ 合作区以"抱团"模式取代传统的"单打独斗"，以高层对话的形式构建新型的互惠共赢合作模式，⑥ 能够降低中小企业国际合作中的风险，达到协同互补、降低成本、促进中小企业"走出去"的作用，⑦ 其对中国对外直接投资的促进作用大于传统的国际投资和自由贸易协定；⑧ 合作区已成为中国对外投资的"重要名片"，它采用合作共赢方式有效利用外部资源，通过承担社会责任的形式树立了良好的国家形象。⑨

---

① 中华人民共和国国家发展和改革委员会网站，http：//zys. ndrc. gov. cn/xwfb/201503/t20150328_669088. html。

② 冯达英：《境外经贸合作区："一带一路"双赢平台》，新浪财经，http：//finance. sina. com. cn/roll/2017-02-20/doc-ifyarzzv3287439. shtml。

③ 在此之前，2006 年 6 月商务部公布了《境外中国经济贸易合作区的基本要求和申办程序》，宣布建立 50 个"国家级境外经贸合作区"，鼓励企业在境外建设工业园区、科技产业园区等各类经济贸易合作区。

④ 中华人民共和国商务部网站，http：//www. mofcom. gov. cn/article/zt_qgswgzhh2018/sswgh/201812/20181202820669. shtml。

⑤ 沈正平、简晓斌、赵洁：《"一带一路"沿线中国境外合作产业园区建设模式研究》，《国际城市规划》2018 年第 2 期。

⑥ 李盛林：《在建立境外经贸合作区模式下中国企业跨国投资路径转型及发展》，《对外经贸实务》2017 年第 9 期。

⑦ 胡江云：《支持境外经贸合作区发展服务"一带一路"建设》，《发展研究》2017 年第 10 期；张广荣：《中国境外经贸合作区发展政策探析》，《国际经济合作》2013 年第 2 期。

⑧ 李嘉楠、龙小宁、张相伟：《中国经贸合作新方式——境外经贸合作区》，《中国经济问题》2016 年第 6 期。

⑨ 邹昊飞、杜贞利、段京新：《"一带一路"战略下境外经贸合作区发展研究》，《国际经济合作》2016 年第 10 期。

（2）境外经贸合作区建设的成效、问题和建议研究。合作区具有投资类型多元化、产业类型多元的特点,[①] 已经形成初步的产业集聚效应,[②] 但也存在东道国政策变动及法律法规不健全、盈利模式不清晰、土地开发不顺畅、配套条件有缺陷、企业融资有难度、国际化人才匮乏等问题。[③] 因此,在境外经贸合作区建设过程中,政府要履行好服务和扶持职能,找准本国的竞争优势,在政府合作层面为企业铺路,并在产业转移中实现产业升级;[④] 要创新金融服务方式,拓展多元化的融资渠道,[⑤] 有重点、有层次、有选择地推进和引导合作区建设和发展。（3）"一带一路"视角下的境外经贸合作区研究。境外经贸合作区主要分布在"一带一路"沿线国家,是"一带一路"建设的重要载体和"重要抓手",[⑥] 其建设应落实与"一带一路"沿线国家签署的相关协定。应依托"一带一路"的产业发展趋势,利用"一带一路"建设中的政策沟通,全方位、多层次地争取更多的优惠政策。[⑦]

上述的文献梳理表明,现有文献主要集中于境外经贸合作区建设的描述性研究,而对境外经贸合作区在"一带一路"沿线的空间布局、境外经贸合作区的理论创新,以及其促进"一带一路"投资合作成效的检验鲜有涉及。基于此,本章从"一带一路"视角来考察、诠释和检验境外经贸合作区。本章第二部分分析境外经贸合作区沿"一带一路"建设的"六走廊三通道"（六大陆上经济合作走廊和三大海上蓝色经济通道）布局的情况,

---

① 尤宏兵、成楠、杨蕾:《境外产业园区建设特点与发展建议》,《国际经济合作》2017 年第 2 期;祁欣、杨超:《境外经贸合作区建设若干问题探讨与建议》,《国际贸易》2018 年第 6 期。

② 刘英奎、敦志刚:《中国境外经贸合作区的发展特点、问题与对策》,《区域经济评论》2017 年第 3 期。

③ 沈正平、简晓斌、赵洁:《"一带一路"沿线中国境外合作产业园区建设模式研究》,《国际城市规划》2018 年第 2 期;李志鹏:《境外经贸合作区的发展实践探索》,《国际工程与劳务》2016 年第 9 期。

④ 沈铭辉、张中元:《中国境外经贸合作区:"一带一路"上的产能合作平台》,《新视野》2016 年第 3 期;关利欣:《中新境外工业园区比较及启示》,《国际经济合作》2012 年第 1 期。

⑤ 刘佳:《建设境外经贸合作区 加速融入"一带一路"》,《宏观经济管理》2016 年第 8 期。

⑥ 李嘉楠、龙小宁、张相伟:《中国经贸合作新方式——境外经贸合作区》,《中国经济问题》2016 年第 6 期。

⑦ 李盛林:《在建立境外经贸合作区模式下中国企业跨国投资路径转型及发展》,《对外经贸实务》2017 年第 9 期。

阐释了"一带一路"建设视角下境外经贸合作区和"六走廊三通道"的"子"和"势"的空间关系;第三部分在剖析传统国际直接投资理论解释境外经贸合作区建设实践的不足的基础上,从国家间制度异质性角度建构了"一带一路"境外经贸合作区理论,尝试"一带一路"经济学基础理论创新;第四部分基于本章理论创新及提出的研究假设,以中国对"一带一路"沿线 65 个国家的投资数据为样本,引入国家间制度距离、境外经贸合作区、"一带一路"三个解释变量及其交叉项实证检验其直接投资推动效应。第五部分探讨"一带一路"的"五通"如何助力合作区企业突破沿线国家间的制度异质性壁垒,以"一带一路"引领境外经贸合作区发展。

本章的边际贡献在于:(1)分析了境外经贸合作区沿"'一带一路'六走廊三通道"的布局,指出其"子"和"势"的空间依赖关系;(2)建构了境外经贸合作区理论——基于国家间制度异质性的"南南国际投资理论",是"一带一路"经济学基础理论创新;(3)在统一分析框架下检验国家间制度距离、境外经贸合作区、"一带一路"对中国对外直接投资的协同影响。

二 境外经贸合作区沿"'一带一路'六走廊三通道"布局

作为由中国创新并由中国实践的新型国际经济合作模式,境外经贸合作区有利于突破"一带一路"沿线国家间政治、经济、法律、文化等制度异质性形成的高投资风险和壁垒,也符合中国企业对"一带一路"沿线国家投资的导向和需要,因此其建设取得了令人瞩目的成果。截至 2018 年12 月,中国企业在 46 个国家建设初具规模的境外经贸合作区 113 家,累计投资 366.3 亿美元,入区企业 4663 家,上缴东道国税费 30.8 亿美元,为当地创造就业岗位 28.7 万个。① 其中,在 24 个"一带一路"沿线国家建设的 82 个合作区累计投资 304.5 亿美元,入区企业 4098 家,上缴东道国税费 21.9 亿美元。合作区中,有 20 个被确认为"国家级境外经贸合作区",其中的 19 个分布在"一带一路"沿线。这些境外经贸合作区沿着

① 中华人民共和国商务部网站,http://fec.mofcom.gov.cn/article/jwjmhzq/tjsj/201811/2018
1102810220.shtml。

"一带一路"建设的"六走廊三通道"（见表 3-1 第一列）布局，形成陆上和海上丝绸之路国际经济合作带。

表 3-1 "一带一路"境外经贸合作区与"六走廊三通道"的对应关系

六走廊三通道	合作区名称	合作区特点
中蒙俄经济走廊	俄罗斯乌苏里斯克经贸合作区	国家级境外经贸合作区
	中俄（滨海边疆区）农业产业合作区	国家级境外经贸合作区
	中俄现代农业产业合作区	国家"一带一路"发展规划中优先推进项目清单
	俄罗斯中俄托木斯克木材工贸合作区	国家级境外经贸合作区，第一个境外国家级农业产业园
	中俄—托森斯克工贸合作区	建设中
	俄罗斯龙跃林业经贸合作区	国家级境外经贸合作区
	俄罗斯圣彼得堡波罗的海经济贸易合作区	建设中
新亚欧大陆桥经济走廊	中白工业园	中国在海外最大的合作园区，"一带一路"上的明珠项目
	中国—比利时科技园	科技型境外园区，两国政府重大双边合作项目
	塞尔维亚贝尔麦克商贸物流园区	中国首个境外物流园
	塞尔维亚中国工业园	东南欧地区的首个中国工业园区，塞尔维亚第一个国家级产业园区
	中匈宝思德经贸合作区	国家级境外经贸合作区
	匈牙利中欧商贸物流园	国家级境外经贸合作区
	中法经济贸易合作区	中国首个由企业在发达国家主导开创的、市场化运作的大型综合性产业园区
中国—中亚—西亚经济走廊	中哈边境合作中心	中国与他国建立的首个国际边境合作中心，世界上首个跨境自由贸易区，上海合作组织框架下区域合作的示范区
	吉尔吉斯斯坦亚洲之星农业产业合作区	国家级境外经贸合作区，中亚地区产业链条最完整、基础设施最完善的农业产业合作区
	乌兹别克斯坦鹏盛工业园	国家级境外经贸合作区
	中塔工业园	中塔最大合作项目

六走廊三通道	合作区名称	合作区特点
中国—中亚—西亚经济走廊	中塔农业纺织产业园	中亚五国最大的农业纺织园，塔吉克斯坦最大的外资项目之一，中塔合作重点项目
	哈萨克斯坦中国工业园	哈萨克斯坦首个中国工业园
	格鲁吉亚华凌自由工业园	格鲁吉亚首个中国自由贸易工业园
中巴经济走廊	巴基斯坦开普省拉沙卡伊特别经济区	"一带一路"建设的核心项目
	巴基斯坦海尔-鲁巴经济区	国家级境外经贸合作区，中国首个境外经贸合作区
	（巴基斯坦）瓜达尔自贸区	中巴经济走廊标志性项目
孟中印缅经济走廊	万达印度产业园	建设中
	缅甸皎漂特区工业园	中缅重点合作项目
中国—中南半岛经济走廊	越南北江省云中工业园区	中越产能合作示范园区
	中国—越南（深圳-海防）经贸合作区	中越"一带一路"倡议与"两廊一圈"规划对接的标志性专案
	越南龙江工业园	国家级境外经贸合作区
	柬埔寨桔井省斯努经济特区	列入中柬《关于共同推动产能与投资合作重点项目的谅解备忘录》中，中国对外投资的重点境外经贸合作区
	华岳柬埔寨绿色农业产业园	园区拥有柬埔寨规模最大的橡胶工厂
	柬埔寨山东桑莎（柴桢）经济特区	被柬埔寨政府认定为经济特区
	柬埔寨齐鲁经济特区	建设中
	柬埔寨西哈努克港经济特区	国家级境外经贸合作区，首批签订双边政府协议、建立双边部级协调机制的境外经贸合作区
	老挝磨丁经济开发专区	中国西南进入东盟国家的交通枢纽和产业聚集地
	老挝万象赛色塔综合开发区	国家级境外经贸合作区
	老挝云橡产业园	建设中
	泰国：中国—东盟北斗科技城	东盟地区最大的北斗产业应用基地
	泰中罗勇工业园	国家级境外经贸合作区
	马中关丹产业园	国家"一带一路"规划重大项目，跨境国际产能合作示范基地

六走廊三通道	合作区名称	合作区特点
中国—印度洋—非洲—地中海蓝色经济通道	斯里兰卡科伦坡港口城	中斯两国"一带一路"重点合作项目
	印度马哈拉施特拉邦汽车产业园	拥有福田汽车第一个自主投资的产权海外工厂
	特变电工（印度）绿色能源产业区	中国企业在印度投资建设的最大能源装备制造及服务基地
	中国阿联酋"一带一路"产能合作园区	首个"一带一路"产能合作园区
	中国—阿曼产业园	国家发改委、商务部重点推动建设的国际产能合作示范区，中国对阿拉伯国家开展国际产能合作的重点项目
	吉布提国际自贸区	"一带一路"建设的重要支点，打造东北非地区金融、航运、贸易中心
	中苏（苏丹）农业开发区	中非"农业现代化合作计划"重要项目
	埃及苏伊士经贸合作区	国家级境外经贸合作区
	中国江铃经济贸易合作区	中国首批境外经贸合作区之一
	埃塞俄比亚东方工业园	国家级境外经贸合作区，埃塞工业发展优先项目、重大示范项目
	埃塞中交工业园区	埃塞俄比亚唯一的一个建材工业园区
	埃塞俄比亚-湖南工业园	中国商务部重点项目
	乌干达辽沈工业园	乌干达现代化国家级工业园区
	非洲（乌干达）山东工业园	建设中
	江苏—新阳嘎农工贸现代产业园	坦桑尼亚最大的纺纱生产基地，中国农业部批准其为首批十个国家级境外农业合作示范区之一
	坦桑尼亚巴加莫约经济特区	坦桑尼亚政府的"重点政绩工程"，致力于建成"非洲的深圳"
	毛里求斯晋非经贸合作区	中国首批境外经贸合作区之一
	赞比亚中国经济贸易合作区*	国家级境外经贸合作区，中国在非洲的首个境外经贸合作区
	中垦（赞比亚）非洲农业产业园*	建设中

六走廊三通道	合作区名称	合作区特点
中国—印度洋—非洲—地中海蓝色经济通道	中材赞比亚建材工业园*	"中非合作十大计划"之一
	中津（津巴布韦）经贸合作区*	建设中
	莫桑比克贝拉经济特区*	莫桑比克第二大经济特区
	莫桑比克万宝产业园*	莫桑比克规模最大的农场
	南非开普敦亚特兰蒂斯工业园*	南非国家级特别经济区
	越美（尼日利亚）纺织工业园*	中国境外首个纺织工业园，尼日利亚最大的纺织工业园
	尼日利亚卡拉巴汇鸿开发区*	建设中
	尼日利亚莱基自由贸易区*	国家级境外经贸合作区
	尼日利亚宁波工业园区*	建设中
	尼日利亚广东经贸合作区*	中国首批境外经贸合作区之一
	塞拉利昂农业产业园*	建设中
中国—大洋洲—南太平洋蓝色经济通道	文莱大摩拉岛石油炼化工业园	文莱迄今最大的实业投资，中国民营企业最大的海外投资建设项目
	印尼加里曼丹农工贸经济合作区	建设中
	中国—印度尼西亚聚龙农业合作区	国家级境外经贸合作区
	印尼西加里曼丹铝加工园区	园区内有东南亚最大的铝土矿加工厂
	印度尼西亚苏拉威西镍铁工业园	"一带一路"重点项目
	中国印尼综合产业园区青山园区	国家级境外经贸合作区，"一带一路"重点项目
	华夏幸福印尼卡拉旺产业园	位于雅加达—万隆经济走廊中心位置
	中国—印尼经贸合作区	国家级境外经贸合作区
	中民投印尼产业园	单笔投资50亿美元，中民投成立以来最大规模投资
	广西印尼沃诺吉利经贸合作区	建设中

注：中国—印度洋—非洲—地中海蓝色经济通道中，标"*"的13个园区位于西部和南部非洲，严格意义上不在该蓝色经济通道。另外，中国—北冰洋—欧洲蓝色经济通道是三通道之一，因资料所限，未列入表中。

资料来源：笔者根据商务部投资事务促进部网站及各境外经贸合作区网站整理所得。

从表3-1可知，境外经贸合作区的建设与"一带一路"倡议的推进是密切相关的，作为"一带一路"建设的重要载体，境外经贸合作区契合了"一带一路"沿线国家经济和产业发展诉求，是中国实现产业结构调整和全球产业布局的重要承接平台，也尝试向世界传递中国和沿线国家合作共赢的发展理念。

境外经贸合作区沿"六走廊三通道"布局，"六走廊三通道"指：丝绸之路经济带上的中蒙俄经济走廊、新亚欧大陆桥经济走廊、中国—中亚—西亚经济走廊、中国—中南半岛经济走廊，连接"带和路"的中巴经济走廊、孟中印缅经济走廊，以及21世纪海上丝绸之路的中国—印度洋—非洲—地中海蓝色经济通道、中国—大洋洲—南太平洋蓝色经济通道、中国—北冰洋—欧洲蓝色经济通道。"一带一路"旨在以沿线的重点港口、中心城市、资源区块、产业园区为支撑，以互联互通和产业投资为手段，形成陆上和海上国际经济合作带，打造利益和命运共同体。"六走廊三通道"是"一带一路"互联互通的脉络和框架，是面、是势、是纲，境外经贸合作区是"六走廊三通道"的重要支点，承载着"六走廊三通道"建设的重任，是点、是子、是目，境外经贸合作区和"六走廊三通道"的关系是"子"和"势"的关系。境外经贸合作区沿着"六走廊三通道"布局，"六走廊三通道"引领境外经贸合作区发展。

三 "一带一路"视角下境外经贸合作区理论创新

尽管实践中境外经贸合作区建设已经取得令人瞩目的成果，但迄今为止，学术界尚未建构新的理论来诠释这种由中国创新、中国实践的"南南国际直接投资"。境外经贸合作区借鉴中国"经济特区"建设经验，以"集群式投资、特区式保护和国家间外交关系护航"帮助中国企业克服"一带一路"沿线国家间制度异质性形成的高投资风险和壁垒，是中国改革开放中"经济特区"建设经验的国际移植，是中国智慧、中国经验、中国模式的国际化运用，传统的国际直接投资理论难以给出合理的解释，需要建构新的境外经贸合作区理论。

（一）传统国际直接投资理论难以解释我国境外经贸合作区建设实践

根据中国商务部定义，境外经贸合作区是指在中国和有关国家政府的指导下，支持有实力、有条件的中国企业在有关国家投资建设或与所在国企业共同投资建设基础设施完善、主导产业明确、公共服务功能健全的产业园区，旨在吸纳中国、东道国或其他国家企业入区投资发展，推动双边和多边投资合作，促进当地经济发展。[①]

从本质上看，境外经贸合作区是中国企业对外直接投资建设的产业园区。但是传统的企业国际直接投资理论难以解释境外经贸区建设的实践。如：产品生命周期理论认为一个产品总体上呈现从国内竞争、出口、当地生产乃至再进口的周期演进趋势。随着产品的生产趋于成熟和标准化，发达国家的跨国公司开始向发展中国家直接投资；[②] 国际生产折中理论从所有权优势（即垄断优势）、内部化优势、区位优势三方面全面探析对外直接投资的动因、投资决策和投资方向，认为一国的对外直接投资净额与该国人均收入呈正相关关系；[③] 边际产业扩张理论把贸易与对外直接投资结合起来，以投资国和东道国的比较成本为基础，认为对外投资应该从投资国已经处于或即将处于比较劣势的产业即边际产业依次进行；[④] 小规模技术理论认为与发达国家的先进技术相比，发展中国家的跨国公司拥有的小规模制造技术有其独特的优势，这些技术具有劳动密集型、适合小规模生产特点，能够满足发展中国家相对狭小的市场需要。[⑤] "保护出口市场"是对外直接投资的主要动机。

以上这些传统的国际直接投资理论无法解释中国境外经贸合作区建设

---

① 中华人民共和国商务部网站，http：//www. mofcom. gov. cn/article/zt_jwjjmyhzq. shtml。

② R. Vernon，"International Trade and International Investment in the Product Cycle，" *Quarterly Journal of Economics*，Vol. 80，No. 02，May 1966，pp. 255-268.

③ J. H. Dunning，"Explaining the International Direct Investment Position of Countries：Towards a Dynamic or Development Approach，" *Weltwirtschaftliches Archiv*，Vol. 117，No. 2，March 1981，pp. 30-64.

④ K. Kojima，*Direct Foreign Investment：A Japanese Model of Multinational Business Operations*，London：Groom Helm，1978.

⑤ W. A. Lewis，*The Evolution of the International Economic Order*，New Jersey：Princeton University Press，1978.

的实践。境外经贸合作区建设是中国对与其收入水平差距不大的国家的投资，不是发达国家对发展中国家的投资（产品生命周期理论）；合作区建设是依托中国企业的资本优势及经验优势，而非垄断优势（国际生产折中理论）；合作区的产业是在国内具有比较优势的产业，不是具有比较劣势的产业（边际产业扩张理论）；境外经贸合作区的牵头企业往往是资金技术实力雄厚、能够进行规模化生产的大企业，不是小规模技术的企业（小规模技术理论）。传统的国际直接投资理论将企业对外投资的动因归结为产品生命周期、垄断优势、边际产业等，而忽略了东道国制度因素对国际直接投资的影响，因此，需要构建一种新的理论来解释境外经贸合作区的实践。

（二）境外经贸合作区理论创新

1. 制度异质性、制度距离引起的"一带一路"投资的高交易成本

制度包括正式制度和非正式制度。正式制度是对社会行为的强制约束，主要表现为一国的各类政策、法律、法规等。而非正式制度则主要表现为一国的信仰、文化、风俗等非强制性的社会行为规范。根据新制度经济学，制度对交易成本有重要影响[①]，高效的制度可以为企业的生产经营提供便利条件，为交易方提供公平竞争的平台，降低交易成本[②]。制度差异大的国家或地区信息不对称现象较为普遍，市场交易面临更大的风险和不确定性，交易成本较高。[③] 制度异质性影响该国范围内企业的生产活动，同时也会影响跨国企业在该国的投资活动。[④] 受历史传统、政治经济、宗教文化等影响，"一带一路"沿线国家呈现显著的制度异质性，沿线国家在政治体制和法律制度上存在较大差异，宗教民族关系复杂，文化风俗习惯各异，部分国家和地区民族矛盾尖锐，宗教极端势力活跃，被认为是

---

① D. C. North, "Economic Performance Through Time," *American Economic Review*, Vol. 84, No. 03, June 1994, pp. 359-368.

② W. Kasper, *Global, Competition, Institutions, and the East Asian Ascendancy*, San Francisco: ICS Press, 1994.

③ K. E. Meyer, & H. V. Nguyen, "Foreign Investment Strategies and Sub-national Institutions in Emerging Markets: Evidence from Vietna," *Journal of Management Studies*, Vol. 42, No. 1, January 2005, pp. 63-93.

④ A. Delijos, & W. J. Henisz, "Japanese Firms: Investment Strategies in Emerging Economics," *Academy of Management Journal*, Vol43, No. 3, June 2000, pp. 305-323.

"低法制区域"和"高风险之路"。① 这些由正式制度差异性和非正式制度的多样性带来的制度异质性因素使得中国企业尤其是中小企业在当地的投资壁垒高、风险大、收益不确定，中小企业"走出去"难度大。因此需要政府提供平台或激励，或保护和扶持，以突破"一带一路"国家间制度异质性壁垒。

2. 境外经贸合作区——政府提供的克服"集体行动难题"的选择性激励

中国企业尤其是中小企业缺乏海外直接投资的经验，国际化运营不成熟，防范和抵御风险的能力较弱，难于克服单独进行海外投资的高风险和高成本。无政府主导的企业单独或"抱团出海"投资往往进展缓慢，并且根据奥尔森的理论，单个企业作为寻求个体利益最大化的理性经济人，如果没有政府的激励，不会采取有利于所有企业海外投资的建立境外经济合作区的集体行动，而存在"集体行动难题"。② 奥尔森提出了解决"集体行动难题"的措施，即提供选择性激励——积极激励和消极激励。积极激励是通过某种经济刺激来促使潜在的集团成员组织起来；而消极激励则是通过行政命令的方式强迫潜在的集团成员达成集体行动。中国企业在"一带一路"沿线建设境外经贸合作区，正是中国政府为企业"抱团出海"提供选择性激励的结果。一方面，境外经贸合作区是一种政府扶持下的企业境外投资行为，通过与东道国政府的政策沟通和协调，政府为企业海外投资保驾护航，克服国家间制度差异对单个企业"出海"投资形成的壁垒，降低企业对外直接投资的交易成本，即政府以"特区式保护"形式帮助中国企业走进"一带一路"沿线这些制度差异性大、制度不健全但市场潜力巨大的国家。另一方面，境外经贸合作区为形成产业集群效应和投资规模效应提供条件，形成"集体行动优势"。

3. 境外经贸合作区理论——基于国家间制度异质性的国际直接投资理论

以上分析表明，境外经贸合作区投资理论有别于传统的国际直接投资理论，不单单从产品生命周期、垄断优势、边际产业的角度来诠释对外直

---

① 李晓敏、李春梅：《"一带一路"沿线国家的制度风险与中国企业"走出去"的经济逻辑》，《当代经济管理》2016 年第 3 期。

② M. Olson, *The Logic of Collective Action*：*Public Goods and the Theory of Groups*，Boston：Harvard University Press，1965.

接投资的动因，而且将东道国制度纳入对外直接投资的影响因素，是一种"异质性国家投资理论""南南国际投资理论"，即国家间政治、经济、法律、文化等制度异质性差异超过"临界点"，单个企业只有选择合作区形式进入市场，利用"经济特区"式保护和国家间外交关系保驾护航，才能克服"一带一路"沿线国家正式制度和非正式制度的异质性引发的高壁垒和高风险，使投资的期望利润大于零（且大于国内销售或出口贸易的利润），投资方可实行。[①] 合作区具有"集体行动优势"[②] 和"政府保障优势"，即各种经济非经济异质性因素引发的高壁垒和高风险成本由合作区内所有企业共同承担，合作区内单个企业的私人成本大大降低，保证了私人成本小于私人收益（Cp 下降，Cp<Rp）；以及政府提供"投资保险"这种公共物品，供合作区内企业免费使用，提高了企业的预期投资收益，使投资的私人收益大于私人成本（Rp 提高，Rp>Cp）。

"一带一路"倡议下对外直接投资在投资理念和实践上都有自己的创新。在投资理念上，秉承共商、共建、共享的投资理念，倡导"开放、包容、合作、共赢"的丝路精神。在投资实践上，企业在实现海外投资收益的同时，将企业的发展与东道国经济社会的发展结合起来，解决当地就业，重视民生问题，以实际行动践行"一带一路"倡导的利益共同体和命运共同体理念。境外经贸合作区也是中国政府融入世界经济、参与全球经济治理的又一重大举措，是中国市场化改革过程中为帮助企业克服各种非市场经济因素引发的高投资壁垒和风险成本，采取集群式投资、"特区式"保护的中国"经济特区"建设经验的国际移植，是中国经济发展模式、中国经验、中国管理智慧在"一带一路"的分享，其理论创新是"一带一路"经济学的理论创新。

根据以上分析，本章提出三点假设。

假设1：制度异质性影响中国对"一带一路"沿线国家的投资活动。"一带一路"沿线国家与中国的制度差距导致了中国企业海外投资的高风险和高成本，制度距离与中国企业对"一带一路"沿线国家的投资负相关。

---

① "异质性""临界点"的表述以及"异质性国家投资理论"的提出受到"异质性企业贸易理论"的启发。

② "集体行动优势"与贸易政策的政治经济学中的"集体行动难题"原理相反。

假设 2：境外经贸合作区推动中国企业对"一带一路"沿线国家的投资。境外经贸合作区建设能够克服"一带一路"沿线国家制度异质性带来的高投资壁垒，为企业"出海"保驾护航，推动中国企业与"一带一路"沿线国家的经贸投资合作。

假设 3："一带一路"倡议有利于中国对"一带一路"沿线国家的投资。"一带一路"倡议通过中国政府与"一带一路"沿线国家建立的多层次外交关系和制度安排，为中国企业"走出去"提供便利化支持，降低了企业投资的风险和成本。

四　实证检验

（一）实证研究设计

依据本章构建的境外经贸合作区理论及提出的三个研究假设，引入制度距离、境外经贸合作区、"一带一路"三个核心解释变量实证检验其对中国在"一带一路"沿线国家直接投资的影响，建立如下模型：

$$\ln OFDI_{jt} = \beta_0 + \beta_1 \ln OFDI_{jt-1} + \beta_2 \ln Insti_{jt} + \beta_3 Oetcz_{jt} + \beta_4 B\&R_t$$
$$+ \beta_5 \ln InDis_{jt} \times Oetcz_{jt} + \beta_6 \ln InDis_{jt} \times B\&R_t + \sum \beta_i CON_{jt} + \eta_j + \nu_t + \xi_{jt} \tag{3.1}$$

模型中各变量说明如下：

（1）OFDI 及其滞后项。OFDI 为被解释变量，$\ln OFDI_{jt}$ 表示第 t 时期中国对 j 国的直接投资流量，数据来自商务部《2016 中国对外直接投资统计公报》，并以 2010 年美元价为基期，利用美元 GDP 指数平减。由于该数据从 2003 年开始统计，故本章选取样本区间为 2003～2016 年。考虑到当期的投资会受到其前一期投资的影响，体现出一种"路径依赖",[1] 模型中引入 OFDI 的滞后一期项作为解释变量。

（2）主要解释变量 Insti、Oetcz 和 B&R。制度距离（$\ln Insti_{jt}$）衡量我国与东道国的制度差异，借鉴宗芳宇等[2]的做法，采用世界银行全球治理

---

①　余珮、孙永平：《集聚效应对跨国公司在华区位选择的影响》，《经济研究》2011 年第 1 期。

②　宗芳宇、路江涌、武常岐：《双边投资协定、制度环境和企业对外直接投资区位选择》，《经济研究》2012 年第 5 期。

指标的 6 个二级指标①依据的方法进行计算得到的制度指数来衡量，计算公式为：

$$Insti_j = \sum_{i=1}^{6} \left[\frac{(I_{ij} - I_{ic})^2}{V_i} \right] / 6 \qquad (3.2)$$

式中，I_{ij}、I_{ic} 分别代表 j 国、中国的第 i 个制度指标，V_i 为第 i 个制度指标的方差。②

境外经贸合作区 $Oetcz_{jt}$，如果中国 $t-1$ 年在 j 国建设境外经贸合作区，t 年开始 $Oetcz_{jt} = 1$，境外经贸合作区的信息来自中国商务部网站。$B\&R_j$ 是反映"一带一路"倡议是否发生的虚拟变量，用于考察"一带一路"倡议是否促进中国对沿线国家的投资。"一带一路"倡议于 2013 年提出，本章选取 2014 年作为政策冲击发生的起始年份。$lnInsti_{jt} \times Oetcz_{jt}$、$lnInsti_{jt} \times B\&R_{jt}$ 是制度距离和境外经贸合作区、制度距离和"一带一路"倡议的交互项，其系数表示境外经贸合作区及"一带一路"倡议对制度距离之于 OFDI 的边际影响，如果制度距离会阻碍中国对东道国的投资，交叉项的系数为正表示境外经贸合作区的建设和"一带一路"倡议的实施可以有效减弱制度距离对投资的阻碍作用，反之系数为负则表明境外经贸合作区的建设和"一带一路"倡议的实施会增强制度距离对 OFDI 的阻碍作用。

（3）控制变量 CONT。控制变量的选取主要参考已有研究对外直接投资的相关文献，其包括：①中国对东道国的出口（$lnEx_{jt-1}$），借鉴王方方和扶涛③及张先锋等人④的研究，以中国对东道国前一期出口额作为代理指标，数据来源于国家统计局 2003～2016 年《中国统计年鉴》，以 2010 年美元计价；②东道国的经济规模（$lnGDP_{jt}$）及中国的经济规模（$lnCGDP_t$），

---

① 全球治理指标包括政治稳定性、政府效率、监管质量、法制规则、话语权与问责制、腐败控制 6 个指标。

② B. Kogut, & H. Singh, "The Effect of National Culture on the Choice of Entry Mode," *Journal of International Business Studies*, Vol. 19, No. 3, September 1988, pp. 411-432.

③ 王方方、扶涛：《中国对外直接投资的贸易因素——基于出口引致与出口平台的双重考察》，《财经研究》2013 年第 4 期。

④ 张先锋、杨新艳、陈亚：《制度距离与出口学习效应》，《世界经济研究》2016 年第 11 期。

用国内生产总值（GDP）来衡量，数据来自世界银行的世界发展指标数据库（WDI）[①]，以 2010 年美元价为基期；③中国与东道国的地理距离（$\ln Dis_j$），以东道国首都到北京的球面距离表示，数据来源于 CEPII GeoDist 数据库；④东道国人口规模（$\ln Popul_{jt}$）、东道国技术水平（$\ln Tech_{jt}$）及东道国资源禀赋（$\ln Reso_{jt}$），数据均来自世界银行的世界发展指标数据库（WDI），东道国技术水平用高科技产品出口占比来衡量，东道国资源禀赋用燃料、矿石与金属出口占工业品出口比重来衡量。

η_j 为地区效应，υ_t 为年份效应，ξ_{jt} 为随机扰动项，β_0 为常数项。

选取 2003~2016 年"一带一路"沿线 65 个国家和地区的数据为样本，共 910 个观察值，各变量的统计性描述见表 3-2。

表 3-2 变量的统计性描述

变量名称	平均值	标准差	最小值	最大值
投资额（lnOFDI）	7.401	2.680	-0.095	13.776
境外经贸合作区（Oetcz）	0.130	0.337	0	1
"一带一路"倡议（B&R）	0.214	0.410	0	1
制度距离（lnInsti）	-0.286	0.808	-2.387	1.529
对东道国出口（lnEx）	11.702	2.085	2.773	16.069
东道国经济规模（lnGDP）	24.693	1.619	20.605	28.533
中国经济规模（lnCGDP）	29.348	0.375	28.699	29.883
地理距离（lnDis）	8.584	0.378	7.066	8.952
东道国人口规模（lnPopul）	16.120	1.644	1.644	12.625
东道国技术水平（lnTech）	1.152	1.863	-9.342	4.299
东道国资源禀赋（lnReso）	2.707	1.416	-4.768	4.605

对于模型的估计，本章使用的数据为宽面板、短时序数据，模型中包含因变量的滞后项 $\ln OFDI_{it-1}$，使得模型存在内生性的问题，采用普通面板数据方法进行估计得到的参数是有偏且非一致的。因此，本章采用动态面板广义矩方法（GMM）进行估计，GMM 方法能够有效克服内生性问题，

[①] 世界银行网站，www.worldbank.org.cn。

确保参数估计的无偏和一致性。估计中，采用 AR 检验来分析自相关问题，采用 Sargan 检验来判断工具变量的有效性。估计结果见表 3-3。

（二）实证检验结果及分析

表 3-3　制度距离、境外经贸合作区和"一带一路"倡议
对中国在沿线国家直接投资的影响

解释变量	（1）	（2）	（3）
lnOFDI	0.183 *** （8.43）	0.164 *** （5.22）	0.134 *** （3.27）
lnInsti	−0.399 * （−1.75）	−0.752 *** （−3.77）	−1.052 *** （−4.55）
Oetcz		1.296 *** （6.65）	1.520 *** （3.40）
B&R		0.263 *** （4.69）	0.228 *** （3.07）
lnInsti×Oetcz			0.773 * （1.85）
lnInsti×B&R			0.409 *** （3.87）
lnEx	0.928 *** （4.74）	0.743 *** （5.70）	0.894 *** （2.89）
lnGDP	0.381 * （1.73）	0.766 *** （2.69）	0.578 （1.52）
lnCGDP	1.425 *** （7.43）	0.764 *** （3.29）	0.751 ** （2.01）
lnDis	−2.574 *** （−6.10）	−2.211 *** （−4.11）	−2.171 *** （−3.51）
lnPopul	1.043 *** （7.42）	0.867 *** （4.05）	0.887 *** （5.22）
lnTech	−0.237 *** （−3.34）	−0.256 *** （−2.25）	−0.255 ** （−2.25）
lnReso	0.002 （0.03）	0.045 （0.43）	0.152 * （2.04）
_cons	−17.307 *** （−2.80）	−11.866 *** （−3.19）	−8.216 * （−0.72）
Arellano-Bond AR（1）	0.0002	0.0001	0.0001
Arellano-Bond AR（2）	0.3791	0.3629	0.4409
Sargan P	0.9920	1.0000	1.0000
Wald 检验值	107065.42 ***	50361.76 ***	45286.51 ***
年份效应	YES	YES	YES
地区效应	YES	YES	YES
N	370	370	370

注：*** 、** 、*分别表示在1%、5%和10%的水平上显著；括号内的值为 Z 统计量；（3）中的交互项中各变量均做了去中心化处理。

表 3-3 中，AR（1）、AR（2）检验用来判断系统的 GMM 是否存在序列相关，该检验的原假设是"模型不存在序列相关"；Sargan 检验用来判

断系统 GMM 估计中工具变量的有效性，原假设是"选择的工具变量有效"。AR（1）、AR（2）检验的结果分别拒绝和接受模型不存在序列相关的原假设，说明模型不存在二阶自相关。Sargan 检验的结果接受了选择的工具变量有效的原假设，表明 GMM 估计中选取的工具变量是有效的。Wald 检验在 1% 的显著性水平下拒绝了解释变量为零的原假设，因此，检验结果从整体上说明本章所设定的模型及采用的 GMM 估计方法是合理的。

表 3-3 的三组回归中，回归（2）比回归（1）增加了境外经贸合作区和"一带一路"倡议两个解释变量，以考察境外经贸合作区建设及"一带一路"倡议的直接效应，而回归（3）又分别引入这两个解释变量与制度距离的交互项，以考察境外经贸合作区建设及"一带一路"倡议是否能克服制度距离对 OFDI 的阻碍作用。

回归（1）、（2）、（3）的结果均显示，制度距离（$lnInsti_{jt}$）的系数显著为负，制度距离每增加 1%，会引起 OFDI 下降 0.399%~1.052%，说明"一带一路"沿线国家与中国的制度距离会制约中国企业对这些国家的直接投资，这验证了假说 1。"一带一路"东道国与中国的制度距离越大，中国企业前往其投资的风险越大，投资成本也越高，企业投资意愿越低，投资规模越小。

回归（2）、（3）中，境外经贸合作区的系数、制度距离和境外经贸合作区交互项（$lnInsti_{jt} \times Oetcz_{jt}$）的系数均显著为正，可以解释为境外经贸合作区的建设为中国企业海外投资提供了新平台和载体，境外经贸合作区以"特区式"保护为中国企业海外投资保驾护航，克服了国家间制度差异所带来的高投资风险和高成本，有力地推动了中国企业"走出去"，并形成了"集群式投资，特区式保护"模式，引领中国企业对外投资进入新阶段。实践中，2006 年、2007 年是中国境外经贸合作区建设的高峰期，其中 2006 年审批通过 8 家，2007 年审批通过 11 家，这些境外经贸合作区主要集中在俄罗斯、越南、泰国、印度尼西亚、柬埔寨、巴基斯坦等"一带一路"沿线国家和地区。而 2007 年、2008 年中国对"一带一路"沿线国家的 OFDI 增长率分别为 88% 和 160%，显著高于其他相邻的年份。在泰国罗勇工业园、越南龙江工业园、中国·印尼经贸合作区、柬埔寨西哈努克港经济特区、海尔-鲁巴经济区批复建设的次年，中国对泰国、越南、印尼、柬埔寨及巴基斯坦的 OFDI 增长率分别高达 382.39%、154.78%、74%、

217.52%和156.71%。2012年中马签署了《关于马中关丹产业园合作的协定》，2013年2月马中关丹产业园正式开园，同年中国对马来西亚投资总额达61638万美元，同比增长209.68%。中国在海外投资规模最大的工业园——中白工业园于2011年开工建设，次年中国对白俄罗斯的OFDI增长率达401.73%。2015年习近平在访问中白工业园区时提出要把园区"打造成丝绸之路经济带上的明珠和双方互利合作的典范"，促进了园区一系列项目的落地，2016年中国对白俄罗斯的OFDI增长率达196.88%，投资流量突破1亿美元大关。2012～2016年，中国对白俄罗斯的OFDI从2011年的867万美元增长到2016年的16094万美元，年均增长率为107.57%。这些结果和事实充分验证了假说2。

类似地，回归（2）、（3）中"一带一路"倡议（$B\&R_t$）的系数、制度距离和"一带一路"倡议交互项（$\ln Insti_{jt} \times B\&R_{jt}$）的系数也显著为正，说明"一带一路"倡议的实施极大地促进了中国对"一带一路"沿线国家的直接投资。2013年9月和10月，习近平主席在出访哈萨克斯坦和印尼时，提出了"一带一路"倡议，2014年中国对"一带一路"沿线国家的OFDI总额为136.6亿美元，同比增长7%。2015年国务院发布《推动共建丝绸之路经济带和21世纪海上丝绸之路的愿景与行动》，明确提出"加快投资便利化进程，消除投资壁垒。加强双边投资保护协定、避免双重征税协定磋商，保护投资者的合法权益"，该倡议得到了中国企业的广泛支持，也得到了"一带一路"沿线国家的积极回应，2015年中国对"一带一路"沿线国家的OFDI总额达189.3亿美元，同比增长38.6%。"一带一路"所倡导的互联互通，不仅包括基础设施、资源及信息等方面的内容，还包括制度性的互联互通。2017年国务院发布《关于进一步引导和规范境外投资方向的指导意见》，加大对"一带一路"沿线国家的投资支持力度，重点推动有利于"一带一路"建设和周边基础设施互联互通的对外投资，2017年中国对"一带一路"沿线国家的OFDI流量达201.7亿美元，同比增长31.5%。这些结果和事实充分验证了假说3。

从其他变量来看，$\ln OFDI_{jt-1}$的系数显著为正，验证了对外直接投资的"路径依赖"，即通过"示范效应"和"推动效应"，实现对相关国家和地区投资的进一步增长。$\ln Ex_{jt-1}$的系数显著为正，说明中国对东道国的出口能够显著促进中国对该国的直接投资，出口和直接投资之间呈互补关系。

lnPopul$_{jt}$的系数在回归（1）、（2）、（3）中均显著为正，表明东道国劳动力优势越明显，企业投资意愿越强烈。lnCGDP$_t$、LnGDP$_{jt}$、lnReso$_{jt}$的系数也均为正，这与预期相符，说明中国经济增长越快，东道国经济规模越大，东道国资源禀赋优势越明显，中国对该国投资的意愿越强烈。lnTech$_{jt}$的系数显著为负，说明目前中国在"一带一路"沿线国家的投资，倾向于选择技术水平不高的国家作为投资目的地。lnDis$_j$的系数显著为负，说明中国与东道国的地理空间距离仍然是中国对其投资的制约因素。

（三）稳健性检验

为了确保估计结果的稳健性，本章采用企业对外投资项目数代替 OFDI 投资流量作为被解释变量进行稳健性检验。企业对外投资项目数来自商务部公布的《中国境外投资（企业）机构名录》，由于从 2016 年开始商务部统计口径发生变化，企业对外投资项目数的样本范围为 2003～2015 年。由于对外投资数目是非负数的离散变量，本章借鉴杨亚平和高玥的做法，选择负二项回归方法，并在回归中直接采用内生解释变量的滞后一期处理内生性问题。[1] 估计结果见表 3-4。

表 3-4　以企业对外投资项目数作为被解释变量的实证检验结果

被解释变量	（1）'	（2）'	（3）'
lnInsti	-0.203 *** （-3.49）	-0.180 *** （-3.14）	-0.207 *** （-3.19）
Oetcz		0.266 ** （2.02）	0.267 *** （1.81）
B&R		0.372 *** （2.88）	0.358 *** （2.78）
lnInsti×Oetcz			0.071 （2.78）
lnInsti×B&R			0.199 * （1.78）
lnGDP	-0.077 （-1.01）	-0.072 （-0.93）	-0.058 （-0.76）
lnCGDP	0.919 *** （6.13）	0.486 ** （2.54）	0.051 *** （2.63）
lnDis	-1.635 *** （-10.92）	-1.580 *** （-10.68）	-1.591 *** （-10.77）
lnPopul	0.057 （1.14）	0.037 （0.73）	0.032 （0.64）
lnTech	-0.092 *** （-3.42）	-0.096 *** （-3.63）	-0.095 *** （-3.59）
lnReso	-0.028 （-0.88）	-0.015 （0.48）	-0.016 （-0.52）

---

[1] 杨亚平、高玥：《"一带一路"沿线国家的投资选址——制度距离与海外华人网络的视角》，《经济学动态》2017 年第 4 期。

续表

被解释变量	(1)'	(2)'	(3)'
_cons	−19.829 (−4.48)	−7.612 (−1.73)	−8.01 (−1.44)
Alpha	0.6484	0.6598	0.6758
Log likelihode	−1484.6253***	−1478.2637***	−1476.593***
N	598	598	598

注：***、**、*分别表示在1%、5%和10%的水平上显著；(3)'中的交互项中各变量均作了去中心化处理。

表3-4的估计结果显示，"一带一路"国家的制度异质性（制度距离）会抑制中国企业对其直接投资，而"一带一路"倡议及境外经贸合作区建设有利于克服制度差异给企业投资带来的高壁垒和高成本，有效地推动了中国企业的"一带一路"投资，这与前文的结论一致，说明估计结果是稳健可靠的。

五 "一带一路"引领境外经贸合作区发展

本章的理论分析和实证研究表明，"一带一路"沿线各国制度上的差异性导致了中国企业对其投资的高风险和高成本，阻碍了中国企业的海外投资进程，而"一带一路"背景下的境外经贸合作区建设是中国政府主导的"集体出海"，为中国企业海外投资提供了"选择性激励"和"集体行动"优势，通过搭建企业"走出去"的公共平台，在园区内实现利益共享，风险共担，能够降低中国企业"单独出海"所面临的高风险和高成本，对中国企业在"一带一路"沿线国家投资有强劲的推动作用。境外经贸合作区沿着"'一带一路'六走廊三通道"布局，"一带一路"引领境外经贸合作区发展。因此，"一带一路"的"五通"建设（政策沟通、设施联通、贸易畅通、资金融通、民心相通）应该为境外经贸合作区的建设和运行创造良好的条件。

（一）依托"一带一路"政策沟通，为合作区企业提供政策支持与制度保障

政策沟通是"一带一路"建设的重要前提，即使"一带一路"沿线已经建立了82个境外经贸合作区，但沿线一些国家经济和产业政策不稳定、

优惠政策落实不到位等问题往往制约了合作区的发展。中国政府与东道国政府的政策沟通，一方面要将合作区纳入东道国的经济发展战略规划，促进与东道国的产业合作与对接，打造利益和命运共同体；另一方面要推动成立专门的合作区管理机构，协调解决合作区建设、运行和管理过程中遇到的问题，保护合作区企业的合法权益，避免东道国政策频繁波动引致的风险。比如，中老两国政府于 2015 年、2016 年先后签署了《中国老挝磨憨—磨丁经济合作区建设共同总体方案》《中国老挝磨憨—磨丁经济合作区共同发展总体规划》协议，成立特区管理委员会，为合作区企业提供政策支持与制度保障，包括：外国法人可在特区内注册 100% 的控股企业；特区享受"境内关外"的免税、保税、低税政策，税种少，税赋低；企业在特区生产或组装商品，取得老挝原产地证书，可享受发达经济体的进口优惠，享受东盟自由贸易区原产地产品的相关优惠政策。磨丁特区还享有招商引资和各类审批的自主权，企业在这里可以享受自由用工、自助注册、税费减免等优惠。又比如，中越两国政府对越南龙江工业园的建设给予大力支持，越南总理亲自签发该工业园用地，在土地手续、税收等方面给予大力支持。按照越南政府的规定，入园企业可享受对外商投资优惠的税收减免政策，包括：构成企业固定资产的设备免进口税；产品出口免税；自企业投产之日起，生产用原材料、物资、零部件进口可免进口税 5 年；企业从有收入之年起享受 15 年企业所得税优惠期，优惠税率为 10%，包括自盈利之年起 4 年免税；后续 9 年税率为应缴税款额度的 50% 等。"一带一路"的政策沟通正在成为境外经贸合作区克服东道国制度壁垒和政策风险，为合作区企业投资保驾护航的利器。

（二）依托"一带一路"设施联通，改善合作区内外投资硬环境

与合作区相关的交通、口岸、能源、信息等基础设施的建设，对合作区企业投资和运行有重要影响，有些境外经贸合作区园区建设做得好，但是该国或该城市总体基建水平差，导致合作区企业的运行成本很高，投资吸引力有限。合作区企业无力承担东道国基础设施建设成本。"一带一路"设施联通应该尽可能为境外经贸合作区提供良好的基础设施硬环境。比如，中巴经济走廊两大公路项目、中俄黑河大桥等一批跨境和境外交通基础设施互联互通示范项目先后落地，为海尔-鲁巴经济区、俄中托木斯克

木材工贸合作区等一批境外经贸合作区的建设及招商发展提供了有力的支撑。又比如，中国—印度尼西亚聚龙农业产业合作区管理部门，专门成立聚龙基础设施建设基金，投资超过 2 亿元人民币兴建水利、电力、道路、桥梁、医院等公共基础设施。政府通过"一带一路"沿线"铁公基"基础设施项目和合作区内外基础设施项目的实施，大大改善合作区的投资硬环境，降低了合作区企业的运行成本，提高了预期投资收益。

（三）依托"一带一路"贸易畅通，节约合作区企业的市场进入和营销成本

境外经贸合作区、跨境经济合作区建设是"一带一路"贸易畅通的重要内容，但贸易畅通并不仅限于合作区的生产制造和加工投资，还涵盖商务、仓储、物流建设以及贸易投资便利化等内容。现有的境外经贸合作区中，万象赛色塔综合开发区、吉尔吉斯斯坦亚洲之星农业合作区、柬埔寨西哈努克港经济特区等除了相关产业的生产制造投资外，还有专门的商贸物流型园区。塞尔维亚贝尔麦克商贸物流园区位于巴尔干地区中心城市贝尔格莱德，园区实行"一区多园"模式，除了建材生产，还结合 O2O 电子商务模式，为企业跨境电商业务提供保税仓储、物流配送、线下体验、商品展示、售后服务等服务，合作区集产品制造、销售、物流配送及售后服务等功能于一体，尤其是还与东道国知名物流企业合作，大大节约了合作区企业的市场进入和营销成本。

（四）依托"一带一路"资金融通，降低境外经贸合作区企业的融资风险和融资成本

"融资难"是境外经贸合作区企业面临的重要问题。合作区所在国往往金融发展程度相对较低、外债水平较高、政府信用等级较差，且银行贷款利率高、额度小、担保要求高。而中国国内银行在"一带一路"沿线国家的分支机构较少，布局也不合理，境外经贸合作区的中国企业不能利用国内母公司的信誉和授信额度，也不能由国内母公司提供贷款担保，合作区企业自身的资产也不能作为抵押在境内贷款，合作区企业融资尤其困难。因此，要创新海外融资方式，扩宽合作区企业的融资渠道。一是在境外经贸合作区开发建设上，尝试采用 BOT（建设—经营—转让）、PPP

（政府和社会资本合作）、股权收购等新模式进行园区建设，克服园区建设初期的融资困难和技术瓶颈；二是探索以境外经贸合作区资产为抵押，企业以境外资产、股权、矿业开采权、土地等作抵押，开展"外保外贷""外保内贷"等试点，探索盘活合作区企业资产的渠道；① 三是拓宽融资渠道，充分利用"两行一金"②，鼓励国内银行、私募基金等金融机构设立海外分支机构，完善与东道国的金融合作机制，加强与东道国银行的同业合作，对境外经贸合作区特别授信等，为合作区企业"走出去"提供金融支持。通过一系列举措，降低境外经贸合作区内企业的融资风险和融资成本。

（五）融入"一带一路"民心相通，推动合作区企业和东道国民众的互利共赢

如前所述，"一带一路"沿线国家在语言文化、宗教信仰、传统习俗上存在较大的差异，这些差异给合作区企业的投资、运行和管理带来障碍，增加成本，甚至引发风险，由此抑制了双方合作的动力和意愿。境外经贸合作区的中国企业应通过服务东道国的经济建设、履行社会责任、为当地居民提供就业岗位、增加对公共设施和服务投入等方式促进民心相通，以民心相通化解制度异质性引发的风险和成本。比如，中国—印度尼西亚聚龙农业产业合作区将企业的利益和当地民众的利益结合起来，通过制定科学的薪酬体系为当地民众提供了丰厚的待遇，③ 通过基础设施建设改善当地居民生活环境，为当地员工子女上学提供免费校车。同时，实施"常青藤培训班计划"，将印尼本地员工送往中国学习，培养印尼本土管理者，发挥本土管理者在管理本民族员工时具有的文化、情感和价值观沟通优势，使本土管理者成为中印尼双方文化的"黏合剂"，既促进了民心相通，又提高了企业管理效率，还化解了制度差异可能引发的风险，其做法值得一些境外经贸合作区学习和借鉴。

（本章的主要内容发表于《经济学家》2019 年第 7 期）

---

① 《北大光华武常歧：境外经贸合作区建设的四大挑战》，http://finance.sina.com.cn/meeting/2017-05-12/doc-ifyfeius7874795.shtml。
② 即亚洲基础设施投资银行、金砖国家发展银行和丝路基金。
③ 当地居民收入从年收入不到 3000 元人民币提高到月收入 3000 元人民币。

第四章　各个自贸区功能承接"一带一路"研究

　　各个自贸试验区作为"一带一路"在国内的重要支撑点，依托自身的区位、港口、产业等独特优势，差异化地参与和推动"一带一路"建设。上海自贸试验区作为服务"一带一路"的桥头堡，对标国际新规则，继续推进制度、金融、科技创新，搭建"一带一路"航线网络和高端服务平台；天津自贸试验区发挥天津港的优势，打造"一带"和"一路"双向开放新通道，以产业集聚优势建设京津冀协同发展示范区，打造"一带一路"先进制造业合作平台；福建自贸试验区深化与台湾的经济合作，携手两岸共建海上丝绸之路，同时依托东南国际航运中心，与东南亚地区加强海洋经济合作，建设海洋经济文化产业带；广东自贸试验区建设粤港澳大湾区，打造我国海洋经济国际竞争力核心区，形成海上丝绸之路的贸易、金融和航运中心，成为海上丝绸之路重要门户枢纽。

　　十九大报告明确指出，要以"一带一路"建设为抓手，推动形成全面开放新格局。自贸试验区和"一带一路"是中国打造对外开放 2.0 版，在境内、境外同步推进的重大构想。从对外开放全局来看，自贸试验区服务于"一带一路"，是"一带一路"的国内支点和先行先试。[①] 在过去几年，"一带一路"建设取得了显著的成绩，但也面临日趋复杂的国际环境。"一

---

① 许培源：《各个自贸区差异化实施"一带一路"倡议研究》，载王灵桂、赵江林主编《全球视角下的"一带一路"》，社会科学文献出版社，2017，第 163 页。

带一路"建设，需要自贸试验区更多地参与和推动。那么，作为国内最早设立的四个自贸试验区，上海、天津、福建、广东自贸试验区如何认清、依托和发挥自身的区位、港口、产业等独特优势，找准战略定位，差异化地参与和推进"一带一路"建设，值得探究。本章首先解读"一带一路"视野下的自贸试验区，分析自贸试验区与"一带一路"的契合、对接；然后，结合上海、天津、福建、广东自贸试验区各自的独特优势给出其在"一带一路"建设中的战略定位，最后提出各个自贸试验区差异化推动"一带一路"建设的重要举措。

一 "一带一路"与自贸试验区的内在联系

（一）"一带一路"与自贸试验区

1. "一带一路"

"一带一路"倡议作为中国形成全方位对外开放新格局的重要载体，旨在通过基础设施的互联互通，将沿线的重点港口、中心城市、资源区块、产业园区串联起来，推动投资贸易自由化，形成立足周边、辐射"一带一路"沿线区域、最终面向全球的自由贸易区网络。[①] 从经济学角度看，"一带一路"是以设施联通为先导、以产业投资为核心的全球化，旨在利用中国在基础设施建设和工业制造领域的优势，推动沿线国家的工业化、现代化，推动亚洲各次区域及亚欧非的一体化，为沿线国家的发展提供中国经验、中国智慧和中国方案。与此同时，面对复杂多变的国际政治经济环境，"一带一路"倡议秉持"和平合作、开放包容、互学互鉴、互利共赢"的丝绸之路精神，加强亚欧非大陆及附近海洋的互联互通，与沿线国家和地区共同打造利益和命运共同体，构筑和完善互利共赢、多元平衡、安全高效的开放型经济体系，推动形成全方位开放新格局。[②]

2. 自贸试验区

2013 年 9 月，中国不仅提出"一带一路"倡议，而且宣布成立中国

---

① 许培源、贾益民：《21 世纪海上丝绸之路及其建设路径》，载贾益民主编《21 世纪海上丝绸之路研究报告（2017）》，社会科学文献出版社，2017，第 1 页。

② 许培源：《各个自贸区差异化实施"一带一路"倡议研究》，载王灵桂、赵江林主编《全球视角下的"一带一路"》，社会科学文献出版社，2017，第 164 页。

（上海）自贸试验区，之后，自贸试验区一步扩展，天津、福建、广东三个自贸试验区正式挂牌。自贸试验区建设是我国对标国际投资贸易新规则、新格局提出的又一重要战略，一方面以"开放"倒逼国内"改革"；另一方面对高标准的新规则进行先行先试，积累经验，以在对外开放和国际合作中进行推广，使我国在国际经贸投资规则上掌握主动权，构筑开放型经济新体制。[①] 在新形势下，设立自贸试验区是我国深化经济体制改革，主动适应全球投资贸易规则新要求，扩大更高水平对外开放的战略选择。目标就是要通过自贸试验区的先行先试，逐步积累参与国际多边和区域合作的经验，推动中国参与国际经贸规则制定和全球经济治理。[②] 自贸试验区建设的核心内容是投资自由化、贸易便利化、金融国际化和行政法制化，旨在推动制度创新，推进"一带一路"建设，打造参与"一带一路"国际经贸合作平台，培育和引领国际经济合作竞争新优势、构筑全方位对外开放新格局的战略支点和平台。

（二）"一带一路"视野下的自贸试验区

"一带一路"倡议和自贸试验区建设都是我国形成对外开放新格局的重要载体，"一带一路"倡议通过向全球提供制度性公共产品，打造全球经贸新格局；自贸试验区建设通过自主开放先行先试，探索国际经贸合作新路径，成为"一带一路"建设的有力支撑。"一带一路"是中国对外开放和经济发展的宏观大框架，是面、是势、是纲，自贸试验区是推进"一带一路"建设的重要载体和试验田，是点、是子、是目，自贸试验区与"一带一路"是子和势的关系。因此，自贸试验区建设要与"一带一路"倡议进行对接，上海、天津、福建、广东作为"一带一路"国际经贸合作网络的国内连接点或国内战略支点，在贸易投资合作规则和模式上先行先试，为"一带一路"贸易投资合作积累经验，为中国形成全面开放新格局，参与全球经济治理提供平台和支撑。

1. 自贸试验区与"一带一路"的契合

十九大报告明确指出，推动形成全面开放新格局，要以"一带一路"

---

① 李猛：《中国自贸区服务与"一带一路"的内在关系及战略对接》，《经济学家》2017 年第 5 期，第 50 页。

② 许培源：《各个自贸区差异化实施"一带一路"倡议研究》，载王灵桂、赵江林主编《全球视角下的"一带一路"》，社会科学文献出版社，2017，第 165 页。

建设为重点，赋予自由贸易试验区更大的改革自主权，探索建设自由贸易港。从总体上看，"一带一路"倡议与自贸试验区建设互为补充，"一带一路"建设的"五通"与自贸试验区的"四化"两者高度契合，共同推动形成全面开放新格局。[①]

对于自贸试验区建设而言，"一带一路"的不断发展扩大将推动自贸试验区实现更广泛的开放和合作，以应对全球经贸格局的变化；将推动自贸试验区开展更深入的改革，以转变国内经济增长方式和优化升级国内经济结构，使我国与世界经济实现真正意义上的接轨。自贸试验区作为"一带一路"经贸网络连接国内的桥头堡，以自身优良的港口条件发挥战略支点作用，吸引更多的国家加入丝路经济，推动海上互联互通和经贸合作，是全方位开放新格局的重中之重。作为连接"一带一路"的重要支点，四大自贸试验区的布局关乎"一带一路"国内核心区域与相关国家的经济辐射和联动，其中上海、广东、福建三大自贸试验区与21世纪海上丝绸之路的关系最为密切，而天津自贸试验区则地处北方的国际航运中心、经济中心以及新亚欧大陆桥东端起点。

2. 自贸试验区与"一带一路"的对接

自贸试验区建设应该对接"一带一路"倡议：（1）自贸试验区的体制机制创新要符合"一带一路"经贸合作规则和方向。自贸试验区建设侧重投资管理体制改革、金融服务业开放等的体制机制创新，这与"一带一路"建设中"贸易畅通""资金融通"等合作重点、规则和指向不谋而合。（2）各个自贸试验区利用自身的比较优势，差异化地推进"一带一路"建设。上海可进一步推动制度创新、扩大金融服务开放；广东利用科技创新优势推动与"一带一路"沿线国家的科技合作；福建可利用毗邻港澳台和作为海外华侨华人祖籍地的优势，着力与东南亚国家的互联互通；天津则是新亚欧大陆桥东端的起点以及中国与东北亚地区的主要连接点。（3）各自贸试验区以设施联通为突破口，以自贸试验区为支点，建立铁路、公路、航空、航运、集疏港体系、油气、电力、通信等全方位、多层次的互联互通网络，实现与"一带一路"沿线国家互联互通，为建设"高

---

① 张时立：《中国自贸区建设与21世纪海上丝绸之路——以上海自贸区建设为例》，《社会科学研究》2016年第1期，第58页。

标准自由贸易区网络"奠定基础。①（4）自贸试验区孵化本土跨国公司，利用优势产能形成"一带一路"投资辐射效应。自贸试验区先行先试为中国企业参与国际投资积累经验，利用中国在基础设施建设领域的技术和成本优势及制造业领域的优势产能，通过对外投资向"一带一路"沿线辐射，既为国家争取重大利益，又为"一带一路"沿线争取更大的发展空间。②（5）四大自贸试验区分别创新与"一带一路"沿线国家的经济合作模式，开展科技创新合作，建立联合实验室和科技创新园区，成为"一带一路"科技创新的重要枢纽。③

"一带一路"和自贸试验区建设是中国争取全球化主动权的重要平台，是构建与国际接轨的营商环境、培育和引领国际经济合作竞争新优势的重要载体，自贸试验区功能承接"一带一路"。

二 各个自贸试验区在"一带一路"建设中的定位

（一）上海自贸试验区在"一带一路"建设中的定位

上海自贸试验区是国内最早成立的自贸试验区。2017年3月国务院批复的《全面深化中国（上海）自由贸易试验区改革开放方案》中指出，上海自贸试验区要创新合作发展模式，并于2020年成为服务"一带一路"建设、推动市场主体"走出去"的桥头堡。

上海自贸试验区对接"一带一路"，在区位、产业、制度、金融、科技及综合实力等方面都具有显著优势。上海地处"一带一路"与长三角经济带的交会点，是中国面向欧亚大陆和亚太地区开放的核心；上海产业集聚优势明显，是我国科技创新核心区，拥有中国通信、信息、航空、汽车、电气、机械和高端装备制造等领域的重要基地；作为境内批准成立的第一个自贸试验区，上海自贸试验区努力对接国际高标准投资贸易规则，在投资自由化、贸易便利化等体制机制创新上已经积累了一定的经验，具

① 许培源：《各个自贸区差异化实施"一带一路"倡议研究》，载王灵桂、赵江林主编《全球视角下的"一带一路"》，社会科学文献出版社，2017，第167页。
② 许培源：《各个自贸区差异化实施"一带一路"倡议研究》，载王灵桂、赵江林主编《全球视角下的"一带一路"》，社会科学文献出版社，2017，第167页。
③ 沈桂龙：《自贸试验区服务全面开放新格局》，《社会科学报》2018年2月22日。

有先行者优势；上海是中国的国际金融中心，金融资源和要素市场全面，金融创新优势明显。

基于上述优势，上海自贸试验区的定位是继续创新体制机制，探索契合中国与新兴经济体和转轨国家的合作机制和模式，建设服务"一带一路"市场要素资源配置新枢纽；将金融创新和科技创新作为上海自贸试验区的重中之重，开展与沿线国家和地区在金融资源和要素的跨境流动、离岸研发、海洋经济、数字信息与安全等领域的合作，将上海自贸试验区打造成为"一带一路"开放合作新平台；利用居于国际产业链和价值链中高端位置的产业优势和制度优势，实现国际产能合作和境外经贸合作园区建设，搭建"引进来"和"走出去"有机结合的新载体。

（二）天津自贸试验区在"一带一路"建设中的定位

天津自贸试验区于 2015 年正式挂牌成立。2018 年 5 月《进一步深化中国（天津）自由贸易试验区改革开放方案》中指出，努力将天津自贸试验区打造成为服务"一带一路"建设和京津冀协同发展的高水平对外开放平台。

天津自贸试验区依托天津港建立，天津港是连接"一带"和"一路"的重要支点，可以打造海向和陆向双向开放平台。作为"一路"节点，天津港是中国目前最大的人工港，是我国广大中西部地区和中亚国家（哈萨克斯坦、土库曼斯坦、蒙古国等）最便捷的出海口，与世界上 180 多个国家和地区的 500 多个港口都有往来。作为"一带"节点，天津港是国内唯一同时拥有四条铁路通往欧洲大陆桥的港口，新亚欧大陆桥的东部最近起点。① 同时，天津港与日本、韩国和朝鲜隔海相望，是连接东北亚地区的重要支点城市，对建设东向海上丝绸之路和北向冰上丝绸之路都有很强的区位优势。此外，天津是全国所有沿海大城市中唯一将现代制造业作为主要定位的城市，且位于京津冀区域，产业集聚优势明显，拥有全国先进制造业研发基地，能够实现与"一带一路"沿线国家和地区在智能装备产业、新能源、新材料产业以及海洋高端装备制造业等产业上的科技创新合作，打造"一带一路"先进制造业合作平台。天津拥有金融创新示范区，

---

① 许培源：《各个自贸区差异化实施"一带一路"倡议研究》，载王灵桂、赵江林主编《全球视角下的"一带一路"》，社会科学文献出版社，2017，第 168 页。

自贸试验区吸引大量融资租赁公司在天津注册和发展，融资租赁成为天津金融创新的亮点，可以成为"一带一路"设施联通的金融平台。此外，天津作为全球第二大飞机租赁业务中心，有能力助力"一带一路"的空中互联互通。

由此，天津自贸试验区在"一带一路"中的定位是协同京津冀服务"一带一路"建设，打造"一带一路"海陆双向开放新平台、新通道，发挥科技创新合作对"一带一路"建设的支撑和引领作用①，成为面向世界的高水平的科技产业和贸易园区。天津自贸试验区着力发展国际航运、口岸服务、国际贸易和高端制造，推动融资租赁创新，对接"一带一路"建设的"设施联通"、"贸易畅通"和"资金融通"，推动与欧洲、中亚、蒙俄、日韩的互联互通、经贸和科技合作。

（三）福建自贸试验区在"一带一路"建设中的定位

2015 年 4 月，福建自贸试验区正式挂牌。同年 5 月，国务院批复的《进一步深化中国（福建）自贸试验区改革开放方案》中指出，到 2020 年将福建自贸试验区建设成为面向 21 世纪海上丝绸之路沿线国家和地区的开放合作新高地。

福建与台湾隔海相望，对台贸易成为福建自贸试验区的最大特色。两岸经贸关系中的血缘、地缘、文缘、商缘优势有助于推动两岸共建海上丝绸之路。同时，福建是海上丝绸之路的重要起点、东南亚华侨华人最重要的祖籍地。基于华侨华人在 21 世纪海上丝绸之路建设中的战略重要性，国家将福建定位为 21 世纪海上丝绸之路核心区、泉州定位为 21 世纪海上丝绸之路先行区，② 突出了"海丝"人文交流和合作的先天条件和优势。此外，福建还是中国最大的轻工业产业集聚地，且海岸线长度居全国第二，海洋资源丰富，具有先进的远洋渔业捕捞技术，福建自贸试验区内拥有天然良港，厦门港被定位为东南国际航运中心、面向亚太地区的重要窗口，这为与东南亚国家开展产能合作、海洋经济合作、促进航路联通提供了良好的条件。

---

① 《"一带一路"建设创新发展三看点——用科技点亮创新之路》，新华网，http://www. xinhuanet.com//world/2017-05/14/c_129604463.htm。

② 许培源：《各个自贸区差异化实施"一带一路"倡议研究》，载王灵桂、赵江林主编《全球视角下的"一带一路"》，社会科学文献出版社，2017，第 169 页。

基于上述优势，福建自贸试验区在"一带一路"建设中的定位是：发挥沿海近台优势，贸易对接台湾，深化两岸经济合作，推动两岸共建海上丝绸之路；功能承接"一带一路"，推动与东盟的海上互联互通，成为21世纪海上丝绸之路沿线国家和地区交流合作的重要枢纽。福建自贸试验区功能承接"一带一路"，应以东南亚为重点，融合通道建设和经贸合作，推动福建与东盟港口、产业深度融合，大力发展海洋经济，扩大与东南亚国家的利益汇合点，并以此为契机，延伸到与中东和非洲相关国家和地区。① 通过开通"海丝旅游"和"海峡旅游"等旅游专线、发挥华侨华人在"一带一路"建设中的作用、深化海洋文化创意产业合作等方式增强与"海丝"沿线国家和地区的人文交流，促进"民心相通"。

（四）广东自贸试验区在"一带一路"建设中的定位

广东自贸试验区于2015年4月正式挂牌。同年5月，国务院批复的《进一步深化中国（广东）自贸试验区改革开放方案》中指出，将广东自贸试验区建设成为国际航运枢纽，扩大对21世纪海上丝绸之路沿线国家和地区的港口投资，打造全球港口链，携手港澳参与"一带一路"建设。

广东自贸试验区毗邻港澳，在与港澳和"海丝"沿线国家合作方面具有天然的区位优势。改革开放40多年来，广东作为我国改革开放的排头兵，市场经济完善，开放型经济显著，已初步形成全方位、多层次、宽领域的对外开放格局；前海是中国唯一的跨境人民币业务创新试验区，在国家金融开放方面有重要地位，且又靠近香港，可以借力香港在金融服务和体系方面的优势；广东自贸试验区地处珠江三角洲，地理位置优越，拥有两个世界级的港口群和机场群，港口和机场等基础设施比较完善，尤其是南沙港和盐田港为21世纪海上丝绸之路建设提供了良好的港口条件，有可能成为21世纪海上丝绸之路最具影响力的经济中心、贸易中心和航运中心；② 此外，广东一直处于我国科技创新前沿，拥有大量的科技公司和人才，一方面将有助于打造高水平现代产业基地以实现产业结构转型，推动

---

① 许培源：《各个自贸区差异化实施"一带一路"倡议研究》，载王灵桂、赵江林主编《全球视角下的"一带一路"》，社会科学文献出版社，2017，第170页。

② 许培源：《各个自贸区差异化实施"一带一路"倡议研究》，载王灵桂、赵江林主编《全球视角下的"一带一路"》，社会科学文献出版社，2017，第170页。

与东南亚国家和地区的科技合作；另一方面，有利于与"一带一路"沿线国家开展海洋创新合作，打造"一带一路"创新共同体。

基于此，广东自贸试验区的总体定位是着力打造开放型经济新体制的先行区、粤港澳深度合作的示范区和高水平对外开放的门户枢纽，成为21世纪海上丝绸之路的桥头堡。[①] 广东自贸试验区应面向港澳，以深圳前海、广州南沙和珠海横琴为基地，深化区域协作加快建设粤港澳大湾区，打造我国的海洋经济国际竞争力核心区；与香港、澳门等珠三角主要城市合作，担当"一带一路"建设的主力军，共同组成海上丝绸之路上辐射力最强、影响力最大的贸易中心、金融中心和航运中心，共同搭建高端专业服务、产业合作对接、港口城市合作等国际平台，成为面向21世纪海上丝绸之路的重要门户枢纽。此外，广东自贸试验区创新合作模式，以沿海经济带为支撑与"海丝"沿线国家建立互利共赢的蓝色伙伴关系，打造蓝色经济通道；发挥广东省在研发领域的优势，与"一带一路"沿线国家开展科技创新合作，打造"智慧海丝路"，建设"一带一路"创新共同体。

三 各个自贸试验区差异化推动"一带一路"建设的重要举措

上述分析表明，四大自贸试验区在"一带一路"建设中的定位有所不同，因此，各个自贸试验区应根据自身优势及战略定位，差异化参与和推动"一带一路"建设。

（一）上海自贸试验区建成服务"一带一路"的桥头堡

上海自贸试验区应继续创新体制机制，对标国际并进一步扩大开放以探索建立自由贸易港，找到契合中国与新兴经济体和转轨国家的合作机制和模式，为"引进来"和"走出去"提供良好的制度环境；加快金融改革和创新，促进"一带一路"建设的资金融通；搭建连接"一带一路"的航线网络和高端服务平台，成为"一带一路"经贸服务的桥头堡；推进先进信息技术和科技创新的合作，打造"一带一路"科技创新枢纽。

---

① 郑建荣：《高标准建设中国（广东）自由贸易试验区》，《南方金融》2015 年第 5 期，第 4 页。

1. 继续推动制度创新，探索设立自由贸易港

首先，对标国际高标准投资贸易规则，优化营商环境。目前上海自贸试验区的制度创新表现为在投资管理制度上以"准入前国民待遇+负面清单"模式为核心，在贸易监管制度上以贸易便利化为重点，在政府职能上转变为事中事后监管制度，为"一带一路"建设提供了制度储备。这些创新一方面对标以美国为代表的高标准规则，另一方面通过与"一带一路"沿线国家和地区的经贸合作，探索适应中国与新兴经济体、发展中国家和转型经济体的经贸标准和制度，为我国提高开放的广度和改革的深度提供了条件。其次，加大知识产权保护力度。科技创新是推动经济社会发展的主要动力，创新成果得到有效保护是企业持续创新研发的主要保障。通过设立并实施更高标准、更严格的知识产权保护法，激活企业创新活力并降低其风险成本。再次，探索建设自由贸易港。《全面深化中国（上海）自由贸易试验区改革开放方案》首次提出设立自由贸易港，十九大报告也明确指出，"赋予自贸试验区更大的自主权，探索建设自由贸易港"。自由贸易港的设立是通过在海关特殊监管区域内实施更高标准的"一线放开，二线管住"的贸易监管制度，以此更进一步提升贸易自由化和便利化水平、消除贸易壁垒。[①] 对标国际上效率最高的自由港，使自由港在自贸试验区内进一步提高政府服务水平，减少政府管制；放宽进境货物管制，完善国际贸易"单一窗口"，创新离岸税制；对接亚太示范电子口岸网络和世界海关组织标准，加速数据的国际标准化；实施便捷高效的自贸试验区国际船舶登记制度，着力实现海关、税务、安全、检验检疫等多个政府部门的有效合作和高效运作，使上海成为面向"一带一路"国家和区域的商品展示、销售、采购中心。以自贸试验区和洋山深水港为依托，建立"海丝"沿线国家和地区的港口和城市联盟，增加经"海丝"沿线港口的班轮线路及频次，利用长三角制造业的优势，打造 21 世纪海上丝绸之路的航运枢纽、战略支点，融合通道建设和经贸合作，打造利益和命运共同体。最后，上海自贸试验区通过向其他自贸试验区推广、向全国推广来放大政策集成效应，最终接轨"一带一路"沿线国家和地区。

---

① 余淼杰：《全面开放新格局的三个重点工作》，搜狐网，http://www.sohu.com/a/21983 7344_330810。

2. 加快金融改革和创新，促进"一带一路"建设的资金融通

上海国际金融中心深化金融改革、扩大金融创新和开放，这将增强上海金融市场的全球影响力，促进"一带一路"的资金融通。上海自贸试验区扩大金融服务等对内对外开放，实施资本项目可自由兑换，实现离岸人民币闭环回流，为"一带一路"通过亚洲基础设施投资银行、金砖国家银行、上海合作组织银行等推动人民币国际化、支撑基础设施互联互通、实现产能和货币双双"走出去"的重要目标创造条件，为"一带一路"国家（地区）企业提供高效融资渠道。发挥上海国际金融中心的作用，实现与上海自贸试验区建设的联动，为企业到"一带一路"沿线国家和地区开展投资和并购提供金融支撑。上海自贸试验区应着力发展跨境金融服务，在"一带一路"沿线国家和地区设立金融分支机构，建立人民币国际支付清算系统，推动人民币跨境支付、结算；引进培育并规范发展若干涉海融资担保机构，加快发展航运保险业务并探索开展海洋环境责任险，推进海洋高端装备制造、海洋新能源、海洋节能环保等新兴融资租赁市场，鼓励金融机构探索发展以海域使用权、海产品仓单等为抵（质）押担保的涉海融资产品，探索开展海洋环境责任险；实现境外产业投资与丝路基金及国内资本市场的有机结合，支持境外股权投资公司积极拓展海上丝绸之路沿线国家业务。引领金融资源和要素向科技创新领域倾斜，为上海科创中心建设和与沿线国家开展科技合作提供资金支持，为上海自贸试验区打造"一带一路"科技创新重要枢纽提供助力。

3. 搭建"一带一路"高端服务网络和平台

首先，构建连接"一带一路"沿线主要铁路、港口和空港的航线网络。建设国际航空航运核心区，与"一带一路"沿线国家共建21世纪海上丝绸之路的航线信息库，联通陆运、海运和空运；实现上海浦东国际机场和虹桥国际机场在物流和客运上的联动，建设门户复合型国际枢纽。例如，上海港口可以通过建设长三角港口群来拓展开发国际航线和出海通道，与21世纪海上丝绸之路沿线港口缔结港口联盟，加强对接与合作；丰富上海航运指数，发展指数衍生品；加强与外资船舶管理公司和控股合资海运公司的沟通，为各类所有制航运服务业提供更大的空间。其次，搭建"一带一路"高端服务合作平台。围绕商务、法律、咨询、信息、人才等领域开展服务"一带一路"的合作论坛、对话窗口，为"一带一路"经贸

和科技合作创造条件，打造"一带一路"科技创新枢纽。通过大力发展邮轮经济，扩展国际邮轮旅游航线，创新游艇出入境管理模式，与周边国家建立海洋旅游合作平台和网络，促进海洋旅游便利化，推进游艇码头建设，以旅游带动周边国家经济，促进与"海丝"沿线国家的人文交流；运用信息技术、大数据分析，实现公安、海关和财政等部门的数据对接和共享，解决监管中存在的"信息孤岛"现象，为企业"引进来"和"走出去"提供良好的环境；与"海丝"沿线国家共建共享航运交易信息和服务平台，增强港口间的协同发展能力和服务功能，完善"海丝"沿线国之间的航运服务网络，最终形成连接国内外重点港口的亚太供应链中心枢纽；吸引"海丝"沿线国家各类大型涉海企业总部入驻自贸试验区，引进涉海行业组织、中介机构、高等院校和科研机构，建设海洋服务业集聚区，推进涉海金融、航运保险、船舶和航运经纪、海事仲裁等业态发展，探索制定与"海丝"沿线国家相适应的国际海运标准规范，形成国际航运中心的核心功能区和总部经济。在海事服务上，推进上海国际海事司法中心建设。例如，以智慧海事法院为依托，共同与国内外机构和组织围绕国际社会普遍关注的海事司法理论与实践重大热点问题展开讨论和合作，集聚国际海事法律人才和资源，建立国际海事司法高端智库；搭建海事司法信息交流共享平台，实现与国际海事法律领域更好的接轨。

4. 打造"一带一路"科技创新枢纽

上海自贸试验区可以协同上海市实施"一带一路"科技人文交流行动、联合实验室行动、科技园区合作行动、技术转移行动等方式来加强"一带一路"科技合作。与"一带一路"沿线国家开展在高新技术产业、生物医药、装备制造、海洋经济、海洋生态等领域的合作，在相关领域共同培养高端人才和联合开展技术攻关；搭建与相关国家和地区的科技合作综合服务平台，鼓励科研机构和科技型企业与沿线国家相关机构以合资或合作等方式在上海自贸试验区内建立研究中心；鼓励科技园区在"一带一路"沿线国家建设研发及产业化示范园区，构建"一带一路"技术转移协作联盟，促进与"一带一路"沿线国家间的技术转移和带动"一带一路"沿线国家产业结构升级；着力推进先进信息技术的应用，实现与全球信息网络节点对接，建设"一带一路"信息数据库，为"一带一路"沿线国家提供高效的信息服务；通过支持与"一带一路"沿线国家的高校和科研机构或组织联合实施海洋科技人才培养计划，开展海洋科技教育，实现大数据和云计算等信息技术与海洋产业的深度融合，与"一带一路"沿线国家共建海洋信息化平台，形成国际区域海洋科技产业联盟，促进海洋技术产业化，加强海洋合作，与"一带一路"沿线国家在扩展蓝色经济空间的同时实现海洋生态保护。

（二）天津自贸试验区打造"一带一路"双向开放新通道和先进制造业合作平台

天津自贸试验区依托天津港建立。如前所述，天津港是中国东北、西北和华北对外贸易的重要港口，靠近新亚欧大陆桥，是同时拥有四条铁路通往欧洲大陆桥的港口。因此，天津自贸试验区应依托天津港，大力拓展国际中转功能，吸引中亚、蒙古国、俄罗斯、日本、韩国的货物到天津港中转，建设"一带一路"物流新通道，搭建"一带一路"双向开放新平台。此外，天津自贸试验区还应创新区域协作模式，加快建设京津冀协同发展示范区；深化与"一带一路"沿线国家的合作，大力发展智能科技产业，打造天津"智港"；优化金融资源配置，大力发展融资租赁业，为"一带一路"建设提供更高质量的融资服务。

1. 建设"一带一路"物流新通道

优化港口资源配置，完善集疏运体系和仓储物流体系，简化实施过境货物检疫监管，加快国际航运功能建设，打造国际中转集拼枢纽，建设"一带一路"物流新通道。发挥"海运+空运"物流优势，探索建立中亚境外无水港，扩展物流网络至丝绸之路经济带沿线；加强与中亚、蒙古国、俄罗斯等国的合作，在天津港谋划建立物流中转基地，健全跨境物流服务体系，大力发展离岸贸易和转口贸易；将中欧班列（天津）发展为集跨境电子商务、中转集拼、国际海铁联运等功能于一体的综合运输系统。同时，主动吸引日韩物流企业入驻，在天津港特定区域与日韩企业合作建设中日韩物流园区；加强天津与新疆合作，共同打造"津新欧"物流大通道；探索与朝鲜合作，开拓中朝贸易物流通道。加快现代航运服务业发展，发挥天津作为北方国际航运中心优势，吸引"一带一路"沿线国家和地区航空公司开辟往返或经停天津的航线；增强港口口岸服务辐射功能，推动与"一带一路"沿线港口的合作，建设海上战略支点；打造面向东西的双向市场，将天津自贸试验区建设成新亚欧大陆桥经济走廊的核心载体。

2. 深化协作发展，打造"一带一路"先进制造业合作平台

大力发展智能科技产业，建设京津冀协同发展示范区。天津自贸试验区位于京津冀区域，拥有产业集聚优势，通过在物流、产业、生态等领域深化京津冀区域的协作，鼓励涉海企业、科研院所与国外相关机构开展联合研发与技术交流，建立产业技术创新联盟，推动海洋工程建筑、海洋船舶、海洋工程装备制造等海洋先进制造业对外合作，比如通过建立一批产业技术研究园，助力天津自贸试验区与"一带一路"沿线国家和地区在能源、钢铁、对外承包工程等方面开展深度合作。深化与欧洲的合作，建设中欧先进制造产业园。天津是全国所有沿海大城市中唯一将现代制造业作为主要定位的城市，拥有全国先进制造研发基地，应打造中欧先进制造产业园。例如，在智能装备产业、新能源新材料产业以及海洋高端装备制造业等产业上与欧洲开展全方位合作，形成中欧先进制造产业集群聚集区。同欧洲相关国家共建联合实验室，重点发展中德高端装备制造、中德汽车制造、中欧航空制造、中欧新一代信息技术、中欧生物医药五大产业。深化与日韩的合作，打造国家级对外产业合作新平台，共建蓝色经济带。东向海上丝绸之路以环渤海为起点向东至韩国和日本。在天津港临港区域建设国家海洋文化集聚区和创新产业示范区，搭建与日韩在海洋生态保护、海资源开发、海事服务等领域的联合设计和技术交流平台，共建共享海洋生物资源数据库，共享海洋蓝色经济。积极同北极有关国家合作，共同参与北极开发利用。此外，优化天津自贸试验区的船舶出入境服务，发展高端旅游业，比如开通环渤海至韩国和日本的海上旅游专线、经中亚或蒙古国、俄罗斯至欧洲的陆上旅游专线，打造天津北方国际邮轮旅游中心。

3. 优化金融资源配置，为"一带一路"建设提供高效金融服务

发展航运金融，建设全国性融资租赁资产市场和北方（天津）航运交易所。"一带一路"建设的优先领域是设施联通，基础设施建设需要对工程机械进行大量的资本投入，融资租赁业的需求会相应扩大。但是融资租赁企业在资金支持方面面临困难。一方面，融资租赁企业获得的银行短期贷款无法满足企业的需求；另一方面，国内融资租赁市场不完善，融资租

赁企业从股票市场获得资金支持受到限制。天津的融资租赁业相对发达，是天津金融创新的亮点，对实体产业发展的影响已日益显现。因此，天津应充分发挥融资租赁的优势，利用自贸试验区金融先行先试的政策，在天津自贸试验区建立融资租赁交易市场，鼓励保险资金支持租赁业发展，为"一带一路"建设提供融资支持；充分发挥作为全球第二大飞机租赁业务中心的优势，推动"一带一路"空中互联互通；推进境外机构和企业发行人民币债券等产品，主动吸引"一带一路"沿线国家和地区中央银行、主权财富基金和投资者投资境内人民币资产。

（三）福建自贸试验区深化两岸经济合作，功能承接"一带一路"

福建既是自贸试验区，又是"海丝"核心区，是两大战略的汇合点。国家给福建自贸试验区的定位是：贸易对接台湾，功能承接"一带一路"。一方面，要突出对台特色，深化两岸经济合作，着力两岸贸易、政策的互联互通，推动两岸共建海上丝绸之路；另一方面，面向东南亚，加强港口、口岸和城市的合作，着力海上互联互通，打造服务"海丝"的高端航运服务平台；与"海丝"沿线国家和地区深化海洋经济合作，建成"海丝"海洋经济圈；大力发展海洋文化创意产业，促进"民心相通"。

1. 深化两岸经济合作，共建两岸合作新平台

对台贸易是福建自贸试验区的最大特色，要发挥福建临海近台优势，以产业合作为抓手，深化与台湾自由经济示范区的对接，建设两岸贸易中心、区域性金融服务中心、两岸新兴产业和现代服务业合作示范区。[①] 福建自贸试验区要以"五通"为抓手，创新合作模式，在自贸试验区功能上体现"海丝"倡议要旨，在投资贸易自由化、服务业市场准入等方面先行先试，推动各类要素自由流动，推动闽台经济深度融合，推动全方位开放新格局的形成。同时，以自贸试验区的制度创新为契机，把简政放权和对外开放结合起来，推动闽台国际贸易"单一窗口"通关数据信息互换，深化试点航运、通关、检验检疫新模式，加快推进工商、质检、税务"三证

---

① 林春回、王国平：《我国民营经济在"一带一路"中如何"走出去"——以福建民营企业为例》，《华侨大学学报》（哲学社会科学版）2016 年第 4 期，第 56 页。

三号"合并为"一照一号"的改革，提升贸易便利化水平，建设两岸贸易中心。福建自贸试验区金融业发展的一大特色是两岸跨境人民币业务。福建自贸试验区要创新金融合作，建立与自贸试验区相适应的账户和管理模式，推动人民币跨境结算业务以及人民币、台币兑换业务，完善两岸货币现钞调运机制。例如，允许自贸试验区里符合条件的银行机构为境外企业和个人开立新台币账户，试点新台币区域性银行市场交易，建立两岸货币清算中心，实现货币流通，为两岸投资贸易自由化创造有利条件。推进新兴产业和现代服务业对台更深度的开放，促进人员、资金、服务要素的自由流动，探索建立两岸健康养老试验区，强化两岸在跨境电商、旅游和医疗服务领域的合作。比如，通过以支持台胞在自贸试验区内享受与大陆居民同等待遇的优惠政策，吸引台湾科技人才赴闽就业，同时拓宽闽台科技人才的交流交往渠道，共同打造闽台新兴产业的创新创业平台，做大做强"三创"基地，建设两岸新兴产业和现代服务业合作示范区。其中，三大自贸片区的对接策略应有所不同，福州片区通过打造先进制造业基地以承接台湾高新技术产业转移，创新两岸服务贸易与金融合作模式，实现商贸一体化；厦门片区重点打造两岸区域性金融服务中心，探索对台贸易新模式，对接台湾主要港口，成为两岸的物流中心；平潭片区重点承接台湾旅游和文化创意等产业，打造国际旅游岛。① 自贸试验区建设应该与台湾自由经济示范区在空间、产业和政策上实现对接，同台湾共同规划、共同洽谈合作项目，讨论产业发展路径和分工方式，在投资方式和营运模式上尽可能先行先试，推动更多政策的延伸，着眼长远设计，从而达到深度融合，实现与台湾地区的共商、共建、共享。

2. 打造服务"海丝"的高端航运服务平台

福建自贸试验区要从功能上承接"一带一路"，加快建设21世纪海上丝绸之路核心区，增强沿线口岸的信息互换和服务共享，完善港口类基础设施非常重要，东南国际航运中心则是重中之重。要以东南国际航运中心为载体，一方面完善与台湾主要港口（台中港、花莲港、高雄港、台北港等）和城市的合作，推进海上互联互通，推动两岸共建海上丝绸之路。两

---

① 李鸿阶：《"一带一路"倡议与福建对外开放新优势研究》，《亚太经济》2017 年第 4 期，第 110 页。

岸携手共建海上丝绸之路，可以有效扩大国际影响力、提升经济辐射力、创造更大的经济红利。另一方面要完善与东南亚、中东主要港口和城市的合作，建设国际物流大通道，以连通海上丝绸之路的中心港口和城市为重点，明确主推航线，吸引东南亚国家更多航线经停福州机场和厦门机场，加快航线和港口合作，试点航空快件国际中转集拼业务，大力发展沿海捎带业务，打造战略支点，形成海上丝绸之路互联互通的龙骨。此外，应推动福建自贸试验区与东南亚国家主要港口、航线、物流集散和交易设施的互联互通，以中-马"两国双园"模式为样板，在国家的重要港口和城市建设境外经贸合作区或制造基地、营销平台。建议厦门邮轮港口开通"海丝旅游"和"海峡旅游"专线，推动厦门邮轮旅游业发展；鼓励福建自贸试验区与"海丝"沿线国家企业在航运保险、仲裁、交易、船舶融资租赁和海损清算等领域开展合作，同境外科研机构和相应部门联合研究如何更好地提供高端航运服务，通过探索设立东南亚海事服务基地，将福建自贸试验区打造成东南亚国际高端航运服务平台。

3. 深化海洋经济合作，共建"海丝"海洋生态圈

福建拥有丰富的海洋资源，远洋渔业捕捞技术先进。福建自贸试验区应以海洋经济为重点，与台湾地区和"海丝"沿线国家开展远洋渔业合作，发展远洋渔业集群。例如，支持渔业企业在印尼、缅甸等重要支点国家建立远洋渔业和水产品加工物流基地，支持中国—东盟海产品交易所建设区域性海产品现货交易中心，并在东亚、南亚等国家和地区设立交易分中心，实现海洋产业对接，发展好海洋合作伙伴关系，为缓解南海争端提供新思路。开展"互联网+"现代渔业行动，与东南亚国家共建共享深海海底生物资源库和平台，提升海洋渔业信息化水平；加快推进海水养殖、海水淡化与综合利用、海洋能源开发利用等领域的产能合作和技术输出，构建"一带一路"产能合作和技术转移协作网络。发挥福建"海丝"核心区的区位优势，推进福建与"海丝"沿线国家的科研机构建立海洋生态保护联合实验室，建立海洋生物样品库和重要海洋生物种质资源库。厦门自贸片区应借力中国—东盟海洋合作中心、国家南方海洋研究中心等与"海丝"沿线国家开展基于生态系统的海洋综合管理研究，研发海洋环境保护和生态修复技术，联合进行海洋生态监测和环境灾难管理，深化海洋预报警系统研制的区域合作。同时搭建海洋保护区交流平台，联合国内外科研

机构和高校开展海洋保护区管理经验交流和技术分享，为海洋经济可持续发展出谋划策；发挥华侨华人的力量，倡议"海丝"沿线国共同发起和实施绿色丝绸之路使者计划，提高"海丝"沿线各国海洋环境污染防治能力。最终形成环南海、太平洋、印度洋的海洋生态圈。

4. 推进建设"海丝"海洋文化产业带，促进"民心相通"

福建具有"五缘"优势，自贸试验区可以与台湾地区和东南亚国家搭建海上丝绸之路文化遗产专项调查平台，共同在重点海域水下开展海洋遗址遗迹的发掘与展示，推动建设海上丝绸之路文化遗产保护基地。继续办好世界妈祖文化论坛、厦门国际海洋周等活动，弘扬妈祖海洋文化，与沿线国家互办海洋文化年、海洋艺术节，传承和弘扬21世纪海上丝绸之路友好合作精神。培育一批以海洋旅游、节庆会展、休闲渔业和文化旅游商品等为主题的海洋文化创意产业平台，挖掘具有地域特色的海洋文化，形成21世纪海上丝绸之路海洋特色文化产业带。平潭自贸片区应大力发展旅游业和现代服务业，打造以"海丝旅游"和"海峡旅游"品牌为代表的旅游专线，建设国际知名的海岛旅游休闲圣地，推动与东南亚国家和台湾地区人民的"民心相通"。

（四）广东自贸试验区建设粤港澳大湾区，打造"智慧创新海丝路"

广东自贸试验区面向港澳，以深圳前海、广州南沙和珠海横琴为基地，深化区域协作加快建设粤港澳大湾区，打造我国的海洋经济国际竞争力核心区；与香港、澳门等珠三角主要城市合作，担当"一带一路"建设的主力军，共同组成海上丝绸之路上辐射力最强、影响力最大的贸易中心、金融中心和航运中心，共同搭建高端专业服务、产业合作对接、港口城市合作等国际平台，成为面向21世纪海上丝绸之路的重要门户枢纽。此外，广东自贸试验区应该创新合作模式，以沿海经济带为支撑与"海丝"沿线国家建立互利共赢的蓝色伙伴关系，打造蓝色经济通道；发挥广东省在研发领域的优势，与"海丝"沿线国家开展科技创新合作，打造"智慧海丝路"，建设"一带一路"创新共同体。

1. 建设粤港澳大湾区，打造海洋经济国际竞争力核心区

广东毗邻港澳，在与港澳合作方面有天然的区位优势。港澳作为内地

对外互通的重要门户，是"一带一路"建设的关键节点。因此，广东自贸试验区应该在 CEPA 框架下扩大对港澳地区的开放，消除隐性壁垒，推动与港澳更加深入的合作，以此建设粤港澳大湾区。同时，在与港澳合作过程中，总结制度创新经验，加快"一带一路"高标准贸易规则的制定，先行先试，按照与国际接轨的方式，与港澳共同完善企业参与"一带一路"建设的服务和协调体系，实现粤港澳大湾区的优势叠加，开展与"一带一路"沿线国家和地区的贸易、投资和金融合作，建设海上丝绸之路最具影响力的贸易中心、金融中心。携手港澳共建区域合作平台。深圳前海蛇口是广东自贸试验区的核心区，国家金融开放和人民币"走出去"的最重要基地，前海蛇口应深化与香港的合作，依托香港在金融服务、贸易网络、信息资讯、风险管理的优势，在前海蛇口建设金融业对外开放试验示范窗口和企业"走出去"综合服务平台，共同参与国家 21 世纪海上丝绸之路建设，成为海上丝绸之路的金融枢纽和投资中心。在 21 世纪海上丝绸之路建设过程中，香港、澳门的优势应该得到进一步的巩固和体现，使港澳成为内地与"海丝"沿线国家经济合作和人文交流的中介和枢纽、窗口和平台。香港的制度体制优势、澳门葡语及博彩休闲旅游优势、广东的经济发展和产业优势等使粤港澳大湾区成为国家实施南海战略、21 世纪海上丝绸之路建设的一个枢纽地区。广东自贸试验区应携手港澳，以深圳为桥头堡，以前海为战略支点，协同打造高端专业服务平台、产业合作对接平台、港口城市合作平台，形成我国的海洋经济国际竞争力核心区。

2. 建设海上丝绸之路国际物流枢纽港，形成高端航运服务集聚区

广东自贸试验区地处珠江三角洲，拥有优良的港口，地理位置优越。在广东自贸试验区附近，有两个世界级的港口群和机场群，港口和机场等基础设施比较完善；而在广东自贸试验区规划框架下，蛇口港、赤湾港和前海湾保税港区连成一片。因此，广东自贸试验区要优化和整合港口资源，创新与香港港口合作通关模式，增加通往世界各大港口和城市的班轮及航次，重点增加欧美远洋航线，打造国际性枢纽港；构建公路、铁路、海运、航运多式联运网络，搭建港口与航运、铁路、公路、货代、仓储等上下游企业之间，以及与口岸联检部门之间的物流信息互换和服务共享平台，加快与"海丝"沿线国家在口岸监管互认、执法互助、信息互换等方面的合作，完善港口物流服务功能；以珠三角庞大的国际货运量为支撑，

提高国际航运能级，做大做强国际中转、甩挂运输、中转集拼、沿海捎带等业务，建设国际中转中心；扩大对"海丝"沿线国家港口的投资，合作对接各港口建立港口联盟，打造全球港口链。同时，推动启运港退税等制度创新，发展航运金融和保险，比如成立广州航运交易中心，打造航运交易指数，建设21世纪海上丝绸之路高端航运服务集聚区。

3. 推动海洋创新合作，打造"智慧创新海丝路"

广东自贸试验区应该创新与"海丝"沿线国家和地区的合作模式，发挥广东省的创新研发优势、邻近南亚和印度洋的区位优势，以及海洋经济的产业优势，推动与"海丝"沿线国家在海洋科技、海洋公共服务、海洋产业和海洋文化等领域的合作和交流，使广东及珠三角区成为21世纪海上丝绸之路的创新枢纽，打造"智慧创新海丝路"，建设形成"一带一路"创新共同体。在海洋科技上，积极响应21世纪海上丝绸之路蓝碳计划，鼓励科研院所和科技型企业与"海丝"沿线国家相关机构共同开展海洋和海岸蓝碳生态系统监测、标准规范、碳汇等研究，比如，联合发布21世纪海上丝绸之路蓝碳报告，建立国际蓝碳论坛，形成蓝碳合作机制。广东自贸试验区应积极推动海洋科技合作，鼓励国内外科研机构和企业在自贸试验区内设立基地，深化在海洋调查、海洋观测监测、海洋生物制药、海上无人机与无人船、海洋食品技术等领域的合作，推动海洋技术标准体系对接；同时，与"海丝"沿线各国科研机构共同开发海洋大数据和云平台技术，建设海洋公共信息服务平台，推进国家间海洋数据合作，共建共享21世纪海上丝绸之路海洋及海洋气候数据中心。在海洋公共服务上，自贸试验区应积极推进21世纪海上丝绸之路海洋公共服务共建共享计划，与"海丝"沿线国家和地区共同开展海上航行安全、海上联合搜救和海上执法合作，提升海洋防灾减灾能力，共同为维护国家海洋权益、和平开展海上合作和建立蓝色伙伴关系做出努力。此外，广东自贸试验区还应加强海洋文化交流，与"海丝"沿线海洋组织和科研机构搭建交流平台，推动海洋知识与文化的交流融通。

[本章的主要内容发表于《华侨大学学报》（哲学社会科学版）2018年第12期]

国别（地区）篇

第五章　印尼与海上丝绸之路建设

印尼在 21 世纪海上丝绸之路建设中占据重要地位，其"全球海洋支点"战略和 21 世纪海上丝绸之路有重叠和合作空间，也存在竞争。因此印尼的态度和行动至关重要。研究发现，印尼一方面乐于通过参与海上丝绸之路建设推动其"全球海洋支点"战略，提升其国际地位，同时获得资金和技术支持；另一方面，印尼国内仍然存在反对的声音，不愿意因为参与海上丝绸之路而损害与其他国家的经贸和外交关系，且更强调其国内建设目标。中国可将印尼定位为海上丝绸之路的关键支点、示范、中介和重要市场，并注意从印尼最为关心的海上互联互通和出口型制造业两大方面与该国战略对接，注重形成"点、线、面"的一体化协同。当前，两国应着力开展多层次交流，改革投资制度，发挥华侨华人的桥梁作用。

2013 年 10 月，习近平主席在印尼国会演讲时提出中国愿同东盟国家共同建设 21 世纪海上丝绸之路。选择在印尼宣布这一决定无疑具有重要的意义，也产生了预期的深远影响。

印尼人口规模接近 2.5 亿人，是东盟第一大经济体，也是 G20 成员国。过去 10 年印尼的 GDP 年均增长达到 6% 左右。进入 21 世纪，印尼不仅在东盟的影响力有所提高，而且逐渐在国际舞台扮演重要角色。尤为重要的是，印尼是世界上最大的群岛国家，全境由 1.7 万多个岛屿组成，印尼群岛位居全球海上要冲，东西联通太平洋和印度洋，南北连接亚洲和大洋洲。

2014 年，印尼总统佐科提出了一个宏大的海洋战略构想，目标是将印尼建设成"全球海洋支点"①。该战略涵盖五大内容：一是重建印尼海洋文化；二是维护和管理海洋资源；三是构建海上高速公路；四是发展海洋外交；五是加强海上防卫力量。② 其中，构建海上高速公路，升级完善印尼的海上基础设施，促进互联互通是该战略的优先建设领域。为实施这一战略，印尼还专门成立了海洋事务协调部。

中国的"一带一路"倡议与印尼的"全球海洋支点"战略在建设内容、实施区域和时间安排等方面有重叠和合作的空间，尤其是双方都重视发展海上互联互通，促进亚非欧之间的贸易、投资和人员往来。因此，做好与印尼海洋战略的对接，促进两国更好地合作和协调，对于推动海上丝绸之路的共商、共建、共享至关重要。

一 印尼对海上丝绸之路的看法

"一带一路"倡议提出以来，印尼给予了极大的关注和支持，相关国家的政府、商界、学术界也十分关心印尼对这一重大倡议的看法，特别是 21 世纪海上丝绸之路倡议与印尼"全球海洋支点"战略可能存在的合作和竞争。本章认为，总体上印尼认识到 21 世纪海上丝绸之路将给其带来的巨大机会和正面影响，也已经积极展开呼应和对接。但是，基于其国家战略目标和利益诉求，也存在一定的保留。以下从正反两方面分析。

（一）乐见其成，积极参与

1. 印尼将中国倡议的海上丝绸之路视为一个有力的战略协同

近年来，印尼对自身联通印度洋、太平洋的地缘优势和群岛国家的海洋特色更加重视，正在寻求以此提高自己的区域地位和国际影响力。2014 年 10 月当选总统后，佐科完善了其"全球海洋支点"理论，提出要将印尼建设成"全球海洋支点"、全球的文明节点，实现"海洋荣耀"（印尼

---

① Global Maritime Fulcrum，也称全球海洋轴柱。
② 中华人民共和国商务部：《印尼总统佐科在东亚峰会上提出全球海洋支点理论》，http://www.mofcom.gov.cn/article/i/jshz/new/201411/20141100799683.shtml.

语：Jalesveva Jayamah）的口号。①

但是，以印尼当前的经济、政治和外交实力，印尼无法单独推动和实现这一具有重大地缘政治和经济影响的战略，它需要借助一定的多边合作平台。目前，东盟（ASEAN）、亚太经合组织（APEC）、TPP、RCEP 和中国倡议的海上丝绸之路是备选项。作为东盟最大的经济体和市场，印尼已经不愿意将其活动范围仅仅限制在 ASEAN 这个平台，甚至不仅是太平洋领域，而且不断"向西看"，拓展和海湾国家、印度洋领域和欧洲地区的联系；至于 APEC，印尼原来是积极的参与者和推动者，但是该组织处于停滞态势，而且对成员方缺乏约束性和强制力，难以满足成员方发展的需要；而 TPP 协议的标准和门槛较高，印尼的制度、产业竞争力难以达到要求，即便加入也未必能取得期望的收益；而 RCEP 则是以东盟为主体推动的，借助这一平台印尼强化了与周边国家的经贸合作，但是 RCEP 对印尼拓展更大的国际空间帮助不大，且不涉及目前印尼最为关心的海上互联互通、海上安全和海洋资源开发。

相比之下，中国倡议的海上丝绸之路以经济为主要导向，以合作共赢为主要理念，以互联互通为合作重点，这些都十分契合印尼"全球海洋支点"的发展诉求。并且中国的经济、政治、外交和文化影响力等综合国力发展强劲，十分有利于推动相关战略规划和项目的实施。印尼所在地区是各国力量博弈的焦点，周边有印度、澳大利亚、新加坡等国，还有美国、欧盟、日本和中国都对这一地区十分关注。但周边国家与印尼存在潜在的竞争，而与美国、欧盟的合作往往带有较多的政治诉求，因此，中国成为其最佳的合作伙伴。2013 年，两国建立了全面战略伙伴关系，双方合作全面展开，可以说进入了历史最佳时期。

2. 印尼将参与海上丝绸之路当作提升其区域和国际地位的重要机会

海上丝绸之路从中国沿海港口过南海到印度洋，延伸至欧洲；从中国沿海港口过南海到南太平洋，涉及多个国家和地区，政经关系错综复杂。

印尼在参与海上丝绸之路建设中，力图平衡各方力量，将印尼塑造成调解人、中介人的角色。可以说，印尼的这种策略与其区域地位结合在一

---

① 〔美〕威翰舒·谢卡尔、约瑟夫·廖钦勇：《印尼作为一支海上力量：佐科的愿景、战略和面临的障碍》，布鲁金斯学会网，http://www.brookings.edu/research/articles/2014/11/indonesia-maritime-liow-shekhar。

起，在一定程度上确实可以提升印尼的国际地位和话语权。

近年来中日两国关系发展比较微妙，且在东盟地区存在较大的竞争。印尼则将此当作调和大国关系，提升自身地位的有利时机。2015年3月，印尼总统佐科先后访问日本和中国，并签署了一系列经济合作协议；2015年4月，在印尼召开的亚非领导人会议和万隆会议60周年纪念活动期间，中日领导人都出席，而印尼则借此开展了一系列的外交活动。在此过程中，印尼也巧妙地为自己争取了更多的利益。果不其然，中国倡议的亚洲基础设施投资银行（AIIB）和丝路基金进展顺利，印尼成为创始成员国。但是印尼又与日本共同成立"海上合作论坛"①，开展在海上安全和基础设施等多个领域的合作。

3. 印尼认为参与海上丝绸之路建设是实现其"全球海洋支点"战略的重要途径

基础设施建设或者说互联互通是印尼"全球海洋支点"战略最重要的内容之一，也是目前印尼在极力推动的领域。这个互联互通包括三个层次：第一个层次是岛内互联互通，要建设印尼各个主要岛屿上的基础设施，包括连接内陆区域和港口的公路、铁路。第二个层次是岛屿间的互联互通，也就是所谓的"海上高速公路"，主要是连接各个主要岛屿间的港口、机场和航线。第三个层次是国际互联互通，主要是国际港口、机场和航线。

基础设施落后一直是制约印尼经济发展和区域平衡的主要因素，在2010年世界银行的物流绩效指数（LPI）排名中，印尼位居全球第75名，远低于中国的全球第27名，也低于新加坡、越南、菲律宾和马来西亚等东盟国家的排名，甚至低于印度的排名。据统计，从印尼加里曼丹运送商品到爪哇的成本比从中国运送到印尼爪哇的成本还要高。长期以来印尼政府都在寻求解决基础设施问题的方案，但是一直缺乏足够的资金和技术支持。据估计印尼需要在基础设施领域投入4500亿美元，但是财政预算只能满足其中的30%，②因此需要大量的外部资金。而中国倡议的亚洲基础设施投资银行（AIIB）和丝路基金将成为其重要的资金来源。

---

① 〔美〕普拉香斯·帕拉美斯沃伦：《日本和印尼：新的海上论坛？》，外交官网，http：//thediplomat. com/2015/03/japan-and-indonesia-a-new-maritime-forum/。

② 克里斯·布鲁米特：《渴望投资，印尼在中日间选择》，彭博新闻社网，http：//www. bloomberg. com/news/articles/2015－05－19/desperate-for-investment-indonesia-plays-china-vs-japan。

（二）有所保留，谨慎对待

1. 印尼国内对海上丝绸之路存在不同声音和看法

印尼是一个多党制国家，不同政党的政治主张不一样，同时全国有 34 个一级行政区（29 个省、4 个特区和首都地区），不同行政区的利益诉求和主张也不同。比如现任日惹特区（Daerah Istimewa Yogyakarta）省长苏丹哈孟古·布沃诺十世（Sultan Hamengkubuwono Ⅹ）就明确表示：印尼应当拒绝海上丝绸之路，如果印尼在海上丝绸之路建设方面与中国合作，那么印尼将永远成为中国产品的消费者。[①]

印尼在 2001 年实施地方自治法后，地方权力扩大，各省被赋予自治和控制本地财富的权力，尤其在农业、能源、工业、商贸、教育、卫生、交通及外资审批等方面拥有很大的自主权。因此地方政府对海上丝绸之路的态度是双方合作项目能否顺利实施的一个重要方面。

2. 参与海上丝绸之路不能损害印尼与其他国家的关系

首先，东盟依然是印尼对外关系的第一层次，在互联互通方面，东盟自 2009 年起就制定了《东盟互联互通总体规划》（The Master Plan for ASEAN Connectivity，MPAC）。印尼参与海上丝绸之路互联互通合作，不能与现有的东盟合作形成冲突。

其次，印尼希望平衡与不同国家的关系。日本长期以来是印尼最大的投资国，而中国是在 2015 年第一季度才首次成为印尼的第十大投资国。同时，印尼和美国的关系也相当密切。自从提出"全球海洋支点"战略之后，印尼就一直和美国开展海上安全和海上外交等领域的合作，美国有望成为印尼海上舰只和设备的主要供应国。

3. 参与海上丝绸之路必须有助于实现印尼的国内建设目标

印尼战略与国际问题研究所的高级研究员 Shafiah Fifi Muhibat 认为，"全球海洋支点"战略是"向内看的"。[②] 不论是互联互通，还是海洋资源

---

① 伊迪·M. 雅格：《印尼应该拒绝中国的海上丝绸之路战略》，安塔拉通讯社网，http://www.antaranews.com/en/news/98895/indonesia-must-reject-chinese-maritime-silk-road-offer-sultan。

② 〔新西兰〕卡梅隆·怀特：《雅加达的海上雄心》，华尔街日报网，http://www.wsj.com/articles/jakartas-ambitions-at-sea-1428509551。

开发，或是海上安全与主权，归根到底都是为了促进印尼经济发展，缩小不同区域发展的差距，提升印尼的国际竞争力。因此印尼希望中国倡议的海上丝绸之路有利于其国内建设，比如基础设施和产业投资要流向印尼希望的地区和领域。

二　印尼在海上丝绸之路中的作用

（一）关键支点作用

印尼在海上丝绸之路建设中具有十分重要的地位。印尼所在的印度洋水域承担着世界上 50% 的集装箱货运和 66% 的海上石油运输，马六甲海峡更是中国海上货物运输和能源运输的"咽喉要道"。[①] 从某种意义上讲，印尼是真正的"世界十字路口"，中国要建设海上丝绸之路，打通从沿海港口经南海、印度洋进而连接海湾地区、非洲和欧洲的海上互联互通体系，印尼将是最为重要的一个支点。

（二）海上丝绸之路多国合作的示范和中介

《推动共建丝绸之路经济带和 21 世纪海上丝绸之路的愿景与行动》提出要建设面向东盟的海上丝绸之路，可见东盟在其中的重要地位。而印尼是东盟最大的经济体、市场和东盟秘书处所在地，在东盟十国中具有举足轻重的地位。中国和印尼共建海上丝绸之路的态度和行动，将会对其他东盟成员国产生良好的示范作用。

印尼和中国的关系发展良好，在南海问题上保持中立，这样有利于其发挥中介和协调人的作用，促进多个国家在海上丝绸之路方面的合作与沟通。

（三）海上丝绸之路经贸合作的重要市场

首先，印尼海上互联互通建设将产生大量的基础设施建设需求。根据

---

① 〔印度〕布拉玛·切拉尼：《欧亚间的桥梁——印度洋的战略挑战》，科尔伯基金会网，http://www.koerber-stiftung.de/fileadmin/user_upload/allgemein/schwerpunkte/2013/internationale_politik/Koerber_Policy_Brief_01_EN.pdf。

印尼方面的计划，接下来要建设 24 个港口和深水海港，还有高速公路、铁路和电厂等其他基础设施。中国的基础设施建设能力强大，可以大量参与到印尼的互联互通建设中。

此外，印尼拥有 2.5 亿人口，是东盟最大的市场。中国已经是印尼最大的贸易伙伴，今后在投资方面的合作也将不断增加。随着互联互通水平的提升和经济的发展，双边贸易和投资将得到更大的带动，这将有利于推动国内优势产能的输出和企业的国际化。

三 海上丝绸之路如何与印尼的海洋强国战略对接

2013 年，中国和印尼签署了《中印尼全面战略伙伴关系未来规划》，还签署了《中印尼经贸合作五年发展规划》，这两个规划都对两国的海上丝绸之路合作做了相应的考虑和安排。今后，两国应将重点放在规划的执行和落实上面。

（一）加强互联互通合作

基础设施互联互通是"一带一路"建设的优先领域，也是印尼"全球海洋支点"战略的重要内容。印尼总统佐科在接受记者采访时表示，基础设施和制造业是印尼最关心的。

第一，中国利用国内发达的基建能力，组织相关企业参与到印尼的基建项目中去。目前中国在能源、通信、铁路、高铁、公路、港口、机场、口岸等各个领域的建设取得了明显成果，在高铁、机场等许多领域已处于世界先进水平，甚至超越了发达经济体。中国已经在基建领域建立了全产业链优势，从基础设施项目的规划、设计、施工到相关机械设备和自动控制系统的安装、运营与管理，乃至设备维护和人员培训。同时中国还积累了丰富的国际经验，以非洲为例，中国完成了 1046 个成套项目、2233 公里铁路、3530 公里公路的建设。[①]

第二，加大资金支持力度。充分利用亚洲基础设施投资银行和丝路基

---

① 王湘江：《中非合作共赢，让谁心里泛酸》，新华网，http://news.xinhuanet.com/mrdx/2015-02/02/c_133963774.htm。

金，以及进出口银行，对中资企业参与印尼基建项目进行配套贷款。同时，加强人民币国际化和金融创新，深化中国与印尼之间的金融合作，增大人民币在两国贸易和投资中的结算比重。

第三，加强两国基础设施的衔接。加开加密中国沿海港口至印尼主要港口的航线，以及两国主要空港的客运和货运班机，改善与两国贸易相关的口岸管理、通关程序、检验检疫措施，实施一站式通关，推动两国贸易投资便利化和自由化。

（二）加强两国产业对接

1. 海洋产业合作

作为世界上最大的群岛国家，印尼 70% 以上的国土面积为海洋滩涂。海洋渔业资源丰富，目前只开发利用了不到 10%，仍有极大的发展空间。印尼政府重视渔业，并从资金、技术和政策上推动渔业发展。两国要寻求签署渔业合作协议，合作开展远洋捕捞、水产品加工和进出口。中国渔业企业可在印尼设立远洋基地，发展出口加工型的水产品产业。

另外，印尼的造船业不发达，无法满足其海洋强国建设的要求，对外国投资造船业没有限制，可以独资。中国造船业在国际上处于领先地位，具有技术、资金、成本等整体优势，应该抓住机会，进入印尼市场。

此外，海洋油气开发也是两国合作的重要领域。印尼拥有丰富的海洋油气资源，中国应该继续推动国内石油化工企业在印尼开展油气和仓储投资、石油和炼化工程服务，以及油品化工品及设备和材料的贸易。

2. 出口型制造业合作

目前在印尼的外国直接投资大部分集中在雅加达周边，2014 年占比 68%，且大部分以印尼本地市场为目标。以印尼最大外资来源国日本为例，2014 年日本对印尼 90% 以上的投资在雅加达，基本集中在汽车、食品和其他以本地市场为主的领域。[①] 这与当前佐科政府的经济政策目标不相符。佐科希望推动外资到印尼其他地区投资，尤其鼓励出口型的制造业，希望

---

① 渡边定近：《印尼试图疏远日本》，日经新闻网，http：//asia.nikkei.com/Politics-Economy/International-Relations/Indonesia-tries-to-nudge-Japanese-out-of-Jakarta。

以此提高印尼产品的国际竞争力，并推动当地经济发展，缩小不同地区间的经济差距。中国的轻工制造业面临转型升级，由于近年来国内用工成本上升、原材料价格上涨等，部分工厂已经开始向中西部地区和东南亚迁移。而印尼有相对低廉的劳动力和资源，中国和印尼可推动在轻工制造领域的产业合作。

以纺织服装业为例，纺织服装业是印尼吸纳就业最多的产业，也是印尼唯一有贸易顺差的非油品部门。印尼在经济发展规划中明确提出要发展纺织服装业，主要是在经济相对发达的爪哇地区，如雅加达、三宝垄和泗水等三个城市。为此印尼需要大量更新其纺织服装设备，这就为中国相关企业提供了广阔的市场。同时印尼纺织服装工人的技术水平仍然较低，企业的设计能力也不足，因此更多只能从事加工制造。[①] 而中国纺织服装产业拥有强大的竞争力，完整的产业链，熟练的技术工人，日益发展的产品创新能力。因此两国可以开展纺织服装业的跨国合作，中国从事高端制造、设计、品牌营销等环节，印尼从事中低端加工、制造环节，这样一方面以优势产能输出打造跨国产业链；另一方面可以带动印尼出口制造业的发展。

（三）港口、产业和经济的点线面合作

两国的经贸合作要注重"点、线、面"的协调，真正实现以点带线、以线带面，推动海上丝绸之路成为一条区域合作与繁荣之路。

一是要抓住重点。中国企业在印尼投资基础设施建设要注重对海上丝绸之路和印尼当地经济发展有重要作用的关键节点（重要港口、中心城市和资源产地），产业投资要投向重点地区和关键产业。在初期，要注重形成具有重大示范意义的"典型项目"，通过打造成功范例，摸索合作模式，带动后续投资。

二是要以点带线。港口、铁路、公路与机场建设、航线开发，以及工业园区和产业项目最好是互相配套，连成一体。比如可以在印尼关键节点港口设立远洋渔业基地和水产品加工厂，在周边建立工业园区，然后开通

---

① 印尼国家计划发展部：《加速和扩大印尼经济发展的总体规划 2011—2025》，http：// bappenas. go. id/berita-dan-siaran-pers/kegiatan-utama/master-plan-percepatan-dan-perluasan-pembangunan-ekonomi-indonesia-mp3ei-2011-2025/。

到达中国国内的班轮航线，构建生产、加工、运输、物流、销售一体化的经贸合作网络体系。

三是以线带面。中国与印尼的经济合作要对接其六大经济走廊的框架体系，即苏门答腊走廊（自然资源和能源）、爪哇走廊（服务和工业）、加里曼丹走廊（矿业和能源）、巴厘-努沙登加拉走廊（旅游、食品和农业）、苏拉威西走廊（农业、种植业、渔业和矿业）、巴布亚-马鲁古走廊（食品、能源和矿业），通过配合印尼国内区域发展策略，帮助其实现国内经济发展目标。

四 中国和印尼当前应该做好什么？

（一）开展全方位、多层次的交流

近年来，中国和印尼两国的高层往来频繁。中国和印尼要推动两国政党、经济部门、海洋部门、地方政府官员和企业间的交流考察，从而增进双方的了解和互信。印尼是选举制国家，人口众多，地域广袤而分散，国内利益诉求多元，推动双方的多层次交流，有利于促进印尼对中国的认识、认可和认同。

（二）推进制度改革，创造良好的合作环境

对于中国而言，要创造有利于企业"走出去"的环境。要改革境外投资管理体制，简化审批手续，促进企业对外投资；同时，由于目前国有企业仍然是"走出去"的主体，一方面要加强监管，提高国有企业的投资效益；另一方面要创新机制，激发国有企业的活力，比如在用人方面，我国目前还缺少通晓印尼语言、法律、政治和文化的国际化人才，要采用跨国公司的通用做法，积极引入境外人士参与企业管理、运营和生产。

对于印尼而言，要创造有利于吸引中国企业的投资和经营环境。在世界银行 2015 年的世界营商报告中，印尼投资环境排名全球第 114 位，在开办企业、办理施工许可、纳税和执行合同等四个关键项目的排名分别是第 155 位、第 153 位、第 160 位和第 170 位，所以印尼的营商环境需要大幅改善。而且，印尼的投资项目要完成土地收购也较难。为此，印尼总统佐

科要求成立一站式的国家办公室以加速商业许可审批，并尝试引入新的规定以简化土地收购。此外，印尼还需要加强投资保护和合同履约的规定，以保障投资者的利益，同时加强对中国企业投资的信贷支持。

（三）发挥华侨华人的桥梁作用

印尼是东南亚华侨华人最多的国家，官方统计数据是接近 300 万人，但也有人估计是 1000 万人。[1] 华人企业在印尼经济中具有举足轻重的作用，是促进中国和印尼经济关系加深的一支重要力量。在雅加达股市，最具价值的上市企业中的 40% 是华人企业，而中国互联网巨头阿里巴巴和腾讯公司在印尼的合作伙伴也都是华人企业。因此要充分发挥华侨华人的作用，加强与当地华人企业、侨领、华人社团和华裔社区的联系，将亲缘、血缘和文化认同转化为丝路建设的正能量，发挥其在双边经贸合作中的桥梁和纽带作用。

印尼官方已经有一个有益的举措，2014 年时任印尼总统苏西洛签署总统令，将印尼语中对"中国"的称呼从"China"变为"Tiongkok"，对"中国人"的称呼变为"Tionghoa"。这两个词来自闽南语发音，但在两国关系遇冷期间被禁止使用，此次重新使用被认为是消除对华人歧视的一个有益举措，[2] 也是对在印尼经济建设中有重要贡献的华侨华人的认可和尊重。

（本章的主要内容以同名发表于《亚太经济》2015 年第 5 期）

---

[1]　庄国土：《华侨华人分布状况和发展趋势》，《侨务工作研究》2010 年第 4 期。

[2]　德维·安格雷尼：《"China"or"Tionghoa"？为什么重要，为什么是现在？》，雅加达邮报网，http://www.thejakartapost.com/news/2014/03/25/cina-or-tionghoa-why-it-matters-and-why-now.html。

第六章　马来西亚在海上丝绸之路建设中的角色

与一些东南亚国家普遍的"谨慎和观望"的模糊态度相比，马来西亚政商各界对海上丝绸之路倡议给予了更多的正面回应和支持，但其参与海上丝绸之路建设以实现本国经济目标为诉求，坚持东盟是外交第一方向，且不希望本国和东南亚成为大国博弈的场所。中国可以将马来西亚定位为海上丝绸之路的重要门户、多方共建的重要平台及合作共赢的良好示范。通过和马来西亚签订共建海上丝绸之路的框架性协议，加强与《东盟互联互通总体规划》（MPAC）对接，创新伊斯兰金融合作，以及依托马中关丹产业园、巴生港自由贸易园区、依斯干达经济特区等强化国际产能合作，可以推动丝路共建、实现互利共赢。

2013 年，中国提出了建设 21 世纪海上丝绸之路的倡议；2015 年，中国出台了《推动共建丝绸之路经济带和 21 世纪海上丝绸之路的愿景与行动》的框架性文件。马来西亚对中国的倡议给予了积极的回应，除了明确表示支持和参与海上丝绸之路建设之外，还生成和推动了一系列共建项目，并与中国建立全面战略合作伙伴关系。这使马来西亚有可能成为多方共建的重要平台、合作共赢的良好示范。

马来西亚是东盟的创始成员国之一，还是 2015 年东盟轮值主席国。2015 年，该国 GDP 位列东盟第三，仅次于印尼和泰国，人均 GDP 超过

1万美元，位居东盟第二，远高于泰国等其他东盟国家，是名副其实的东南亚地区大国。同时，马来西亚地处东南亚的中心位置，亚洲大陆最南端，扼守马六甲海峡，是海上丝绸之路建设的关键区域和重点国家。

2015年，马来西亚时任总理纳吉布提出的"亲经济、亲民、亲商、注重环保和重视国家建设"五大发展理念，与"一带一路"着力"贸易畅通、资金融通、民心相通"，促进互利共赢的合作倡议不谋而合。"一带一路"倡导的"和平合作"精神与马来西亚及东盟提倡的"和平自由中立区"（Zone of Peace，Freedom and Neutrality，ZOPFAN）息息相通。因此，探讨中马两国发展战略对接，提升互联互通和贸易投资便利化水平，有利于打造政治互信、经贸融合、文化包容的利益共同体和命运共同体。

一　马来西亚对海上丝绸之路建设的回应

马来西亚是东南亚国家中最早和中国建立外交关系的国家之一，在发展对华关系特别是经贸关系方面，一直持积极态度。与一些东南亚国家普遍的"谨慎和观望"的模糊态度相比，马来西亚政商各界对海上丝绸之路倡议给予了更多的正面回应和支持，但同时又清楚表明了自身的诉求和理念。

1. 明确支持和参与海上丝绸之路建设

2014年9月15日，马来西亚国际贸易与工业部副部长李志亮在第11届中国—东盟博览会上指出，马来西亚政府支持中国提出的21世纪海上丝绸之路。[①] 同年11月，马来西亚时任总理纳吉布表示欢迎中国的海上丝绸之路构想。2015年4月，作为东盟轮值主席国，在东盟峰会期间纳吉布再次强调支持中国的倡议，认为东盟应该与中国政府就海上丝绸之路做更多的讨论。[②] 2015年12月，马来西亚交通部部长廖中莱在出席该国最大港口——巴生港组织的"通过马来西亚促进21世纪海上丝绸之路"论坛时指出：马来西亚是21世纪海上丝绸之路具有重要战略意义的国家……

① 葛红亮：《大马争做共建"海上丝绸之路"先行者》，《国际在线》2015年6月23日。

② Najib，"ASEAN To Hold More Discussion On China's Maritime Silk Road Policy," http：//asean2015. bernama. com/newsdetail. php？id＝1130129.

他希望马来西亚的 16 个港口都能从海上丝绸之路建设中受益。[①]

马来西亚之所以做出上述积极回应,一方面是基于两国紧密的经贸联系,另一方面也是基于良好的传统友谊。1974 年,时任马来西亚总理的阿卜杜勒·拉扎克以极大的远见和勇气推动马来西亚与中国建交,此后中马两国关系实现全面快速发展,而他正是马来西亚总理纳吉布的父亲。此外,马来西亚公众对中国的印象普遍较好,根据美国研究机构 Pew Research Centre 的问卷调查:74%的马来西亚受访者对中国持正面态度,在所调查的43 个国家中位居第四,仅次于巴基斯坦、孟加拉国和坦桑尼亚。[②]

2. 以实现本国经济目标为诉求

马来西亚是一个高度外向型经济主导的国家,进出口总额相当于该国GDP 的 1.3 倍。[③] 在某种意义上,对外贸易不仅反映了马来西亚的经济发展状况,甚至事关马来西亚的国家身份和地位。[④] 而中国已经成为世界第二大经济体,第一大货物贸易国,有 7 个港口位列全球十大货柜港,还是马来西亚的第一大贸易伙伴,因此积极参与海上丝绸之路建设无疑高度符合马来西亚的国情和经济发展利益,其意义不仅在于促进中马合作,更在于通过海上丝绸之路促进马来西亚与中东、欧洲地区的互联互通和经贸往来,从而最大限度地发挥马来西亚的地缘优势,实现马来西亚的经济发展目标。

马来西亚的地缘位置给其带来了优势,但也带来了激烈的竞争。相邻的新加坡港以弹丸之地成为世界第二大货柜港,人均 GDP 超过 5 万美元,是马来西亚的 5 倍;印尼与马来西亚隔着马六甲海峡相望,近年来提出了"全球海洋支点"战略,该战略与海上丝绸之路倡议遥相呼应,旨在将印尼建设成"全球海洋支点"、全球的文明节点,实现"海洋荣耀";[⑤] 位居亚非航线中点的南亚小国斯里兰卡,在中国资金和技术的帮助下,一举将科伦坡港打造

---

① 廖中莱:《通过马来西亚促进 21 世纪海上丝绸之路》,http://www.liowtionglai.com/enhancing-the-21st-century-maritime-silk-road-through-malaysia/。

② Pew Research Centre, China's Image, http://www.pewglobal.org/2014/07/14/chapter-2-chinas-image/.

③ 根据世界银行统计数据计算而得。

④ Shahriman Lockman, "The 21st Century Maritime Silk Road and China-Malaysia Relations," http://www.isis.org.my/index.php/research-a-publications/presentations/1942-the-21st-century-maritime-silk-road-and-china-malaysia-relations.

⑤ 许培源、陈乘风:《印尼与"海上丝路"建设》,《亚太经济》2015 年第 5 期。

成世界第 29 大货柜港。而马来西亚最大的两个港口——巴生港（Port Klang）和丹戎帕拉帕斯港（Tanjung Pelepas）2014 年的货柜装卸量总和才相当于新加坡港的 57.5%。① 为了在激烈的竞争中脱颖而出，在东南亚乃至全球经济中占据一席之地，实现 2020 年人均 GDP 超过 15000 美元、成为高收入国家的目标，马来西亚需要积极参与海上丝绸之路建设。可以说，实现本国经济目标是其参与海上丝绸之路建设的内在动机和核心诉求。

3. 坚持东盟是外交第一方向

马来西亚一直将东盟（ASEAN）视为其处理外交关系的第一方向和参与区域秩序构建的核心平台。尽管马来西亚参与了亚太经合组织（APEC）、伊斯兰合作组织（OIC）和东盟"10+3"等多边合作机制，但这些合作并没有改变东盟（ASEAN）在其外交政策中的中心地位，而是通过强化东盟国家之间的内部合作来提升马来西亚参与地区和国际事务的话语权。

就在跨太平洋战略伙伴关系协定（TPP）签署的 2015 年，作为东盟轮值主席国的马来西亚，在首都吉隆坡召开东盟峰会，与会东盟领导人签署了建立东盟经济共同体（AEC）的宣言，希望在该地区创造一个更加自由的贸易和资金流动环境，使东盟十国的政治和经济合作更加一体化。值得注意的是，该宣言提出要提升东盟各国之间交通基础设施和通信的互联互通水平。也得益于这种清晰明确的对外关系原则，马来西亚才没有过多解读"一带一路"倡议，没有过度泛政治化，而是将其作为一个加强各国互联互通和经贸合作的倡议，作为一个能共享发展成果的机会。因此，中国与马来西亚共建海上丝绸之路，要在中国—东盟合作框架下进行。而马来西亚在对外交往中"坚持开放性、灵活性和原则性并重，在保持自身核心平台的基础上积极参与各种多边合作机制"，也是十分值得参考和借鉴的。

4. 不想成为大国博弈的场所

马来西亚一直在推动"东南亚中立化"和"和平自由中立区"的理念。② 它不希望本国和东南亚成为大国博弈的场所，这与一些国家奉行"大国平衡"，乐于引入外部势力的做法完全不同。

---

① Lloyd's List, "Containerisation International Top 100 ports 2015," https：//www.lloydslist. com/ll/sector/containers/article506260. ece.

② Johan Saravanamuttu, "Malaysia in the New Geopolitics of Southeast Asia," http：//www. lse. ac. uk/IDEAS/publications/reports/SR015. aspx.

相比之下，马来西亚拥有清晰、稳健和独立的外交政策，不会轻易受到其他国家的影响。马来西亚认为只有保持高度的独立自治，才能实现区域的稳定、繁荣和发展，所以马来西亚不希望任何一个外部强国在东南亚有太强的存在。这与"一带一路"倡议的共建原则是高度一致的，也十分有利于中马海上丝绸之路共建项目避开外部因素干扰，有利于中国企业在马来西亚的投资经营。

二 马来西亚在海上丝绸之路建设中的作用

1. 海上丝绸之路的重要门户

从许多方面讲，马来西亚都是海上丝绸之路的重要门户。地理上，该国位于东南亚的中心位置，与新加坡、印尼一道扼守世界上最繁忙的海运通道——马六甲海峡，也是从中国始发的海上丝绸之路过南中国海后的第一个通道；同时，马来半岛地处亚洲大陆的最南端，北接泰国，南邻新加坡和印尼，将东南亚最发达的经济体、最大的市场及其他国家连接在一起，是泛亚铁路计划的重要一环。

经济上，马来西亚是东南亚相对发达、稳健的国家，已经建立起比较完善和成熟的市场经济制度。该国的商业、贸易、投资和金融制度均比较完善，使该国经济充满活力。根据美国传统基金会的评价，2015年马来西亚的经济自由度指数为70.8分，居全球第31位，在亚太地区的42个国家中排名第8位，属于"经济自由度最高"的国家。[①] 作为一个相对开放和完善的经济体，马来西亚已经成为东亚生产分工制造网络的重要组成部分。因此，马来西亚参与海上丝绸之路共建，将有利于中马两国在更大范围、更高水平、更深层次上拓展经贸合作，扩大和深化中国的对外开放。

2. 海上丝绸之路多方共建的平台

《推动共建丝绸之路经济带和21世纪海上丝绸之路的愿景与行动》提出要积极利用现有双多边合作机制，推动"一带一路"建设。马来西亚可以在中国—东盟"10+1"、亚太经合组织（APEC）、博鳌亚洲论坛和中

---

① 数据引自美国传统基金会，http://www.heritage.org/index/country/malaysia。

国—东盟博览会等多边合作中发挥重要的平台作用。

作为一个相对开放的经济体,马来西亚还是海上丝绸之路产能合作的理想平台。目前,依斯干达经济特区(Iskandar Development Region)[1]已经成为马来西亚和新加坡合作的重要区域,马来西亚丰富的土地资源为新加坡提供了产业转移和拓展的空间;而马来西亚还吸引了数百万的外国劳工,其中50%以上来自印尼。

马来西亚可以作为华人经济与伊斯兰经济合作发展的重要平台。从人口结构来看,马来西亚3000多万人口中,马来人占50.1%,华人占22.6%,而信仰伊斯兰教的人占61.3%。[2] 华人经济和伊斯兰文明在马来西亚和谐共处、共生共荣,未来广大华人经济可以通过马来西亚联通伊斯兰经济。比如,马来西亚是世界最重要的伊斯兰金融中心之一,根据英国《金融学家》的统计,该国符合教义(sharia)的伊斯兰银行资产超过银行总资产的20%,而伊斯兰国家该指标的平均水平仅为12%。马来西亚还是国际标准制定机构——伊斯兰金融服务委员会(Islamic Financial Services Board)所在地。[3] 马来西亚的丰隆银行和大华银行等华人银行均获准开办伊斯兰金融业务,未来中国大陆、台湾、香港、澳门乃至东南亚华人金融业完全可以通过马来西亚进入广阔的伊斯兰金融市场。

3. 合作共赢的良好示范

当其他国家对海上丝绸之路建设还处在犹豫、观望和试探时,中马两国的合作共建已经硕果累累。政策沟通方面,马来西亚交通部部长廖中莱说,中国的规划框架中整合了马来西亚关于21世纪海上丝绸之路的建议。[4] 设施联通方面,两国签署成立了中马港口联盟,中国海军获得马来西亚哥打基纳巴卢港(Kota Kinabalu)的使用权,中国企业还积极参与"隆新高铁"项目。贸易畅通方面,中马"两国双园"模式为双方经济合

---

① 依斯干达经济特区是马来西亚政府为重振经济在柔佛州推行的一项大型经济发展计划。因该特区与新加坡毗邻,被形容为如深圳之于香港的经济特区。

② 数据来自 CIA 年鉴, https: //www. cia. gov/library/publications/the-world-factbook/geos/my. html。

③ 刘辅忠:《发展伊斯兰金融:马来西亚的金融国策》,深圳证券交易所网, http: //www. szse. cn/main/files/2013/06/04/160336440884. pdf。

④ Liow, "Malaysia's Recommendations Incorporated in Maritime Silk Road Plan," http: //www. mysinchew. com/node/105503.

作提供新动力，中国还在马来西亚设立人民币清算行，使其成为世界十大人民币离岸清算中心之一，同时还向马来西亚提供 500 亿元人民币（合 78 亿美元）的人民币合格境外机构投资者（RQFII）额度，以促进两国之间的贸易和投资。民心相通方面，两国《高等教育学位学历互认协议》得到全面落实，这是中国与东盟国家签订的第一个类似协议。① 此举有助于加强两国专家交流与学生往来，以实现 2020 年中国—东盟"双十万"学生流动计划。

中马两国合作项目的推进与落地，一定会对其他国家形成明显的示范和带动。以设施联通为例，港口是任何一个沿海国家融入全球经济的重要枢纽。东南亚国家竞相发展港口经济，马来西亚几乎是倾全国之力发展巴生港。而世界前十大货柜港有 7 个在中国②，与中国港口的合作可以带来不容忽视的竞争优势。中马港口联盟将为两国最好的港口建立紧密的合作关系，这将对其他国家的港口发展形成良好的带动和示范。

三 中马共建海上丝绸之路之路径

自从海上丝绸之路倡议提出以来，中马两国已经先后通过《中华人民共和国政府与马来西亚政府经贸合作五年规划（2013—2017 年）》和《中华人民共和国和马来西亚建立外交关系 40 周年联合公报》两个文件，为未来合作指明了方向，明确了双边经贸合作的路线图，对中国—东盟命运共同体、海上丝绸之路建设取得了共识。鉴于两国良好的政经关系，本章认为应该在海上丝绸之路建设的各个重点领域全面开展合作，主要是从"五通"入手。

1. 加强海上丝绸之路建设的政策沟通与协调

海上丝绸之路建设涉及多个领域、多个国家，多方意见、多种利益错综复杂。中马两国应该加强政策层面的沟通协调，探索建立规范透明的海上丝绸之路建设合作机制，才能保证双方合作的顺利进行。

---

① 根据中华人民共和国教育部公开资料整理，http://www.cdgdc.edu.cn/xwyyjsjyxx/dwjl/xwhr/xwhrxy/。
② 分别是上海（1）、深圳（3）、香港（4）、宁波—舟山（5）、青岛（7）、广州（8）、天津（10），括号内数字代表排名。

时至今日，中国仅由国家发改委、商务部和外交部联合发布了一份框架性的愿景与行动文件，涉及"一带一路"的各个地方省市出台了相应的方案，除此之外没有公开和明确具体的机制和行动规划，更没有与其他国家共同制定合作协议。这就使相关国家处在一种"信息不对称"状态，不利于共商、共建、共享。正如马来西亚智库的高级分析员 Shahriman Lockman 所言，马来西亚在缺乏详细信息的情况下，给予了海上丝绸之路倡议相当积极的回应。[①] 马来西亚国会议员、国防部部长和巫统副主席希山慕丁在东盟商务论坛对话上指出，不希望马来西亚和东盟只是海上丝绸之路中"安静的政策执行者"[②]。

2. 加强互联互通合作

互联互通是"一带一路"建设的优先领域，是中马经贸合作的利益契合点，也是当前马来西亚对华最为积极的领域。当前可行的方式是推动《东盟互联互通总体规划》（MPAC）在马来西亚的落实。

第一，加强海上丝绸之路与《东盟互联互通总体规划》（MPAC）的对接。该规划的目标之一是促进东盟内部的互联互通，这有利于整合扩大东盟市场规模，也有利于扩大中国—东盟贸易规模。同时这个规划比较成熟，自 2009 年以来经历过一系列高级别谈判和技术工作组会议，已经形成和正在进行一些重要项目。日本及其主导的亚洲开发银行已经参与到相关项目建设中。2015 年 11 月举行的东盟交通部长会议也邀请了中、日、韩三国参与。相比之下，海上丝绸之路建设尚处于起步阶段，也缺乏相应合作伙伴，因此和 MPAC 对接无疑是较为合适的选择，这样也有利于取得东盟成员国对海上丝绸之路建设的信任和好感。

第二，加大资金支持力度。根据亚洲开发银行的测算，MPAC 所需资金的 50% 左右需要从外部渠道获得。[③] 仅东盟高速公路网络就包括 23 条路线，里程达 38400 公里，需要庞大的资金投入。中国主导成立的亚投行（AIIB）、丝路基金和国内富有实力的基建企业可以提供部分资金。但前提

①　Shahriman Lockman, "The 21st Century Maritime Silk Road and China-Malaysia Relations," http://giis.gdufs.edu.cn/info/1356/7413.htm.

②　Shankaran Nambiar, "Silk Road Stirs Call for Openness Silk Road Stirs Call for Openness," http://www.thesundaily.my/node/304870.

③　Basu Das, Sanchita, "Conclusion and Policy Recommendations," In Sanchita Basu Das (ed.) *Enhancing ASEAN's Connectivity*, ISEAS, 2013.

是依据市场化原则,保证项目的收益和资金安全。资金应该重点投向马来西亚与其他国家的互联互通项目,如马新高铁,还有马来西亚港口连接其他东盟港口的滚装码头项目(ASEAN RORO NETWORK)。

第三,提高项目参与程度。其实 MPAC 的进展并不是很顺利,除了资金问题外,技术能力不足也是重要的难题。[1] 各成员国参差不齐的发展水平和利益诉求导致跨国项目进展缓慢。中国应该利用自己强大的基建能力,积极参与到 MPAC 的项目建设中。

3. 创新资金融通合作

第一,人民币国际化。马来西亚央行行长 Zeti 强调:亚洲,包括马来西亚必须为人民币国际化做好准备。[2] 马来西亚已经是人民币国际化的重要合作伙伴,该国央行是第一个与中国央行签订本币互换协议的央行,是第一家成为 QFII 投资者的亚洲央行,马来西亚林吉特是第一种与人民币直接交易的新兴国家货币;2013 年两国央行签订跨境担保协议,2014 年东盟第二家人民币清算行落户吉隆坡。

第二,伊斯兰金融。"一带一路"沿线特别是海上丝绸之路沿线分布着许多伊斯兰国家,日益蓬勃的伊斯兰金融业和石油美元使非伊斯兰国家和地区也纷纷开展伊斯兰金融,比如英国、俄罗斯、新加坡、中国香港、日本、文莱和泰国。但是中国的金融开发程度及其他条件还不够成熟,应该与马来西亚一起开展伊斯兰金融合作。可以让国内银行与马来西亚伊斯兰银行合作,通过其开设伊斯兰金融窗口;可以推动马来西亚向中资银行发放相关牌照,让国内银行赴马来西亚开设伊斯兰金融机构,以便拓展业务、积累经验;可以利用马来西亚的优势,联合开展伊斯兰金融教育,为中国培养伊斯兰金融人才。

4. 推动国际产能合作

中国是马来西亚第一大贸易伙伴,而马来西亚是中国在东盟的第一大贸易伙伴。但是中国对马来西亚的投资比较少,远低于新加坡、日本和美国对马来西亚的投资。今后应该鼓励中国企业赴马来西亚投资,开展国际

---

① A. Joycee Teodoro, "ASEAN's Connectivity Challenge," http://thediplomat.com/2015/06/aseans-connectivity-challenge/.

② Zeti Akhtar Aziz, "Renminbi and China's Global Future," http://www.bnm.gov.my/index.php?ch=en_speech&pg=en_speech_all&ac=565.

产能合作，特别是马中关丹产业园、巴生港自由贸易园区和依斯干达经济特区等均为中国企业提供了广阔的投资机遇。

马中关丹产业园是马来西亚政府重点扶持的第一个国家级特区，也是中国在海上丝绸之路沿线国家设立的第一个产业园区，被列入国家"一带一路"规划重大项目和跨境国际产能合作示范基地。要运用亚投行、丝路基金等鼓励企业入园，促进产业集聚发展，构筑现代制造业集群和物流基地，打造亚太地区投资创业的新高地、海上丝绸之路经贸合作的示范区。要推动广西北部湾国际港务集团对关丹港的升级改造，加快开发新港区，尽快开工建设第二个深水码头，使关丹港成为马来西亚东海岸区域性枢纽港和辐射中国及东南亚的中转及物流中心。同时，推进"两国一检"通关模式，促进中马两国港口通关、通航便利化。

巴生港自由贸易区（简称PKFZ）应发挥巴生港①国际航运转口物流的优势，吸引以中国商家为主体的各国出口厂商在园区内开展各类转口贸易、生产加工，打造以清真产业为主要发展方向的区域性国际贸易与物流中心。马来西亚的清真产业认证国际通用，在PKFZ加工包装的清真食品和用品可直接销售到任何一个伊斯兰国家，由此可以帮助中国清真企业打开54个伊斯兰国家的超过18亿人口市场。目前已有大量中国企业进驻。中国政府应引导宁夏、新疆等相关省份，着力推动对该园区的投资，将其拓展成中马乃至海上丝绸之路经贸合作的一个崭新平台。

依斯干达经济特区横跨马六甲海峡和南中国海的三座重要港口，位于全球贸易网络的支点，并有在建的延伸到新加坡和吉隆坡的铁路系统（"隆新高铁"），区位优势独特且显要。应推动中国（福建或广东）自由贸易试验区与其对接，推动中马、中新贸易投资便利化。同时，引导中国的跨国公司将依斯干达经济特区作为其全球制造网络的重要组成部分，打造海上丝绸之路生产价值链，加快中国企业"走出去"步伐，形成海上丝绸之路国际产能合作新高地。

5. 发挥马来西亚华人的桥梁作用

马来西亚有600多万华人，在该国经济社会发展中具有举足轻重的作

---

① 巴生港占据黄金海运线——马六甲海峡的交汇位置，是马来西亚最大的港口，因其快速、高效的运转功能誉满全球。

用。华商大企业行业分布广泛，拥有强大实力；华商中小企业数量庞大，发展空间广阔，在马来西亚经济中扮演着不可或缺的角色。根据《福布斯》统计，马来西亚前 50 大富豪中有 38 个是华人。^① 应该以马来西亚华人企业、侨领、华人社团、华文教育机构和华文媒体为五大主体，发挥其独特优势，参与到海上丝绸之路建设中来。以华人企业和华文教育机构为例，马来西亚的华人企业实力在东南亚比较突出，在金融、基建、能源、贸易等各个领域具有较强实力。这些华人企业是国际产能合作的重要对象，如怡保工程、金务大、杨忠礼电力等马来西亚华人企业，它们均位列全球华商 1000 强，主要业务是公路、铁路、隧道、桥梁、港口、机场、房屋、发电厂的建设和运营等，市场范围遍及中国大陆、东南亚和中东等地，未来它们可以在海上丝绸之路互联互通中发挥重要作用。而马来西亚的华文教育更是备受关注，马来西亚是除中国大陆、台湾、香港和澳门之外唯一拥有从幼儿园、小学、中学到大专院校完整华文教育体系的国家。马来西亚已经有 1200 多所华文小学，60 所华文独立中学，3 所大专院校。^② 这些华文教育机构对于传播中华文化，弘扬丝路精神，促进民心相通起到了不可替代的作用。

（本章主要内容以同名发表于《亚太经济》2016 年第 5 期）

---

① 根据《福布斯》2015 年数据整理，http://www.forbes.com/malaysia-billionaires/。
② 李其荣：《华侨华人在海外传播中华文化新探》，《广西民族大学学报》（哲学社会科学版）2013 年第 3 期。

第七章　中泰经贸关系及"一带一路"合作

近年来中泰经贸合作发展并不均衡。泰国对华出口以初级产品为主，出口额下降，贸易逆差严重，中国对泰国出口以制造品为主，且竞争性制造品居多。与此同时，泰国对华投资有所下降，中国对泰国投资增速加快，但两国的投资规模都很小，投资便利化和互联互通水平明显不足。当前，在中国—东盟自贸区升级版、21世纪海上丝绸之路的宏观环境下，深化和拓展中泰经济关系要有大战略、大思路。战略上，以CAFTA升级版为平台，创新机制体制，深化双多边经济合作；建设GMS经济走廊，以基础设施和农业合作为牵引，增强互利和互信；抓住海上丝绸之路建设机遇，融合通道建设和经济合作，实现互利共赢。相应的主要举措包括：加大双边投资力度、促进产能合作；发展投资带动型贸易，缩小贸易差额；加快基础设施建设，提高互联互通能力；加强金融合作提供融资支撑；以及开展全方位、多层次交流等。

中泰是友好邻邦，两国在政治、经济、文化等方面的交流日益密切。在经济领域，最近几年两国以前所未有的力度和举措推进经济合作，如2010年建立了中国—东盟自由贸易区（CAFTA），2012年建立了中泰全面战略合作伙伴关系，2013年发表了《中泰关系发展远景规划》（约定2015年双边贸易额达到1000亿美元），同年中国提出了共建21世纪海上丝绸之路的倡议，2015年完成了中国—东盟自贸区升级版谈判。然而，如图7-1

所示，2011年以来中泰双边贸易、泰国对华投资以及中国对泰国投资的增速均明显放缓，2015年双边贸易额仅为754.6亿美元，未实现1000亿美元的预定目标。由此推测，中泰经济合作可能存在某些重要制约因素，甚至是发展瓶颈。本章首先从贸易量、贸易品类型、贸易竞争互补关系、投资规模和结构等方面深度剖析中泰经贸合作的现状及存在的主要问题，然后从CAFTA升级版、21世纪海上丝绸之路等角度分析中泰经济关系面临的环境和趋势，进而在此基础上探讨提升中泰经济战略伙伴关系的主要战略和举措。

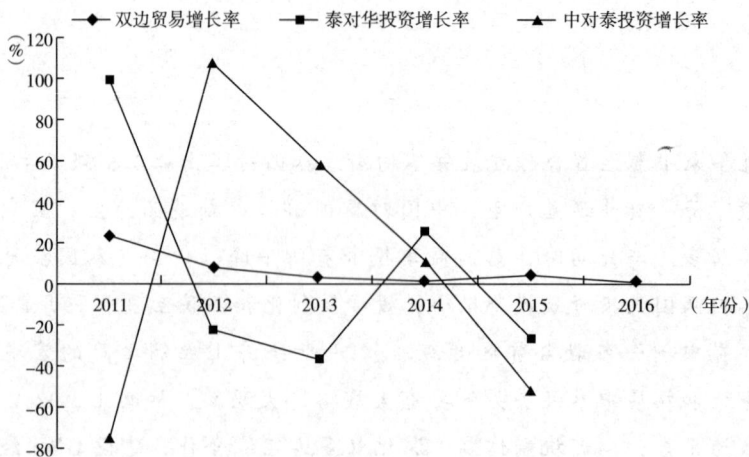

图7-1　2011~2016年中泰双边贸易及投资增长率

资料来源：中华人民共和国商务部亚洲司，http://yzs.mofcom.gov.cn/。

一　中泰双边贸易发展现状及问题分析

（一）中泰双边贸易发展的基本状况

1.贸易总量

2013年中国成为泰国第一大出口市场和第二大进口来源地，并超过日本成为泰国的第一大贸易伙伴。2016年，中泰双边贸易额758.7亿美元，占泰国贸易总额的18.5%，其中泰国对中国出口371.9亿美元，占泰国出口总额的17.4%；泰国从中国进口386.8亿美元，占泰国进口总额的 19.8%（见表 7-1）。从变化趋势看，最近五年泰国对中国出口持续下降（由 2011 年的 390.4 亿美元下降到 2016 年的 371.9 亿美元），从中国进口则呈上升趋势（从 257.0 亿美元上升到 386.8 亿美元）。

表 7-1　2011~2016 年中泰双边贸易情况

单位：亿美元，%

	2011 年	2012 年	2013 年	2014 年	2015 年	2016 年
双边贸易额 （占泰贸易比重）	647.4 （14.2）	697.5 （14.6）	712.6 （15.1）	726.7 （16.0）	754.6 （18.3）	758.7 （18.5）
泰国出口至中国 （占泰出口比重）	390.4 （17.2）	385.5 （16.9）	385.2 （17.1）	383.7 （17.0）	371.7 （17.6）	371.9 （17.4）
泰国从中国进口 （占泰进口比重）	257.0 （11.2）	312.0 （12.5）	327.4 （13.2）	343.0 （15.1）	382.9 （19.0）	386.8 （19.8）

资料来源：中华人民共和国商务部国别数据库中泰双边贸易简况，http://yzs.mofcom. gov.cn/article/t/201602/20160201252448.shtml。

2. 贸易的商品结构

2011—2016 年泰国对中国出口的商品中初级产品占较大比重，且基本呈上升趋势，由 2011 年的 65.6% 上升到 2016 年的 74.9%，相对而言制造业产品占比较小。中国对泰国出口中，制造业产品占绝对优势，占比在 75% 左右（2016 年占比达 80.6%），而初级产品占比较小。对中泰双边贸易总体而言，制造业产品占比略高于初级产品，2016 年两者占比分别为 53.7%、46.3%。制造业产品中劳动密集型和技术密集型产品的占比分别为 37.0%、16.7%（见表 7-2）。

表 7-2　2011~2016 年中泰贸易的商品层次

单位：%

		2011 年	2012 年	2013 年	2014 年	2015 年	2016 年
泰国对华出口	初级产品	65.6	67.1	74.4	71.9	75.6	74.9
	制造业产品	34.4	32.9	25.6	28.1	24.4	25.1
泰国从中国进口	初级产品	25.0	25.1	25.3	26.7	25.6	19.4
	制造业产品	75.0	74.9	74.7	73.3	74.4	80.6

续表

		2011 年	2012 年	2013 年	2014 年	2015 年	2016 年
中泰双边贸易	初级产品	41.8	42.7	45.9	44.4	40.1	46.3
	制造业产品	58.2	57.3	54.1	55.6	59.9	53.7
	劳动密集型	45.0	43.9	40.7	41.5	45.0	37.0
	技术密集型	13.2	13.4	13.4	14.1	14.9	16.7

注：UN Comtrade 数据中，SITC 0~4 类为初级产品，SITC 5~9 类为制造业产品；制造业产品中，SITC 6、8 类为劳动密集型产品，SITC 5、7、9 类为技术密集型产品。

资料来源：根据 UN Comtrade 数据整理得到，http://comtrade.un.org/。

3. 贸易的商品类型

2016 年，泰国对中国出口的商品中，塑料橡胶、机电产品、植物产品、光学照相医疗设备、化工产品居前五位。其中塑料橡胶、机电产品的出口额占对华出口的 26.8%、24.2%[1]（塑料橡胶对华出口占其全球出口的 26.8%，是第一大出口市场）；植物产品、光学照相医疗设备、化工产品的出口额占对华出口的 11.4%、7.0% 和 7.0%。

泰国从中国进口方面，机电产品、贱金属及其制品、化工产品、塑料橡胶、纺织品及原料居前五位。其中，机电产品进口额占从华进口的 47.5%[2]，占泰国该类商品进口总额的 30.0%，中国为泰国第一大进口来源地；贱金属及其制品的进口额也占从华进口的 16.6%；化工产品、塑料橡胶、纺织品及原料的进口额分别占从华进口的 8.1%、5.1% 和 4.3%。

4. 贸易品的竞争互补关系

为了解中泰两国贸易商品的竞争互补关系，本章计算了两国主要出口商品的显示性比较优势指数（RCA）[3]，并据此判断其竞争和互补关系[4]，

---

[1] 26.8% 为表 7-3 第一组 HS40、HS39 所占百分比之和；24.2% 为表 7-3 第一组 HS85、HS84 所占百分比之和。

[2] 47.5% 为表 7-3 第二组 HS85、HS84 所占百分比之和。

[3] 显示性比较优势指数是指一个国家某种商品出口额占其出口总值的份额与世界出口总额中该类商品出口额所占份额的比率，是衡量一国产品或产业在国际市场竞争力最具说服力的指标。

[4] 当两国 RCA 值均小于 1 时，两国该商品均处于比较劣势；当两国 RCA 值均大于 1 时，两国贸易商品关系是竞争性的；当一国 RCA 大于 1，另一国 RCA 小于 1 时，则两国贸易商品关系是互补性的；而如果具有比较优势的国家 RCA 大于 2.5，两国贸易商品关系具有极强互补性。

结果见表7-3。

表7-3显示，2016年泰国对中国出口前20类商品（占出口总额的92.4%）中，互补性与极强互补性商品数量最多，占比达到46.2%。另外，电机、电气、音像设备及其零附件（HS85），核反应堆、锅炉、机械器具及零件（HS84），食用蔬菜、根及块茎（HS7），钢铁制品（HS73）在贸易上属于竞争关系，但这四类商品的占比较小，合计占30.3%。总体而言，泰国对中国出口商品以互补性为主。相比之下，中国对泰国出口的前20类商品（占出口总额的85.2%）中，互补性与极强互补性的商品仅占比21.5%，具有贸易竞争关系的商品占比高达54.0%。总体而言，中国对泰国出口的商品以竞争性商品为主。

表7-3　2016年中泰双边贸易前20类商品的竞争互补关系

单位：%

泰国对中国出口商品			中国对泰国出口商品		
商品名称	所占比重	竞争互补关系	商品名称	所占比重	竞争互补关系
橡胶及其制品（HS40）	15.7	++	电机、电气、音像设备及其零附件（HS85）	30.2	-
电机、电气、音像设备及其零附件（HS85）	12.2	-	核反应堆、锅炉、机械器具及零件（HS84）	17.3	-
核反应堆、锅炉、机械器具及零件（HS84）	12.0	-	钢铁制品（HS73）	6.5	-
塑料及其制品（HS39）	11.1	+	钢铁（HS72）	6.2	+
光学、照相、医疗等设备及零附件（HS90）	7.0	=	塑料及其制品（HS39）	4.4	+
木及木制品，木炭（HS44）	5.8	+	车辆及其零附件，但铁道车辆除外（HS87）	2.7	+
有机化学品（HS29）	5.1	=	光学、照相、医疗等设备及零附件（HS90）	2.4	=
食用蔬菜、根及块茎（HS7）	4.7	-	有机化学品（HS29）	2.1	=
矿物燃料、矿物油及其产品；沥青等（HS27）	3.8	=	杂项化学产品（HS38）	2.0	=

泰国对中国出口商品			中国对泰国出口商品		
商品名称	所占比重	竞争互补关系	商品名称	所占比重	竞争互补关系
车辆及其零附件，但铁道车辆除外（HS87）	3.3	+	铝及其制品（HS76）	1.8	+
制粉工业产品，麦芽，淀粉等，面筋（HS11）	2.3	++	无机化学品，贵金属等的化合物（HS28）	1.6	=
食用水果及坚果，甜瓜等水果的果皮（HS8）	2.2	+	家具、寝具等，灯具，活动房（HS94）	1.4	++
谷物（HS10）	2.0	++	食用水果及坚果，甜瓜等水果的果皮（HS8）	1.2	+
钢铁制品（HS73）	1.4	−	铜及其制品（HS74）	0.9	=
杂项食品（HS21）	0.8	+	纸及纸板，纸浆、纸或纸板制品（HS48）	0.9	=
糖及糖食（HS17）	0.7	++	玻璃及其制品（HS70）	0.9	+
珠宝、贵金属及制品，仿首饰，硬币（HS71）	0.7	+	鱼及其他水生无脊椎动物（HS3）	0.8	+
鱼及其他水生无脊椎动物（HS3）	0.6	+	非针织或非钩编的服装及衣着附件（HS62）	0.7	++
蛋白类物质，改性淀粉，胶，酶（HS35）	0.5	+	珠宝、贵金属及制品，仿首饰；硬币（HS71）	0.7	+
食品工业的残渣及废料，配制的饲料（HS23）	0.5	+	陶瓷产品（HS69）	0.7	++
	92.4			85.2	

注："−""+""++"分别表示两国贸易商品关系是竞争性、互补性、极强互补性，"＝"表示两国该商品均处于比较劣势。

资料来源：表中数据依据中华人民共和国商务部国别数据库和 UN Comtrade 数据库计算得到。

5. 中泰双向投资

相对于进出口贸易，中泰双向投资一直处于较低水平。2011～2015 年泰国对华直接投资分别为 10120 万美元、7770 万美元、4830 万美元、6050 万美元和 4440 万美元，投资规模小，且呈现下降趋势。对华投资的泰国厂商主要分布在食品加工业、汽车零配件制造业、电力行业、纸业及服务业等，且集中于中国东部沿海地区。在此期间，中国对泰国的投资不断增加，2011～2015 年投资额分别为 23010 万美元、47860 万美元、75520 万美元、83950 万美元和 40720 万美元，但投资增速也显著放缓（见图 7-1），投资分布前五位的行业分别为制造业、批发和零售业、建筑业、租赁和商务服务业、采矿业，其中制造业又以电气机械和器材制造业、专用设备制造业、橡胶塑料制品业和汽车制造业为主。① 由此可以看出，尽管中国倡议以基础设施投资为先导推动"一带一路"建设，泰国处于海上丝绸之路的核心区域——东盟的中心位置，但中国对泰国的直接投资仍然非常有限。2011～2015 年，其平均投资额仅为日本的 1/7。由于泰国政局动荡等影响，三大投资来源国——日本、美国、中国对泰国的直接投资 2015 年均大幅下滑，其中日本的投资急剧下滑 81%。②

表 7-4　2011～2015 年中泰双向投资情况

单位：百万美元

	2011 年	2012 年	2013 年	2014 年	2015 年
泰国对中国直接投资金额	101.2	77.7	48.3	60.5	44.4
中国对泰国直接投资金额	230.1	478.6	755.2	839.5	407.2
日本对泰国直接投资金额	3064.0	2940.0	4157.2	5155.3	979.5

资料来源：中国国家统计局，http：//data.stats.gov.cn/easyquery.htm? cn＝C01&zb＝A060A&sj＝2014；泰国投资促进委员会（BOI），http：//www.boi.go.th/index.php? page＝index。

　　除了双向投资之外，中泰两国还在劳务承包、基础设施建设、金融业、旅游业等合作领域取得实质性进步。

　　泰国是中国在东南亚的重要工程承包市场之一。截至 2016 年 6 月底，中国企业在泰承包工程合同金额达 192 亿美元，完成营业额 134.6 亿美元，项目主要涉及电力、轨道交通、太阳能电站、能源管道等领域。③

① 泰国大拓律师事务所：《中国企业对泰国投资大数据报告》，http：//toutiao.com/i62580 53187039658498/。

② 《泰国 2015 年外国投资额暴跌近八成——日本投资下滑明显》，环球网，http：//world. huanqiu.com/exclusive/2016-01/8379063.html。

③ 中华人民共和国商务部亚洲司：《中国-泰国双边经贸合作简况》，http：//yzs.mofcom. gov.cn/article/t/201609/20160901384777.shtml。

在基础设施建设方面，高铁是中泰合作的重点领域。经过连续四年的交流、谈判并签署合作备忘录①，2015年12月中泰铁路正式开工修建，这条铁路将有利于泰国大米、橡胶、水果等各种农产品进入中国市场，也能极大地推进两国经贸投资和旅游业的发展。2014年中国启动克拉运河计划，泰国表示完全支持中国牵头建设克拉运河并承诺提供力所能及的帮助。

在金融合作方面，中国银行、中国工商银行分别于1994年、2010年进入泰国市场，为中泰两国企业间的投资合作提供资金支持。2014年中国银行（泰国）股份有限公司成立，并与泰国银行签署在泰国建立人民币清算安排的备忘录。泰国最大的商业银行盘古银行也已经在中国汕头、厦门、北京、深圳、重庆设立分行，2009年盘古银行（中国）有限公司成立，通过其银行网络推动泰国对华贸易和投资业务。2015年泰国加入亚投行，成为第52个亚投行协定签署方。当前，泰国基础设施投资需求巨大，物流成本高、电网覆盖面不足等问题亟待解决，而泰国加入亚投行有利于填补其基础设施建设的资金缺口，降低物流成本，促进两国互联互通。

此外，中泰两国在旅游业、餐饮服务业等相关领域的合作也不断加深，双边旅游合作卓有成效。从2012年开始，中国超过马来西亚成为泰国最大的游客来源国，对泰国旅游业和经济的发展发挥了重要作用。2016年中国赴泰国的游客高达877万人次，同比增长10.5%；泰国来华游客也达到67.9万人次，同比增长5.8%。②

（二）现阶段中泰经济关系存在的问题

1. 泰国对华出口以初级产品为主，产品附加值低，贸易逆差严重

泰国对华出口主要为塑料橡胶、农产品等初级产品，且占比日益提高（2011~2016年由65.6%上升到74.9%），技术含量和附加值相对较高的制造业产品所占比重较小（见表7-2，下同）。而中国对泰国出口的主要是

---

① 2011年中泰两国政府签订《关于可持续发展合作谅解备忘录》，将铁路建设列为中泰可持续发展四大合作领域之一；2012年中泰两国签署《关于铁路发展合作的谅解备忘录》，组建铁路发展合作联合指导委员会并举办高铁人才培训；2013年中泰两国共同决定将高铁作为合作的重点领域；2014年中泰两国签署《中泰铁路合作谅解备忘录》。

② 中华人民共和国国家旅游局：《2016赴泰国的中国内地游客达到877万人次》，http://www.cnta.gov.cn/xxfb/jdxwnew2/201701/t20170103_811054.shtml。

机电、化工等制造业产品，制造业产品的数量占据绝对优势。由于初级产品的附加值低、需求缺乏弹性，而制造业产品的附加值会随着技术水平提高而提高，需求的收入弹性也比较大，因此这种建立在传统比较优势基础上的固化的贸易模式必然导致泰国对华贸易逆差持续扩大，逆差主要来自机电产品、贱金属及其制品、化工产品等的进口。当前，出口仍然是泰国增加外汇收入的重要来源，泰国日益扩大的贸易逆差不利于中泰双边贸易的可持续发展。泰国解决贸易逆差的一种思路是，引进外国直接投资，尤其是来自中国的制造业投资，提升泰国的工业和制造能力，促进中间品、零部件及具有比较优势的制造品等对华出口，形成"投资带动型贸易"，以此突破固化的贸易和逆差形成模式（即遵循"外国投资—工业制造能力—贸易模式转变—逆差消除"的发展路径）。

2. 中国对泰国出口贸易中竞争性商品较多

如前所述，泰国对华出口以互补性商品为主，占46.2%，竞争性商品仅占30.3%（见表7-3，下同）；而中国对泰国出口中互补性与极强互补性商品仅占21.5%，竞争性商品占比高达54.0%，其中对泰国出口的第一、第二大类商品（机电、电气、音像设备及零附件类和核反应堆、锅炉、机械器具及零件类）均为竞争性商品，出口占比达47.5%。进一步分析发现，2011~2016年中国对泰国出口的竞争性商品比重在不断加大，这加剧了两国同类商品的竞争压力，甚至给双边贸易摩擦与争端埋下"伏笔"。在未来，中国政府实施创新驱动、打造全球价值链、推动国际产能合作的战略可能推动其制造业沿着全球价值链的高端环节爬升，进而改变当前中泰"制造品竞争"的格局。

3. 两国投资合作规模较小

如表7-4所示，虽然近年来中国实施"走出去"战略，对泰国的投资不断增长，但相较于日本对泰国的投资规模，中国对泰国的投资规模很小。而泰国对华直接投资金额则不断减少，2015年下降到微不足道的4440万美元，这说明中泰双边投资还远未启动，有极大的提升空间。

4. 投资贸易便利化水平较低，互联互通能力不足

在投资方面，中国缺乏熟悉泰国投资管理体制及相关法律法规的专业人士，企业担心在泰国投资可能存在信息不完全引发的风险，而泰国企业对中国各地区经济发展状况及相关法律法规也缺乏全面的了解，企业投资

难以落地和推进,遇到纠纷难以解决,因此中泰亟须完善双边投资保护协定、增设自由贸易(园)区,创新投资管理的机制和体制,推进投资自由化进程。在贸易便利化方面,虽然在中国—东盟自贸协定下中泰两国贸易93%的商品实现了零关税,但两国海关烦琐的审批手续等非贸易壁垒使得"即使零关税也难于自由贸易"。并且,两国互联互通网络尚未建设完善,连接双方的铁路尚未贯通,航空港和港口也存在较大的建设空间,这些障碍使中泰两国之间的投资贸易便利化水平较低,与"高标准投资贸易自由化"的目标差距较大。

二 中泰经济关系发展的环境与趋势分析

(一) 中国—东盟自贸区升级版下的中泰经贸合作

2002 年底中国与东盟签署《中国—东盟全面经济合作框架协议》,启动中国—东盟自由贸易区(CAFTA)建设。2013 年,在 CAFTA 经历"黄金十年"之后,中国提出打造 CAFTA 升级版、创造更加辉煌的"钻石十年"的计划。2015 年底 CAFTA 升级版谈判如期达成,并签署《议定书》,[1] 通过升级原产地规则和贸易便利化措施,进一步深化双边经贸合作,助力实现 2020 年双边贸易额达到 1 万亿美元的目标,并推进 RCEP 谈判和 FTAAP 建设进程。[2] 自此,中泰经贸合作进入全面发展的阶段。在 CAFTA 投资贸易便利化以及中国—东盟投资合作基金的支持下,中泰双方将拓展贸易范围,扩大贸易规模,加强基础设施投资,提升互联互通能力,促进中泰两国经贸合作快步发展。

(二) 21 世纪海上丝绸之路与中泰经贸关系

2013 年 10 月,中国国家主席习近平访问印尼期间,提出中国愿同东盟国家携手共建 21 世纪海上丝绸之路,打造命运共同体。该倡议得到了包括泰国在内的周边国家的热烈回应。海上丝绸之路以基础设施建设为切入

---

[1] 《中国与东盟签署自贸区升级协议〈议定书〉》,新华网,http://news.xinhuanet.com/world/2015-11/22/c_128455394.htm。

[2] 《中国—东盟自贸区完成升级》,网易网,http://money.163.com/15/1124/10/B969FTF000253B0H.html。

点，以亚洲基础设施投资银行为支撑点，通过深水港、铁路网、公路网、内河航运等交通基础设施建设，沿线国家加强互联互通，并在此基础上建设高标准的自由贸易区网络，促进合作共赢，打造命运共同体。

泰国地处中南半岛的中心，同时也是通往湄公河次区域和南亚的重要门户，凭借优越的海洋地理位置成为 21 世纪海上丝绸之路的重要支点国家。其积极主动参与海上丝绸之路建设将对东盟其他国家产生重要的示范作用。海上丝绸之路建设给中泰经济合作带来的机遇包括：①基础设施合作。两国在桥梁、公路、水利等基础设施方面已展开诸多合作项目，尤其是中泰高铁项目，不仅解决了泰国国内基础设施陈旧问题，也为推进泛亚铁路计划创造了条件。②能源合作。中泰两国在新能源方面具有广阔的合作前景，泰国油气资源缺乏却具有开发新能源的气候和地理优势，而中国在利用太阳能、沼气发电等项目上具有丰富的经验，优势互补使两国新能源合作成为可能。③海洋合作。海上丝绸之路建设将推动中泰两国的海洋合作协商，强化海洋伙伴关系。一方面通过港口、码头的建设提高中泰两国海上互联互通能力；另一方面发挥泰国在东盟国家中的协调作用，与周边国家建立高效完善的海洋合作机制，共同维护和平、友好、合作的海洋秩序。

三 提升中泰经济关系的思路和举措

（一）提升中泰经济关系的思路

2012 年，中泰两国建立了全面战略合作伙伴关系，自此两国关系进入全面发展的阶段。深化和拓展中泰全面战略合作伙伴关系，提升经济合作水平，需要有大思路。

1. 以 CAFTA 升级版为平台，创新机制体制，深化双多边经济合作

通过共同建设自由贸易园区，实施"准入前国民待遇+负面清单"的投资管理制度、开放服务贸易、落实投资贸易便利化等，创新机制体制，深化双多边经济合作，为中国—东盟乃至中—泰合作创造良好的制度环境，同时，深化 RCEP 合作，强化东盟在东亚经济一体化中的主导作用，共同推进 FTAAP 进程。

2. 建设 GMS 经济走廊，以基础设施和农业合作为牵引，增强互利和互信

目前，澜沧江—湄公河沿岸各国积极参与 GMS 经济走廊的建设，中国应借力地缘、技术和前期合作的优势，加大对 GMS 沿岸国家基础设施的投资力度，为区域内贸易与投资合作提供良好的外部环境。同时，推广中国在农业生产中的先进技术，与沿岸国家建立农业科技合作交流机制。建立湄公河流域发展基金，帮助大湄公河次区域成员国的工业、人力资源、科技等方面的发展。①

3. 抓住海上丝绸之路建设机遇，融合通道建设和经济合作，实现互利共赢

21 世纪海上丝绸之路建设以基础设施建设为切入点。泰国地处海上丝绸之路的关键支点，这给中泰两国加强海上合作、融合通道建设和经济发展，将中国东部沿海和泰国的重点港口、中心城市、资源区块、产业园区串联起来，引领中泰经贸关系，实现合作共赢等创造了良好的机遇。

（二）推进中泰经济合作的主要举措

1. 优化两国贸易结构，缩小贸易差额

泰国方面，在保持农产品出口优势的基础上，在大米、天然橡胶、木材、热带水果、蔬菜等行业吸引农业投资、发展农产品深加工，完善农产品产业链，提高出口附加值；在制造业，吸引外国尤其是中国的直接投资，增加中间品、零部件等出口，发展"投资带动型贸易"，同时在泰国的优势制造领域加强研发投入和科技创新，提高工业品的科技含量，从规模和附加值两个方面提升泰国对华出口工业品的能力。

中国方面，应扩大对泰国的进口，尤其是大米、热带水果等农产品、中间品、零部件及泰国优势工业品的进口，这样既可以满足国内市场需求、打造全球生产价值链，又可以减少泰国的贸易逆差。此外，中国还应加快东部制造业的转型、升级，向泰国出口处于全球价值链（GVC）高端环节的工业品，提高出口商品的质量和层次，增强中泰工业品贸易的互补

---

① 中国—东盟自贸区商务门户运营中心：《中国湄公河流域开发概况》，http://www.cn-asean.org/index.php? m=content&c=index&a=show&catid=168&id=399。

性。上述举措有利于充分挖掘泰国的出口潜力，减少贸易逆差，同时优化贸易结构，增进贸易的互补性、可持续性。

2. 加大双边投资力度、促进产能合作

泰国方面，利用中国企业"走出去"、转移国内过剩/优势产能、降低劳动力和运输成本、构建全球价值链（GVC）的机遇，推动中国企业将泰国作为生产基地，以泰中罗勇工业园为示范，在泰国北部和东北部经济特区等建设更多的自由贸易（园）区，吸引重要行业的大型投资项目落地，以加速泰国工业化进程，提升当地的就业和收入水平。同时，泰国农产品、橡胶、基础设施等领域的投资需求也给中国企业提供了巨大的投资合作空间。例如中国轮胎制造企业可到泰国投资建厂，这样既可以解决原材料问题、降低物流成本，也能够在获利的同时帮助泰国提升橡胶产品的附加值。在政策方面，应大胆创新投融资合作的机制体制，简化审批条件，实施税收减免等有力措施，支持各自由贸易（园）区建设，发挥大型投资项目的牵引和带动作用。

中国方面，应加快中国（上海、广东、福建、天津）自由贸易试验区建设，加快机制体制创新，为泰国企业提供投资自由化、贸易便利化、金融国际化、营商法制化的良好环境。

3. 加快基础设施建设，提高互联互通能力

基础设施的互联互通是深化中国与泰国关系、推动双方经贸合作的重要基础和前提，因此，中泰两国应加强在基础设施建设中的合作，提高互联互通能力，为两国经贸发展提供便利条件。目前，中国企业已参与中泰铁路坎桂—玛达普、昆明—坎桂—曼谷铁路段的建设，中泰铁路将成为泛亚铁路计划其他路段修建的参考标准，不仅能有效改善泰国铁路落后的局面，也能极大提升两国经贸投资和旅游业的水平。在机场建设方面，中国企业参与了泰国清莱飞机维修中心和素万那普国际机场二期工程的建设。

此外，海上互联互通也是中泰两国基础设施合作中的重要组成部分。泰国是中南半岛的重要支点国家，是连接东南亚各国的经济合作中心，泰国政府提出"大港口、大工业、大经济、大繁荣"和"以港带全局"的战略思想，因此中国可以加强与泰国在港口建设中的合作。一方面利用中国—东盟海上合作基金加快泰国港口建设进程，提升中泰两国海上互联互通水平；另一方面鼓励中泰双方港口物流企业在投资、经营等方面进行全

方位合作，以港口物流的友好合作为纽带带动中泰两国经贸的发展。

4. 加强中泰金融领域的合作

金融合作是开展经济合作的保障。首先，应积极推广跨境贸易人民币结算，增强双边金融合作的动力。在推广人民币结算过程中，两国政府可以将重点合作领域作为典型案例进行推广，同时鼓励在泰国境内建立更多、更方便有效的人民币结算试点，增强人民币作为结算货币的吸引力。其次，应优先为两国在基础设施建设、新能源以及人力资源等领域的合作，尤其是中泰铁路合作提供充足的资金支持。最后，应加大对中泰双边文化交流、学习的金融支持力度，鼓励更多中泰高校师生到彼此国家学习相关领域的文化知识，同时定期开展两国金融领域的知识培训，为中泰两国互设金融分支机构培养更多实用型人才。

5. 开展全方位、多层次的交流

在中泰经济合作过程中，两国政府高层间的交流必不可少，也是两国深化合作的前提条件。近年来，中泰两国高层交流频繁，为拓展双边经贸合作打下了坚实基础。经贸合作离不开企业间的交流，因此两国政府应支持和鼓励企业间的交流，建立高效的信息化平台和交流平台，为双方企业提供全面、准确的信息，最大限度降低由信息缺失或滞后所带来的风险，同时定期举行商品展销会、商品交流会以增加双边经贸交流。此外，应发挥人文交流的作用，通过双边教育培训培养适合双边经贸发展的人才，同时重视华人华侨在中泰两国贸易合作中的桥梁作用。

（本章主要内容发表于《亚太经济》2017 年第 5 期）

第八章 香港在"一带一路"建设中的机遇、定位与作为

香港处于"一带一路"的关键节点，在金融投资、贸易航运、现代服务、国际化人才等领域有深厚的积累，其主要优势与"一带一路"建设的设施联通、贸易畅通、资金融通等核心内容高度契合，"一带一路"是香港发展的战略机遇。香港可以以粤港澳大湾区为载体，成为21世纪海上丝绸之路的心脏区域，"一带一路"区域最大的国际融资中心、AIIB等四大"资金池"的合作中心，"一带一路"基础设施建设和产业转移的桥梁，推动"一带一路"沿线人民币国际化的重要力量，"一带一路"国际化制度和人才的孵化器和输出地。

一 "一带一路"下的香港机遇

"一带一路"倡议旨在推动基础设施互联互通、拓宽产业投资和经贸合作、形成"一带一路"增长板块，在金融、贸易航运、产业转移、服务业等领域蕴含着大量的机会。香港处于"一带一路"的关键节点，在金融投资、贸易航运、现代服务、国际化人才等领域有深厚的积累，其主要优势与"一带一路"建设的设施联通、贸易畅通、资金融通等核心内容高度契合，"一带一路"是香港发展的战略机遇。

具体来说，其优势和机遇包括以下六点。

（1）香港是中国—东盟的地理节点和海上丝绸之路的关键支点。东盟是"一带一路"建设的重中之重区域。香港位于中国—东盟的地理中心，特殊的地理位置，加上香港与东盟主要国家或地区密切的经济关系和人脉资源，决定了香港在中国—东盟合作中具有重要的节点功能。另外，香港位处粤港澳大湾区的心脏地带、太平洋和印度洋的航运要冲，是东南亚乃至世界的重要交通枢纽，是连接海陆、沟通中外海上丝绸之路的关键支点。

（2）香港是亚洲最重要的国际金融中心，"一带一路"的金融节点。香港金融市场发达（完善的金融体系，专业的金融分工，透明、标准化的金融产品，齐备的金融基础设施，形成了强大的金融信息聚集和金融研发能力、金融人才培养体系），投融资能力强大。"一带一路"区域需要大量的外部资金注入，香港可能成为"一带一路"基础设施和产业合作的投融资中心。同时四大"资金池"（AIIB、丝路基金、金砖国家开发银行、上合组织开发银行）的运行离不开香港金融中心的配合。香港是"一带一路"的金融节点。

（3）香港是跨境人民币结算和清算中心，有利于推动人民币国际化。"一带一路"建设伴随着一个重要目标——人民币国际化。沿线基础设施、产业园区、自贸区建设将形成以人民币贷款、直接投资为主的融资体系，提高人民币在全球尤其是亚洲金融交易中的份额。"一带一路"庞大的贸易和基建投资规模将推动人民币计价及支付走进沿途各国，推动中亚、南亚、中东地区形成人民币离岸市场。其中，香港作为跨境人民币结算和清算市场的核心，在跨境人民币方面具有领先地位，有利于推动人民币国际化。

（4）香港具有产业转移与基础设施建设经验，是"一带一路"基础设施建设和产业转移的桥梁。在过去，很多香港企业经历了从香港向内地转移、从内地向东南亚等转移的过程，在多年的国际经营中，积累了丰富的经验，有可能协助中国大规模推进产业转移和落地。此外，香港自20世纪80年代就开始参与香港本地、中国内地、亚洲、欧洲的能源、发电、公路、铁路、码头、电讯等项目的开发、建设与管理，具有丰富的基础设施建设经验，是"一带一路"基础设施建设和产业转移的桥梁。

（5）香港具有国际自由港的优势，是"一带一路"贸易、航运和物流中心。香港是连接中国内地与全球各国的重要中转站，是亚洲船运、货代、物流企业云集的地区之一（全球第四），是国际自由港，在国际贸易与物流上具备天然的优势。"一带一路"建设将显著提高中国与沿线国家（尤其是中亚、海湾、南亚国家）的贸易增速，为香港带来大量业务，香港有望成为"一带一路"贸易、航运和物流中心。

（6）香港遵循西方商业制度，是"一带一路"国际化制度和人才的孵化器和输出地。中国推动"一带一路"的主要障碍之一是制度和人才障碍。香港的法律、财经等制度和专业人才（及服务机构）与国际接轨。香港企业熟悉国际法律和惯例，熟悉跨国管理和文化、国际会计与税收、国际工程承包和咨询等制度，这些都是中国企业向"一带一路"沿线国家和地区"走出去"的宝贵的人才资源。制度和人才优势使香港成为"一带一路"国际化制度和人才的孵化器和输出地。

二 香港在"一带一路"建设中的定位

（1）香港是"一带一路"规划的重要组成部分，以粤港澳大湾区为载体，成为 21 世纪海上丝绸之路的心脏；（2）香港是"一带一路"区域最大的国际融资中心，AIIB 等四大"资金池"的合作中心；（3）香港是"一带一路"基础设施建设和产业转移的桥梁；（4）香港是推动"一带一路"沿线人民币国际化的重要力量；（5）香港是"一带一路"国际化制度和人才的孵化器和输出地。

三 香港在"一带一路"建设中的作为

1. 建设粤港澳大湾区，成为海上丝绸之路的心脏、"一带一路"的科技、金融和服务中心

（1）粤港澳大湾区是中国与海上丝绸之路沿线国家和地区海上往来距离最近的发达区域，也是全球最密集的港口群，是发展面向南海、太平洋和印度洋海上大通道的支撑点，是海上丝绸之路的心脏。因此，《推动共建丝绸之路经济带和 21 世纪海上丝绸之路的愿景与行动》首次提出要"深化与港澳台合作，打造粤港澳大湾区"。香港处于粤港澳大湾区的心脏

地带，可以（在航运物流领域）和深圳、广州等在港口、航线、物流领域深度合作，打造海上丝绸之路最大的贸易、航运和物流中心。

（2）粤港澳大湾区还是"一带一路"科技、金融和服务中心。在科技创新领域，香港可以在科研人才与项目引入、研发资金筹集、成果转化与商业推广等方面，与内地的产业和市场优势紧密结合，将大湾区建成科技中心、创新中心；在金融领域，香港的金融行业可以利用前海、南沙和横琴自贸区建设提供的机遇进入内地，促进内地金融改革和开放，同时壮大自身的实力，利用"深港通"，推动深港两地资本市场融合发展；在服务业领域，不断拓展深化 CEPA，让香港服务业加快进入内地市场，在粤港澳大湾区内"先行先试"，扩大市场份额、提升粤港澳大湾区服务业的整体竞争力。

2."一带一路"区域最大的国际融资中心，AIIB 等四大"资金池"的合作中心

（1）构建以香港为基地的全球融资体系。"一带一路"沿线有大量企业来自中国内地和香港，企业走到哪里，香港银行业的金融服务便跟到哪里，为其提供贷款、债券、股权等不同类型资金，满足多元化资金需求。考虑在全球发行"一带一路"债券，发挥投行作用。

（2）为四大"资金池"提供金融合作支持。四大"资金池"虽然总部不在香港，但它们的运营离不开香港金融中心的配合和支持。因为相对于欧美，"一带一路"沿线多数国家的金融市场不发达，一体化程度不高，监管法律和运行机制不同，资本流动和金融合作存在困难。并且四大"资金池"还面临亚行和世行的竞争和抵制，从筹建到高效运营，还有很长的路要走。香港具有金融中心建设的成功经验、金融服务的专业人才、金融产品的演化创新等，可以给予它们大力支持。

3."一带一路"基础设施建设和产业跨境转移的桥梁

（1）成为"一带一路"基建融资平台。"一带一路"基础设施互联互通，资金缺口巨大，根据世界经济论坛（WEF）评价标准，香港金融中心在"易于接触境内外资本市场、金融市场成熟度、FDI、OFDI 占 GDP 比率、易于为发展业务取得创业基金"五个项目上，均名列世界前茅，完全有能力承担起融资平台的职能，成为"一带一路"基建融资平台。

（2）鼓励香港企业参与基建项目投资和管理。通过银团贷款和发行基

建债券等方式向丝路基建项目提供融资，利用 PPP 模式及其他常用方式参与"一带一路"基建项目的投资、建设和管理。

（3）为中资企业的对外投资和产业转移提供协助。提供过桥贷款、发债融资、项目管理、专业服务、顾问咨询等，使"走出去"的企业的业务发展更加顺畅。推动香港企业、当地企业与中国内地企业进行投资合作，促进产业转移。

4. 推动"一带一路"沿线人民币国际化的重要力量

（1）发挥香港在境外人民币融资市场的作用。在产业合作和贸易往来中使用人民币，提升其结算货币地位，在银团贷款和发债等为"一带一路"项目融资时采用人民币融资，在与其他国际金融中心合作中，提升人民币在贸易融资、项目投资、跨境贷款中的使用比例。

（2）扩大香港在离岸人民币市场的领先优势。为其他地区提供人民币头寸和资金调剂，支持其发展人民币金融资产和产品创新。重点发展人民币相关的衍生产品，推动香港以人民币计价的 RQFII、股票、债券等产品发展，鼓励内地企业在香港市场进行人民币 IPO，推出更多以人民币计价的大宗商品期货产品，强化离岸人民币市场的投资功能、融资功能。

5. "一带一路"国际化制度和人才的孵化器和输出地

在与西方经贸往来上，香港具有资本主义经济体制、国际商业网络和国际化人才等制度优势，在降低中国内地企业"走出去"的国际风险、为"一带一路"输送国际化人才等方面具有重要价值，是"一带一路"倡议实施的制度节点。

（1）香港接轨国际制度和营商规则，可以降低"一带一路"的运作成本。一方面，由于不熟悉国际营商规则，投资风险大，中国内地的许多跨国项目找不到最佳合作商而中途搁浅；另一方面，香港遵行西方惯用的营商规则，长期与东盟、欧美密切合作，吸引逾 4000 家跨国公司在港设立地区总部或办事处，形成了强大的业务网络。两地企业的有效整合和嫁接，可以协助内地企业有效防范"一带一路"投资风险，弥补中国企业"走出去"的"短板"。

（2）建立具有国际标准的商业模式和合作框架。推动、参与或发起设立服务"一带一路"的多边金融机构、投资基金、行业组织或争议处理机制，与中国内地有关部门共同构建一套符合国际规范的多边参与的产权与投资保护机制、中国与"一带一路"沿线国家"共同投资、共享收益、共担风险"的利益和责任共同体机制。

（3）为"一带一路"建设输送国际化人才。香港拥有大量高层次的国际化专业人才，在金融、法律、咨询、会计等方面领先全球，可以为"一带一路"基建投资项目评估、商业谈判、工程咨询、法律服务、财务顾问等孵化和输送人才，也可以参与"一带一路"谈判、构建"一带一路"合作平台、运营"一带一路"国际合作组织等。

第九章　澳门的地理历史
人文优势与海上
丝绸之路建设

澳门与香港同处珠江入海口，都具有作为珠三角地区对外窗口的地位。可以发挥其地理优势，建成闽粤两省乃至中国与海上丝绸之路沿线重点港口对接的枢纽城市。澳门也是东西方文化交流荟萃、包容互鉴的经典城市，可以发挥其历史人文优势，挖掘澳门"不同而和、和而不同"的丝路文化，传播"包容互鉴"的丝路精神，建成海上丝绸之路国际旅游城市。此外，澳门与葡语国家联系广泛，可以建设成为中国与葡语国家经贸合作的服务平台。

一　发挥地理优势，建成闽粤两省乃至中国与海上丝绸之路沿线重点港口对接的枢纽城市

澳门与香港同处珠江入海口，都具有作为中国经济最富庶地区之一的珠江三角洲对外窗口的前沿地位。在过去相当长的时期，香港曾利用这样的地理优势，发挥了与英语世界的商业与文化联系的功能，为广东与中国内地的经济发展提供了巨大的助力。相对来说，澳门并未能发挥出这样的作用。然而，历史上，在香港崛起以前，澳门却曾因为这样的优越地理位置以及当时明朝政府的海禁政策，由闽南私商与葡萄牙人联手在此打造了一个当时东亚最具规模的商业帝国，不断向欧洲输出以丝绸和青花瓷为主

的外销商品。16—18 世纪,澳门发挥着亚、欧、美洲贸易的中继港和中国对外贸易外港的地位和作用。当时闽粤两省交界处各县,包括漳州的平和、南靖和广东嘉应州的大埔、饶平等客家县份,民间私窑如雨后春笋般兴起,制作出后人所称的适合西方口味的克拉克瓷,然后集中到漳州月港或从韩江出海直接运销到澳门卖给葡萄牙人,青花瓷的历史也是澳门开发的历史。随着"一带一路"倡议的实施,如何利用这样的地理优势,重新恢复澳门在历史上的作用,将其建设成为闽粤两省乃至中国与海上丝绸之路沿线重点港口对接的枢纽城市,这是一个值得考虑的重要课题。

二 发挥历史人文优势,挖掘"不同而和、和而不同"的丝路文化,传播"包容互鉴"的丝路精神

澳门是东西方文化交流荟萃、包容互鉴的经典城市。从 16 世纪澳门开埠起,一下子就有大批欧洲人和其他国家的冒险家挤到这个小小的半岛上。据一项统计,到1570 年,来到澳门的中外人数达到了 5000 人,其中有葡萄牙官方代表和想要在中国传教的天主教神父们以及保护这些人物的葡萄牙士兵,另外还有逃离西班牙宗教审判的犹太人和阿拉伯人,也有亚美尼亚人、日本人、马六甲人和非洲的黑奴。各色人种使早期的澳门充满了东方社会所少有的异国人文情调。澳门具有 400 多年的中华文化与西方文化互相交流、多元共存的历史。直到鸦片战争前,澳门仍是当时中国唯一的东西方文化交流的中心,其地位大致相当于陆上丝绸之路的敦煌。

这些历史给澳门留下了许多宝贵的有形物质文化遗产,例如一年到头香火不断的妈阁庙、吸引了很多游客的大三巴牌坊、大炮台和市政厅广场、老庙宇、老教堂、西式建筑等,因此澳门"历史城区"申遗成功。此外,澳门还拥有大量世界性的非物质文化遗产,这些遗产也是构成澳门独特的人文色彩的重要元素。

澳门是东西方文化交汇、交融发展的天然博物馆,中国任何地区和城市都不具备这一特点。澳门独特的人文历史与地理位置,使澳门既受中华传统文化的熏陶,又兼葡欧西方文明的影响,因而锻铸了澳门人开放包容的人文性格。澳门承载的海上丝绸之路历史文化,是东西方交流合作的象征,是世界各国共有的历史文化遗产,也见证了海纳百川的中华文明。推

进"一带一路"建设，深度挖掘澳门"不同而和、和而不同"的丝路文化，传播"包容互鉴、文明宽容"的丝路精神。一方面"讲述丝路故事、传播中国声音"，另一方面"走中国道路、弘扬中国精神、凝聚中国力量"。

三　建成中国与葡语国家经贸合作的服务平台、中国与东南亚国家经贸联系的桥梁

中国的"十三五"规划纲要提出将澳门建成中国与葡语国家经贸合作的服务平台和世界旅游休闲中心。

葡语系国家遍布四大洲，拥有 2.6 亿人口，面积超过欧洲的总和。包括澳门在内的海上丝绸之路沿线许多重点城市，历史上都曾被葡萄牙占领，例如马六甲（葡萄牙在亚洲最早建立的殖民地）、吉大港（孟加拉国的主要港口，葡萄牙曾在此设立贸易中心）、科伦坡/加里等（以上斯里兰卡城市均曾为葡萄牙占领）、霍穆兹（伊朗扼守波斯湾的要塞，曾为葡萄牙占领）。澳门可以利用与这些港口城市类似的历史和文化，加强人员、经贸的往来、合作与交流，借力一年一度的葡语国家经贸博览会等，建成中国与葡语国家经贸合作的服务平台。

海外华侨华人具有作为联结祖（籍）国与所在国的桥梁和纽带的特殊性，是海上丝绸之路建设中不可忽视的重要中介力量。应积极促成发挥海外华侨华人的资金、技术和社会影响，提高 21 世纪海上丝绸之路建设的效率和品质。全世界 6000 多万华侨华人中，有 3000 多万人分布在海上丝绸之路沿线的东南亚地区。应积极发挥澳门联系东南亚地区华侨华人的天然优势，鼓励并积极创造条件让他们参与海上丝绸之路的建设。

四　汇集地理历史人文优势，建设海上丝绸之路国际旅游中心城市

迪拜和新加坡是 21 世纪海上丝绸之路上两个有影响力的国际旅游城市，但从自然和人文条件来看，澳门更胜一筹。迪拜是个无中生有的城市，除了地理优势和物质建设外，缺乏澳门的历史人文深度。新加坡与澳门同样拥有地理和历史人文优势，而且都是以闽南人为主的华人创造出来的

城市，但是其历史的深度与发展时间比不上澳门。澳门具备建成海上丝绸之路一流国际旅游城市的条件，它至少能与迪拜和新加坡并驾齐驱。

当前每年访问迪拜和新加坡的国际游客约为1300万人次，访问澳门的游客达到3200万人次，但访澳旅客中中国内地旅客超过2000万人次，且博彩业是吸引游客的最主要原因。扣除中国内地旅客和博彩业因素后，澳门的吸引力无疑是最低的。因此澳门旅游业有巨大的拓展空间。

着重淡化赌城形象，着重吸引高端国际游客到访，以此带动旅游业从博彩旅游向观光、休闲、住宿、餐饮、购物、文化、娱乐、商务、会展与过境旅游的快速转型和全面国际化。确立由政府带动、民间投入，以旅游产业驱动的发展模式，建立具有国际视野的政府执行团队，这是澳门经济成功转型的关键。不论是迪拜还是新加坡，其国际旅游业至今所取得的显著成果，与其王室或政府团队的大力介入密不可分。近一二十年来，韩国在政府的全力介入下，其影视产业、观光产业、整形与化妆产业、餐饮业等均突飞猛进，全世界有目共睹，甚至连小小的泡菜产业，也成功登上了联合国教科文组织非物质文化遗产的殿堂，这些产业发展的背后都有政府的力量在大力推动。

从欧美看澳门，最能够吸引有深度的旅游人士眼球的是深藏在澳门市井中的历史足迹和500多年中西交流中留下来的实物与传奇。当务之急是把澳门最值得骄傲的历史人文遗产，呈现给欧美的民众。而最好的做法是把大航海时代，甚至更早以前中外商民、西方传教士，甚至是犹太人，或500多年前葡萄牙的旅行家 Fernão Mendes Pinto 的《旅行记》中所描写的亚美尼亚人和葡萄牙人在澳门生活的日常形态（今天澳门充满了市民生活气息的"飞能便度街"，就是以这位葡萄牙旅行家的姓命名的）在纽约或伦敦世界驰名博物馆的展示，使西方的文化爱好者开始关注澳门，这是对澳门最好的宣传。

五 设立海上丝绸之路国际论坛或沿线城市论坛，提升"海丝"话语权

澳门自16世纪起就已是全球重要商埠和东亚最早的国际化城市，目前也具备了作为21世纪海上丝绸之路关键支点城市的条件，应争取有更大的

"海丝"话语权。

与类似或相关背景的国外沿线城市合作，设立海上丝绸之路国际论坛或沿线城市论坛——"21世纪海上丝绸之路澳门论坛"，汇集海内外各界精英卓见，汲取民间智慧与凝聚共识，承载21世纪海上丝绸之路战略智库的时代使命与历史职责。澳门举办高端论坛或国际会议的频率越高，越有助于淡化博彩业给澳门带来的负面形象和强化澳门在国际上的正面形象，推动澳门旅游产业大举发展。

创办21世纪海上丝绸之路（澳门）高级研究院，把澳门大学打造成海上丝绸之路国际研究重镇，以海上丝绸之路沿线国家和葡语系国家为主，引入精锐英才，就澳门在21世纪海上丝绸之路中的角色定位、横琴岛开发、粤港澳自贸区及亚太自贸区建设等重大议题上进行综合研究，或可考虑与华侨大学海上丝绸之路研究院联手，共同为"一带一路"建设发挥智库作用和提供决策建议。也可考虑在泉州和澳门两地轮流举办这方面的高级国际学术会议，联系各国专家学者，出版学术专刊。

创办澳门海域（海岛）研究中心，把澳门建成海洋经济之技术创新中心和研究资讯中心，以积极争取中国东盟海洋经济合作试验区为先导，助力祖国海洋经济和海洋强国的建设。

以"21世纪海上丝绸之路青年发展论坛"为平台，不定期举行有关21世纪海上丝绸之路的推介活动及资讯发布会等，促进海外华人华侨积极参与海上丝绸之路建设。

漳州市博物馆藏有全世界最完整、数量最多的青花克拉克瓷，泉州博物馆藏有大量阿拉伯人的墓碑；澳门博物馆联手内地博物馆，共同走到中国以外的世界，向世人展示中国人从海上与世界各国来往互动的历史，不仅会使澳门的名字鲜活地留在世人的心中，也会带动世人重新认识海上丝绸之路，并开始关注21世纪海上丝绸之路的发展。

凡此种种，以提升澳门的"海丝"话语权，服务"一带一路"建设。

专题研究篇

第十章　中国—东盟海上互联互通及其经济效应

中国—东盟海上互联互通不仅是中国—东盟经贸合作的基础，也是影响合作成效的重要因素。从经济学角度看，海上互联互通主要指港航基础设施建设升级、航线增加的"硬联通"和港口通关便利，海关标准、程序、规章等一致的"软联通"，以及由此带来的运输成本下降和贸易便利化对双边贸易、投资和经济增长的影响。运用 GTAP 模型数值模拟该影响，结果显示："硬联通"带来的运输成本下降和"软联通"带来的贸易便利化均能提升双方的实际 GDP、社会福利水平和进出口规模，改善贸易条件，推动中国与东盟各国产业朝着各自比较优势的方向发展，但相比之下，"软联通"的作用要大得多。因此中国—东盟海上互联互通建设，应重点推进海关通关制度、措施、标准的建设，加强海关口岸管理，推进贸易便利化，以更加有效地提升双方经贸合作的层次和水平。

中国和东盟作为战略合作伙伴，双方的互联互通应该是全方位、深层次、战略性的。中国和多数东盟国家都是临海国家，开展海上合作优势得天独厚。21 世纪是海洋的世纪，海洋是建设中国—东盟利益共同体的重要纽带。随着与东盟国家共建"21 世纪海上丝绸之路"倡议的提出，中国—

东盟海上互联互通①成为深化区域合作、实现互利互赢的重要途径，也是21世纪海上丝绸之路建设的重点领域和内容。

为推进中国与东盟陆路和海上互联互通，早在2011年中方就设立了中国—东盟海上合作基金，2013年双方启动中国—东盟港口城市合作网络建设，同年10月，习近平主席访问印尼时提出了共建21世纪海上丝绸之路的倡议，李克强总理则在参加中国—东盟博览会时强调"铺就面向东盟的海上丝绸之路，打造带动腹地发展的战略支点"。同年11月中共中央颁布的《中共中央关于全面深化改革若干重大问题的决定》提出，"要加快同周边国家和区域基础设施互联互通建设，推进丝绸之路经济带、海上丝绸之路建设，形成全方位开放新格局"。至此，中国—东盟海上互联互通已成为建设21世纪海上丝绸之路的重要组成部分，也是"一带一路"建设的重要内容。

港口和海运是联系中国和东盟友好合作的重要载体，中国—东盟双边货物贸易量的90%是通过海洋运输完成的，巨大的海运贸易量倒逼海上互联互通建设。在陆上和空中互联互通的基础上，实现中国—东盟海上互联互通，打造多层次、立体式的互联互通网络，有利于深化双边经贸合作，加快区域经济融合，为双方经济增长注入新的动力。

"一带一路"倡议提出以来，中国—东盟海上互联互通建设取得了一定进展，然而，受到港航基础设施建设不足、海关制度和标准差异、资金和技术条件限制以及政治互信不足、域外大国干预等因素的影响，中国—东盟海上互联互通进展并不如意，面临诸多困难和挑战。当前，中国—东盟海上互联互通达到什么程度？主要存在哪些问题？双方应该如何推进海上互联互通建设？其经济效应如何？本章对此进行深入探讨，并提出促进海上互联互通、助力双方经贸合作和发展的政策建议。

一 文献综述

作为一个专属的研究议题，中国—东盟海上互联互通的相关研究出现

---

① 海上互联互通涉及的内容较为广泛，本章中海上互联互通是指：港航基础设施建设升级、航线增加的"硬联通"，以及港口通关便利、海关标准、程序、规章等一致的"软联通"。相应地，其经济效应主要指"硬联通"引起的运输成本下降对贸易投资和经济增长的影响以及"软联通"带来的贸易便利化对贸易投资和经济增长的影响。

在"一带一路"倡议提出之后，主要是对以往学者对中国—东盟港口合作研究、中国—东盟互联互通研究的承接、融合和延伸。

（1）中国—东盟港口合作研究及中国—东盟互联互通研究。杜远阳最早研究广西参与中国—东盟港口合作的情况与发展思路，分析了广西港口现状与制约因素，提出广西参与港口合作的预期目标及合作发展路径。[①]陈明军研究了中国和东盟推进泛北部湾经济合作问题，分析了中国—东盟港口合作中存在的不利因素，同时指出中国—东盟深化港口合作的基本条件，提出深化港口合作要坚持规划先行、突出机制保障等建议。[②]冯怀宇对东盟六国港口物流标准化进行了研究，提出将中国—东盟港口物流标准化作为中国—东盟贸易便利化的手段之一，探索制定区域性联盟标准。[③]2011 年，在中国与东盟建立对话关系二十周年之际，"互联互通"成为中国—东盟合作的核心话题，中国—东盟商务理事会出版的《中国—东盟互联互通》介绍了中国—东盟互联互通中的行业合作、地方作为及中国—东盟自由贸易区动态，提出了推动中国—东盟互联互通、中国—东盟自由贸易区建设、中国—东盟友好发展的相关建议。马嫚也指出，互联互通对中国和东盟的稳定合作作用重大，是中国和东盟关系发展到一定阶段的必然要求，同时也面临一些挑战，如东盟对中国强大的担忧，域外大国介入的影响，标准不统一以及东盟内部分歧造成的困难等。[④]樊莹、李文韬认为中国—东盟互联互通面临诸多困难，如基础设施落后、缺乏建设资金、东盟各国发展水平差距大、组织协调机制缺失等。[⑤]蓝建学认为互联互通有利于降低交易和交流成本，推动区域一体化建设，实现共同发展，中国—东盟互联互通面临非传统安全威胁、地缘政治风险、自然环境恶劣等方面的挑战。[⑥]

（2）中国—东盟海上互联互通研究。"一带一路"倡议提出后，赵壮天、雷小华总结了中国—东盟海上互联互通取得的成就，如 2007 年签署

①　杜远阳：《广西积极参与中国—东盟港口合作的实践与思考》，《消费导刊》2008 年第 2 期。
②　陈明军：《以港口为依托，推进泛北部湾经济合作》，《中国水运》2009 年第 3 期。
③　冯怀宇：《东盟六国港口物流国家标准研究》，《中国标准化》2010 年第 10 期。
④　马嫚：《中国和东盟互联互通的意义、成就及前景——纪念中国—东盟建立对话关系 20 周年》，《国际展望》2011 年第 2 期。
⑤　樊莹、李文韬：《东亚贸易投资便利化与互联互通建设》，载魏玲主编《东亚地区合作：2011》，经济科学出版社，2012，第 237～240 页。
⑥　蓝建学：《中国与南亚互联互通的现状与未来》，《南亚研究》2013 年第 3 期。

《中国—东盟海运协定》、中国与东盟国家开通航运班线并缔结友好港口等，认为中国与东盟构建海上互联互通网络已成合作新亮点。[①] 蓝建学指出要真正实现海上互联互通，需要相关方注入政治支持、协调各方利益、夯实有关合作机制，同步推进“有形链接”与“无形链接”。丁俊发认为应优先发展中国—东盟海运物流业。中国交通部部长在 2013 年中国—东盟互联互通交通部长会议上表示，中国和东盟要发挥各国比较优势，完善工作机制、创建融资平台、做好规划衔接，实施《东盟互联互通总体规划》中的重点港口项目。段华明认为 21 世纪海上丝绸之路是实现“中国梦”的海上大通道，优先发展海上互联互通，有利于加强中国同沿线国家的经贸联系，增强中国对区域经济一体化进程的主导影响，促进中国成为经济强国、贸易强国。杨然从海运方面指出，中国与南海周边国家的港口合作不足，众多港口尚未建立定期班轮，影响了海上贸易的发展。[②] 印尼大学林优娜指出，中国—东盟海上互联互通面临很多困难，如能否排除其他国家特别是大国霸权的干扰自主制定本国的政策和外交方针，中国与东盟存在诸多文化差异，民族和民俗差异以及对宗教理解差异等，中国和东盟国家民众对海上互联互通的理解还有待加强。[③] 肖莺子提出加强港口基础设施建设、构建物流信息平台、开展海上旅游合作等建议。陆琦认为，要加强海上执法能力建设，保障海上通道安全。

杜兴鹏分析了中国—东盟海上互联互通的三个方面——基础设施、机制构建、人文交流的进展，并从理论上分析海上互联互通产生的各种效应，包括经济发展、政治安全、社会文化、海洋环境等方面，得出海上互联互通会使双方得到巨大收益的结论。[④]

杨程玲从设立海运管理及协调机构、制定互联互通规划和行动计划、建立运输便利化机制三个方面梳理了东盟推动海上互联互通的政策与措施，并从海上贸易、海港运营、海洋航运、海关边境管理等方面分析东盟

---

① 赵壮天、雷小华：《中国与东盟互联互通建设及对南亚合作的启示》，《学术论坛》2013年第 7 期。

② 杨然：《提升中国—东盟互联互通建设沿交通线经济走廊》，《广西经济管理干部学院学报》2014 年第 1 期。

③ 林优娜：《21 世纪海上丝绸之路与中国—东盟自由贸易区升级版建设：印度尼西亚视角》，《东南亚纵横》2014 年第 10 期。

④ 杜兴鹏：《中国—东盟海上互联互通建设研究》，硕士学位论文，广西大学，2015。

海上互联互通的现状、东盟港口互联互通机制以及与中国海上互联互通的合作体系问题，提出通过增强战略互信、促进海洋运输对接、改善投资环境、制定运输便利化政策等推动中国—东盟海上互联互通。[①] 李锋、徐兆梨将 2006 年以来中国—东盟海上互联互通划分为整体上升、加速、有所缓慢三个阶段，认为除能源以外其他方面的联通均呈现上升趋势。针对能源联通发展滞后的情况，作者提出加强能源运输安全合作、促进东盟能源出口、缓和政治争端挑战、推动能源联通建设、协调多国利益诉求、助力能源互联互通等对策。[②]

从上述文献梳理可以看出：（1）海上互联互通涉及的内容较为广泛，经济学、政治学、社会学、管理学、交通运输科学、海洋科学等不同领域的学者从不同角度研究中国—东盟海上互联互通的不同侧面；（2）已有研究大多属于总体分析和定性分析，定量分析较少，对中国—东盟海上互联互通的经济效应的量化评估则更少。因此，本章从经济学角度，将海上互联互通界定为港航基础设施建设升级、航线增加的"硬联通"，以及港口通关便利，海关标准、程序、规章等一致的"软联通"，相应地，其经济效应主要指"硬联通"引起的运输成本下降对贸易投资和经济增长的影响以及"软联通"带来的贸易便利化对贸易投资和经济增长的影响。本章引入全球贸易分析模型（GTAP 模型）模拟"硬联通"和"软联通"对中国及东盟各国的 GDP、社会福利水平、贸易条件、进出口的影响——宏观经济效应，以及对各国各产业的产出、进口、出口的影响——产业经济效应。

二　中国—东盟海上互联互通现状及问题分析

（一）中国—东盟海上互联互通现状

与陆上和空中的互联互通已取得的进展相比，中国—东盟海上互联互通进展缓慢，是下一阶段中国—东盟合作的重点。下面，借鉴杜兴鹏一文，从港航基础设施建设、海上合作机制构建、海洋科技与人文交流三个

[①]　杨程玲：《东盟海上互联互通及其与中国的合作——以 21 世纪海上丝绸之路为背景》，《太平洋学报》2016 年第 4 期。

[②]　李锋、徐兆梨：《中国—东盟互联互通程度测量及对策》，《北京工商大学学报》（社会科学版）2017 年第 2 期。

方面分析中国—东盟海上互联互通现状。

1. 港航基础设施建设

港航基础设施建设是海上互联互通的重点，近些年中国与东盟港航基础设施建设取得了一些进展，一系列项目相继建成或陆续启动。

（1）中国方面。近年来中国港口建设取得重大进展，港口吞吐能力持续攀升，2017 年港口集装箱吞吐量达到 2.37 亿标箱（TEU）（见图 10-1），其中吞吐量 1000 万标箱以上的大港有 9 个（见表 10-1），在全球前 10 大集装箱港口中占据 7 席，港口吞吐量连续 12 年居世界首位。与此同时，中国海运船队总运力规模达 1.6 亿吨，居全球第 3 位。港口规模水平和船队运力是实现海上互联互通的主要硬件设施，中国港口硬件设施等级不断提升、集疏运体系不断完善为中国—东盟海上互联互通奠定了良好的基础。

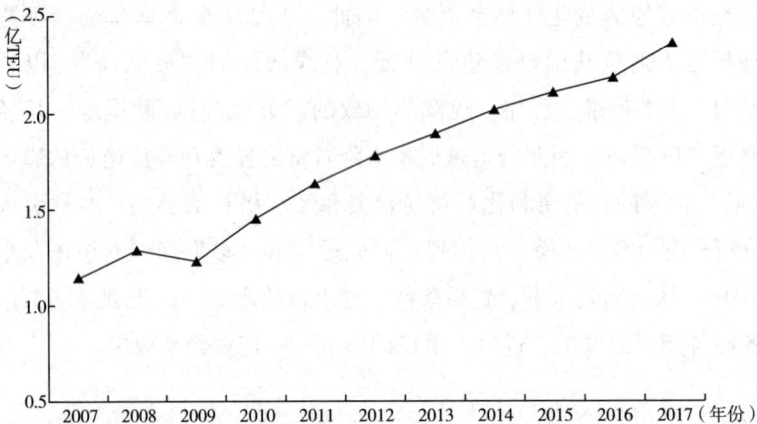

图 10-1 2007—2017 年中国港口集装箱吞吐量

资料来源：笔者根据中港网资料整理。

表 10-1 2017 年中国前九大港口集装箱吞吐量

港口名称	吞吐量（万 TEU）	增速（%）
上海港	4023	8.4
深圳港	2521	4.6
宁波－舟山港	2464	14.1
香港港	2076	4.5
广州港	2037	9.6

港口名称	吞吐量（万 TEU）	增速（%）
青岛港	1830	1.4
天津港	1506	4.9
厦门港	1038	8.1
台湾高雄港	1027	-2.1

资料来源：笔者根据各港口港务局官网上的资料整理。

　　港航基础设施作为互联互通的物质基础，是海上互联互通建设的重中之重。目前中国与东盟国家开通了多条海上运输线路，主要有：中国—越南航线；中国—菲律宾航线；中国—新马航线；中国—印尼航线；中国—泰国湾航线以及中国至新加坡、曼谷、巴生、海防、胡志明等港口的直达航线。涉及的中国港口有：上海港、天津港、大连港、广州港、青岛港、厦门港、海口港、北部湾港等沿海大港。涉及的东盟国家的港口包括：马来西亚的槟城、吉隆坡、马六甲、巴生、米里、斗湖等；菲律宾的宿务、马尼拉等；越南的海防、胡志明市、岘港等；文莱的斯里巴加湾；新加坡港；柬埔寨的西哈努克港、金边港；印尼的雅加达、三宝垄、泗水、苏拉巴亚等；泰国的曼谷、林查班港；缅甸的仰光港等。此外，海运货物经仰光港可跨境进入老挝。以广西北部湾港为例，广西北部湾港拥有 46 个万吨级以上码头泊位，2014 年 9 月又与新加坡港务集团、新加坡船务有限公司达成协议，合作建设新的港口码头，开通南宁与新加坡之间的海运班轮航线。目前北部湾港开通的外贸航线有 30 多条，可直达越南的海防、归仁、岘港、胡志明市、三协港，马来西亚的丹戎帕拉帕斯、巴生、关丹、帕西古单，印尼的雅加达，泰国的曼谷、林查班，缅甸的仰光，柬埔寨的西哈努克港，新加坡港等，基本实现了东盟港口全覆盖。

　　（2）东盟方面。近年来，随着东盟各国加工和转口贸易的发展，东盟各国集装箱港口吞吐量有所增长（见图 10-2）。其中新加坡和马来西亚的港口设施比较完善，2017 年新加坡港和马来西亚巴生港集装箱吞吐量分别为 3367 万标箱和 1206 万标箱，居全球第 2 位和第 12 位（见表 10-2）。为保持其世界货运枢纽港地位，实现东盟国家间的海上互联互通，东盟划定了 47 个港口作为东盟国家交通网络的主要港口，大力改善仓储服务，疏浚水道，建立连接大陆和群岛的航线，加快开通短途海运线路，推动相关基础设施建设项目的进展。东盟国家已相继启动了主要海运枢纽港的扩建，如新加坡港扩建工程竣工后，集装箱年吞吐量从 2013 年的 3258 万标箱增至 2018 年的 5500 万标箱；印尼丹绒布禄港扩建工程包括 7 个集装箱码头和 2 个散装码头，扩建后集装箱年吞吐量将提升至 1100 万标箱，其余海运枢纽港也陆续开工，澜沧江-湄公河跨境河流已建成五级航道体系，湄公河可以全年通航。

东盟国家中，印尼提出建设"全球海洋支点"战略，着力建设"海上高速公路"；泰国计划以港口等基建为重点，提高物流基础设施等级。目前中国正在帮助东盟国家进行基础设施建设，如斥资近 20 亿美元对马来西亚关丹港进行升级改造，承建连接马来西亚槟城与马来半岛的槟城二桥（东南亚地区最长的跨海大桥），参与缅甸皎漂港、印尼比通港建设等。

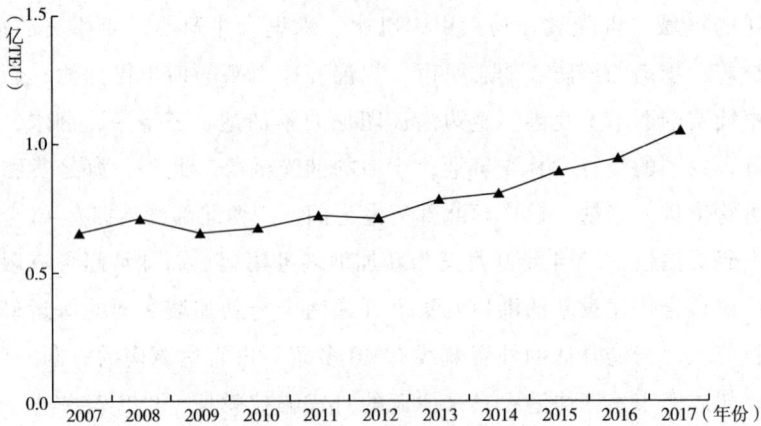

图 10-2　2007—2017 年东盟各国集装箱港口总吞吐量

资料来源：笔者根据中港网资料整理。

表 10-2　2017 年东盟各国港口集装箱吞吐量

单位：万 TEU

排名	国家	港口吞吐量
1	新加坡	3360.0
2	马来西亚	2471.9
3	越南	1228.4

排名	国家	港口吞吐量
4	泰国	1073.2
5	菲律宾	819.7
6	印尼	1386.0
7	柬埔寨	48.5
8	缅甸	48.0*
9	文莱	47.0*
10	老挝	47.5*

注："*"为外推估计值。
资料来源：根据 World Bank World Development Indicators 2018 数据编制。

总体上，中国—东盟港航基础设施建设正在有序推进，港口、海运、航道等得到了很大提升。但是，除了新加坡、马来西亚港口排名较为靠前外，东盟国家港口基础设施质量总体水平不高。新加坡、马来西亚得益于其地处马六甲交通要道的地理优势，政府历来注重港口建设与发展。表10-2中的东盟国家集装箱吞吐量数据从一个侧面显示，中国—东盟港口合作水平不高，海上互联互通尚待加强。

2. 海上合作机制构建

海上合作机制是推动中国—东盟海上互联互通的重要组织平台，机制构建对双方的交流合作至关重要。中国和东盟已就海洋运输建立对话合作机制，2007年10月双方通过了《中国—东盟港口发展与合作联合声明》（又称"南宁共识"）。同年11月签订了《中国—东盟海运协定》。2008年开启了海运磋商年度会议机制。2011年以来，中、老、缅、泰开始湄公河联合巡航，并积极规划中国—中南半岛经济走廊建设。中国与东盟在通关、人员往来方面也取得了重要进展，泰国、老挝、柬埔寨、缅甸、印尼、越南、文莱等7国单方面给予中国公民落地签证待遇。

作为中国—东盟海上互联互通的重要合作机制，港口城市合作网络也已经初步建立。2013年中国与东盟各国共同发布了《中国—东盟港口城市合作网络论坛宣言》，2017年共同讨论了《中国—东盟港口城市合作网络愿景与行动》及其《合作办法》两个指导性文件。2013年以来，依托中国—东盟港口物流信息中心一期工程，实现了广西钦州港与东盟各互航港口物流信息的互联互通；开通了 5 条钦州港至东盟国家主要港口的航线，建设了海上搜救分中心、海洋气象监测预警中心、水上训练基地、中国—东盟海事法庭等配套航运服务项目。目前，双方已签署多项协议，海上合作机制基本建立，政府高层及民间往来频繁，制度建设稳步推进。

表 10-3 中国—东盟海上互联互通相关合作协议

时间	协议名称	备注
2000 年 4 月	《中老缅泰澜沧江-湄公河商船通航协定》	湄公河
2002 年 11 月	《南海各方行为宣言》	南海
2004 年 11 月	《中国—东盟交通合作备忘录》	海运海事
2005 年 7 月	《大湄公河次区域便利客货跨境运输协定》	客货跨境运输
2007 年 10 月	《中国—东盟港口发展与合作联合声明》	港口
2007 年 11 月	《中国—东盟海运协定》	海运海事
2010 年 11 月	《中国—东盟海事磋商机制谅解备忘录》	海事
2010 年 11 月	《中老缅泰澜沧江-湄公河航运突发事件应急预案》	航运
2013 年 9 月	《中国—东盟港口城市合作网络论坛宣言》	港口
2017 年 9 月	《中国—东盟港口城市合作网络愿景与行动》	港口

资料来源：笔者根据中国商务部资料整理。

此外，中国—东盟自贸区建设加速推进，双方相继签署了《货物贸易协议》《投资协议》《服务贸易协议》等协定，大大促进了贸易、投资、人员往来的自由化和便利化，推动经贸的互联互通。但总体上，中国和东盟海上合作机制、经贸合作机制上仍存在诸多问题，如基础设施和港口条件不够完善；通关、质检等制度标准尚未统一；很多领域（如旅游、渔业等）还没有建立完善的行业合作机制；双方之间的港口信息平台建设滞后，难以及时获得相关信息。

3. 海洋科技与人文交流

除了港航基础设施建设、海上合作机制构建之外，海上互联互通还包括海洋科技与人文交流。2013 年 11 月，第一届中国—东盟海洋科技合作论坛举行，此次论坛取得了可观的成果，双方决定进一步加强海洋科技合作，建议成立中国—东盟海洋科研院所合作网络，同时论坛还着手制定未来 10 年的中国—东盟海洋合作计划。此外，2015 年 8 月第八届中国—东盟教育交流周期间，双方对 120 多项有关海洋生物技术、海洋新能源、海洋观测检测、海水综合利用以及海洋工程装备等领域的成果进行了展示，有利于加强海洋科技合作与海洋人文交流。

海洋人文交流是指通过海洋文化、海洋观光、海洋人才培养、海洋科研等形式加强交流往来，增进双边民众之间的文化认同，建立双边精神纽带。民心相通是海上互联互通建设的社会根基。深化中国—东盟战略互信，拓展睦邻友好，最核心、最关键的是人与人之间的交流和往来。比如，2014 年底开通的广西北部湾—东盟海上丝绸之路邮轮航线，实现了跨国海上旅游互联互通，促进了双边人员交往。中国与东盟需进一步消除人员流动的限制和障碍，提高人员流动便利化水平。同时加强港口信息人才培养，加强海洋文化艺术交流互鉴、海洋旅游合作和教育培训，加强海洋环境、海洋捕鱼、海上搜救等合作，以海洋人文交流夯实海上互联互通的社会文化基础。

（二）中国—东盟海上互联互通存在的问题

近年来中国—东盟海上互联互通的成效为"一带一路"建设注入了新的活力。但不容忽视的是，中国—东盟海上互联互通面临着港航基础设施建设不足、海关制度和标准差异以及资金和技术条件限制等诸多问题的挑战。

1. 港航基础设施建设不足

如前所述，港航基础设施是中国—东盟海上互联互通的关键。中国—东盟基础设施互联互通正在有序推进，港口、海运、航道等得到了很大提升。但是港航基础设施、内河航道建设还存在很大不足，尤其是东盟的欠发达国家。目前，除新加坡和马来西亚外，其他东盟国家的港口硬件设施较差，海洋运输网络相对落后，比如柬埔寨西哈努克港、越南海防港等中小型港口设施陈旧，货物吞吐能力有限，严重制约海上互联互通发展，迫切需要改扩建升级。中国与东盟国家之间还没有建立海底光缆系统。中国与东盟海域面积辽阔，目前双方之间的"海上驿站"较少，难以满足双方船舶维修、救援、补给和人员往来等方面的需要。中国的港口与东盟许多中小型港口还没有连通，需要进一步加密海上航线。部分河流通航条件较差，河道治理工作进程缓慢。此外，双方互设的临港产业园区数量较少，需要大力推动港口产业投资合作。

建设中国—东盟海上互联互通网络，首先，应加强中国与东盟 47 个主要港口的合作，建设中国—东盟港口群。加快大通关能力建设，降低通关成本，完善综合技术运输体系，推动 30 万吨级航道建设。其次，应加大伊洛瓦底江航道疏通、关键航段整修改造与升级的力度，改善澜沧江–湄公河通航条件，加快中越红河国际航运通道建设，推进红河干线航道治理。最后，应加快中马钦州产业园、马中关丹产业园等国际产业园区建设。

2. 海关制度和标准差异

海关管理制度和标准协调一致对海上互联互通至关重要。目前中国和东盟国家的口岸管理制度、运输标准和金融服务存在明显差异；通关、质检等制度标准尚未统一；很多领域还缺乏相应的合作机制，如旅游、渔业等还没有建立完善的行业合作机制；双方之间的港口信息平台建设滞后，难以及时获得相关信息。中国与东盟国家现行的航运规则与标准不一致，海关合作力度不足，海上运输信息透明度有待提升，早年签订的《中国—东盟海运协定》存在缺乏仲裁制度的缺陷。这些都是中国—东盟海关通关管理迫切需要解决的问题。事实上，即便中国与东盟互联互通能够很好实现，但通关便利化滞后也会严重影响其成效。要实现从通到畅的提升，需加强通关便利化方面的协作。

3. 资金和技术条件限制

一方面，中国—东盟海上互联互通建设，需要大量的资金支持。由于各国经济实力不同，一些国家资本市场发展滞后、融资困难，造成资金缺口巨大，很多规划因为建设资金不足无法实施。海上互联互通项目普遍具有政府参与度高、建设周期长、投资大、融资难、回报率低等特征，私人资本参与动力不足。缺乏私人资本参与的基础设施项目，融资渠道单一，资金压力大、风险高。虽然中国设立了丝路基金、中国—东盟海上合作基金、中国—东盟投资合作基金、中国—印尼海上合作基金等，但仍然无法解决中国—东盟海上互联互通建设的资金缺口问题。

另一方面，东盟各国在港口货物吞吐效率、海底勘探技术、运输设备、港口建设运营、港航人才培养等方面还存在一定差距。技术水平落后是制约中国—东盟港口互联互通的瓶颈。柬埔寨、菲律宾和越南等国的港口设施落后，除了一些枢纽港的装载效率较高外，其他港口大多效率低下，港口使用费和装卸费较高，大大削弱了港口竞争力。此外，中国与东盟海洋基础设施 95% 是钢结构和钢筋混凝土结构，抗击波浪、台风、海啸和海洋腐蚀能力低，耐蚀材料开发技术也面临挑战。

三 中国—东盟海上互联互通的经济效应：理论分析

从经济学角度看，中国—东盟海上互联互通的经济效应主要体现在运输成本下降、物流效率提高、双多边贸易和投资拓展、海洋经济与海洋产业发展等方面。

1. 运输成本与物流效率

作为中国—东盟海上互联互通的重要合作平台，中国—东盟港口城市合作网络进展顺利，覆盖面也越来越广。中国对东盟新开了 10 多条航线，港口、产业、海洋、运输、司法等领域的合作也逐渐开展，还缔结了友好城市、姐妹港等，有力地促进了货物和人员运输的便利化。可以说，港口城市合作网络已初步建立，其班轮航线不断加密，港口投资合作持续升温，临港产业合作日益深化，通关便利化水平和物流效率明显提升。比如，新加坡国际港务集团与广西北部湾港合作经营的国际集装箱码头项目拓展了新加坡与中国广西在航运、海事工业、港口及物流等领域的合作，大幅提升了北部湾港集装箱作业效率，船舶在港时间从过去平均超过 15 小时减少到现在平均 8~9 小时，船舶调度效率和物流运输便利性大大改善，为双方在相互通航、港口建设、临港产业、进出口贸易、投资旅游等方面合作注入新的动力。港口合作，除了可以提高效率、节约时间和运输成本之外，更重要的是能在清关过程中进行通关程序、关检标准协调，降低非关税壁垒，提升贸易便利化水平。

又比如，2015 年中马港口联盟成立以来，"朋友圈"不断扩大，目前已覆盖 12 个中方成员港口和 9 个马方成员港口。中方成员港口开通到马方港口的航线已超过 200 条，2016 年中国港口与马来西亚巴生港往来的集装箱吞吐量突破 150 万标箱，比上年增长 10.8%。马来西亚交通部部长廖中莱表示，港口联盟这个平台有利于两国港口间的务实合作，连接马中贸易、扩大双边投资。通过项目合作、人员培训、信息交流、技术支持、服务对接等途径，打造中马乃至中国—东盟更广阔的互联互通航运网络，促进联通便利化，降低运输成本，提高物流效率，提升 21 世纪海上丝绸之路沿线国家间贸易、投资和经济发展水平。

2. 双多边贸易和投资

海上互联互通的经济意义在于影响交易成本，降低交易成本无疑会促进国家之间的经贸往来。一方面，可推动各国更好地融入中国—东盟区域大市场和供应链，降低区域内部的贸易与投资壁垒，提高区域贸易效率，产生贸易和投资创造效应；另一方面，可促进各国国内要素流动、优化资源配置、调整产业结构、发挥比较优势，提升产品国际竞争力。同时，拓展与区外的贸易联系、吸引投资、扩大市场规模、促进专业分工，从而促进区域经济增长与发展。海上互联互通还缩短了贸易往来的时间，降低贸易的时间成本，增加可贸易品的品种和规模，拓展了贸易边界。

中国—东盟海上互联互通的经济效应来自港航基础设施建设升级、航线增加的"硬联通"引起的运输成本下降对贸易投资和经济增长的影响。一方面，港航基础设施建设升级、航线增加减少了运输过程中的劳动、燃油等方面的投入，降低运输成本。另一方面，由于运输成本的减少、时间成本的节约和通行能力的提升，区域内贸易、投资活动的预期收益提高，贸易、投资规模扩大，带动经济增长，提升各国福利水平。比如中国广西、广东、海南等地区的多家港口物流企业与新加坡、柬埔寨、泰国等国的港口相互开通集装箱、散货航运班线。2011 年澜沧江-湄公河跨国航运合作项目开通后，中、老、缅、泰四国商船可在 897 公里的航道上自由航行和停靠，不征收任何税费，办理进出港手续和服务时相互给予优惠待遇，促进了东盟和中国之间的贸易投资一体化。

中国—东盟海上互联互通的经济效应还来自港口通关便利，海关标准、程序、规章等一致的"软联通"带来的贸易便利化对贸易投资和经济增长的影响。中国与东盟国家通过加强信息互换、监管互认、执法互助的海关合作，以及检验检疫、认证认可、标准计量、统计信息等方面的双多边合作，推动《贸易便利化协定》生效和实施。通过改善边境口岸通关设施条件，加快边境口岸"单一窗口"建设，降低通关成本，提升通关能力。通过加强供应链安全与便利化合作，推进跨境监管程序协调，推动检验检疫证书国际互联网核查，开展"经认证的经营者"（AEO）互认。这些"软联通"措施降低了非关税壁垒，提高贸易便利化水平，提升中国—东盟自贸区的政策利用率，推动双边贸易、投资及经济发展。

统计显示，中国与东盟的货物贸易往来中，90%是通过港口物流实现的。2017年，中国与东盟进出口总额5148亿美元，同比增长13.8%。海上互联互通为贸易发展提供了更加便利的途径，挖掘了贸易增长潜力，带动了双边贸易与投资。即，海上互联互通产生的"贸易创造"效应为经贸发展提供新的动力。

3. 海洋经济与海洋产业

依托日益完善的港航基础设施、借力海上合作机制和海洋人文交流，中国和东盟以海洋经济为突破口，大力推进船舶修造业、海水养殖业、海洋渔业、海洋运输业等海洋领域的合作。双方以新能源、可再生能源、海洋生物制药等为重点，合作建设了一批海洋经济示范区与海洋科技合作园，共同推进"蓝色经济"发展。

其中，印尼由于其总统佐科·维多多（Joko Widodo）提出的"全球海洋支点"战略——大力发展海洋经济，推进海上互联互通，与中国倡议的21世纪海上丝绸之路建设——促进中国—东盟海上互联互通完全契合，两国在海洋经济领域合作显著加强。两国在水产品加工和贸易、近海和滩涂养殖技术以及海洋生物资源开发等方面合作不断升级，印尼已成为中国最重要的远洋渔业发展基地和水产品贸易伙伴；在海洋旅游方面，中国已成为印尼的第四大旅游客源国，而巴厘岛则成为中国游客重要的旅游目的地。2015年6月印尼政府给予中国游客免签证待遇，进一步提升了其对中国游客的吸引力，刺激了两国海洋旅游业发展。此外，在海洋油气资源联合开发方面，针对印尼丰富的深水和超深水油气资源，两国积极尝试以中国先进的油气勘探和开发技术合作进行深海油气开发。

缅甸也是实现中国—东盟海上互联互通的一个重要国家，其皎漂港地理位置优越，可以连接中国、印度及东盟其他国家，中缅两国签署合作开发皎漂经济技术开发区、开展深海港口合作的协议，皎漂港有可能成为继新加坡之后的下一个石化中心。此外，连接缅甸与云南的石油天然气管道已经建成，极大地便利了中缅两国在石油天然气方面的合作。

在中国，成立于福建福州的中国—东盟海产品交易所，已成为中国—东盟海洋合作的一个重要平台。2015年6月该交易所第一笔跨境交易得以完成，"线上交易、线下交收和人民币结算"的目标得以实现，预计未来年交易量可达 1000 亿元，年贸易总量可达 200 万吨，有利于中国—东盟海洋渔业的发展以及未来中国—东盟渔业合作园区的构建。

当然，中国与东盟还需加强在国际海事组织等多边机制上的协调，加快渔业基地建设，深化海洋能源、海水淡化、油气勘采、海洋工程技术等领域的合作，全面提升海洋经济和海洋产业合作水平。

四 中国—东盟海上互联互通的经济效应：量化评估

（一）GTAP 模型[①]及海上互联互通模拟方案设计

如前文所述，海上互联互通的影响较为广泛，包括经济、政治、社会、文化、安全、环境等，本章主要从经济学角度对中国—东盟海上互联互通的经济效应进行量化评估，侧重设施联通和贸易畅通层面的分析。由于港航设施、港口效率、航线、运输时间等"硬联通"带来运输成本下降对双边贸易投资和经济增长的影响，在国际贸易中与关税下降带来的影响效果一致；港口通关便利，海关标准、程序、规章等一致的"软联通"带来的贸易便利化，对双边贸易投资和经济发展的影响与贸易谈判中消除技术性贸易壁垒的影响效果一致。因此，本章用关税（tms）下降 50% 代表海上互联互通的"硬联通"带来的运输成本下降，作为模拟情景 I；用海关标准壁垒[②]（ams）下降 10% 代表海上互联互通的"软联通"带来的贸易便利化，作为模拟情景 II，见表 10-4。

表 10-4 模拟情景设定

模拟情景 I	中国与东盟国家之间关税下降 50%
模拟情景 II	中国与东盟国家之间海关标准壁垒下降 10%

---

① GTAP 模型是一个多国多产业可计算一般均衡模型，模型关注世界各国各产业之间的互动关系，常用于国际区域经济一体化影响的事前预测。具体见本书"21 世纪海上丝绸之路贸易自由化便利化及其经济效应"一章。

② 这里侧重"港口通关便利，海关标准、程序、规章等一致"，因此将技术性贸易壁垒写为海关标准壁垒。

（1）区域划分

GTAP 9.0版数据库中包含 140个国家（或地区）和 57个行业的数据。本章主要研究中国—东盟海上互联互通的经济效应，因此在区域划分上，依照地理位置和经济因素将其划分为中国（包括中国香港和中国台湾地区）、泰国、新加坡、马来西亚、印尼、菲律宾、越南、日韩、美欧、其他国家，共形成十个区域（见表 10-5）。①

表 10-5　区域划分

编号	区域	包含的国家或地区
1	中国	中国内地、香港、台湾
2	泰国	泰国
3	新加坡	新加坡
4	马来西亚	马来西亚
5	印尼	印尼
6	菲律宾	菲律宾
7	越南	越南
8	日韩	日本、韩国
9	美欧	美国、欧盟
10	其他国家	其他国家和地区

（2）产业划分

海上互联互通对海洋经济、能源、旅游、文化、生态等产业影响较大，但由于 GTAP 9.0版数据库缺少相关产业的数据。因此根据联合国 SITC-3分类法，考虑海上互联互通对各产业的差异化影响将产业划分为 10个部门，即粮食作物、牲畜和肉制品、加工食品、自然资源、纺织及制衣业、轻工业、重工业、公共事业与建设、交通与通信、其他服务业。

（二）海上互联互通的经济效应及分析

在对原始数据进行归集之后，将海上互联互通冲击（情景Ⅰ、情景

---

① 东盟十国中，GTAP资料库中没有文莱、缅甸的相关资料，而老挝、柬埔寨经济总量较小，因此本章未把这四国纳入模型分析之中。

Ⅱ）引入模型，采用 Johanson 方法，用 Run GTAP 软件进行一般均衡模拟求解。GTAP 模拟的结果主要分成两类，一是宏观经济层面的变化，主要包括 GDP、社会福利、政府购买、居民效用等一系列变化；二是产业层面的变化，主要包括各产业产出变化、生产要素分配等。本章选取的宏观经济效应指标包括各国实际 GDP、社会福利、贸易条件、进出口的变化，产业经济效应指标包括各国各产业的产出、进口、出口的变化。

1. 宏观经济效应

（1）GDP 的变化

表 10-6　两种情景下各区域实际 GDP、社会福利和贸易条件的变化

	实际 GDP 变化 （%）		社会福利变化 （百亿美元）		贸易条件变化 （%）	
	情景Ⅰ	情景Ⅱ	情景Ⅰ	情景Ⅱ	情景Ⅰ	情景Ⅱ
中国	0.009	0.418	11.797	197.097	0.053	0.153
泰国	0.062	1.107	4.890	44.298	0.189	1.015
新加坡	0.002	1.702	1.543	49.835	0.076	0.935
马来西亚	0.050	1.581	3.684	50.295	0.116	0.957
印尼	0.021	0.505	2.261	30.145	0.115	0.655
菲律宾	0.019	1.144	1.157	36.070	0.126	2.900
越南	0.837	4.244	5.257	33.857	0.128	0.810
日韩	-0.002	-0.017	-10.656	-60.486	-0.087	-0.466
美欧	0	-0.004	-9.268	-49.024	-0.011	-0.050
其他国家	-0.001	-0.006	-1.535	-36.497	-0.002	-0.074
总计			9.130	295.59		

资料来源：RunGTAP 模拟结果。

从表 10-6 可以看出，情景Ⅰ，中国—东盟海上互联互通"硬联通"带来运输成本降低以关税下降 50% 进行模拟的结果显示，中国和东盟国家（泰国、新加坡、马来西亚、印尼、菲律宾、越南）的 GDP 均呈现增长趋势，而日韩及其他国家均表现为负增长。其中中国实际 GDP 增幅为 0.009%；新加坡增长幅度最小，增幅为 0.002%；其余东盟国家的增长

幅度均大于中国，其中越南增幅最大，达 0.837%。可见，中国—东盟海上互联互通对中国和东盟国家的经济发展产生正向促进效应，而日韩及其他国家的 GDP 受到负面影响，但影响甚微，基本可以忽略不计。

情景Ⅱ，中国—东盟海上互联互通"软联通"带来的贸易便利化以海关标准壁垒下降 10% 进行模拟的结果显示，中国和东盟国家的 GDP 都出现了明显的增长，其中新加坡、越南的 GDP 增幅较大，分别为 1.702% 和 4.244%；中国的 GDP 增幅最小，为 0.418%。东盟国家的 GDP 增长幅度均大于中国，说明东盟国家因海关标准壁垒下降所获得的实际经济效应大于中国。同样日韩、美欧及其他国家的实际 GDP 则表现为轻微负增长。

对比情景Ⅰ和情景Ⅱ的模拟结果可知，中国—东盟"软联通"带来海关标准壁垒下降 10% 对各国实际 GDP 的正向影响远大于"硬联通"带来运输成本下降对各国实际 GDP 的正向影响，海关标准、程序、规章等一致的贸易便利化对中国和东盟国家 GDP 的拉动效果更显著。整体上，海上互联互通与双方 GDP 增长有较强的关联性，是中国和东盟经贸发展的推进器。

（2）各国社会福利的变化

中国—东盟海上互联互通通过港航基础设施建设升级、航线增加等"硬联通"降低运输成本，以及港口通关便利，海关标准、程序、规章等一致的"软联通"带来的贸易便利化，促进双方的贸易投资合作，提高居民收入水平，提升社会福利。表 10-6 显示了两种情景下各区域的社会福利变化，从模拟结果可以看出，两种情景下各区域的社会福利均有不同幅度的提高。其中，中国能够获得较大收益，两种情景下分别增长 1179.7 亿美元和 19709.7 亿美元。相比之下，东盟各国社会福利也有不同程度的增幅，而日韩、美欧及其他国家的社会福利则有所下降，这与其进出口量削减带来的 GDP 减少和贸易条件恶化有关（在下文分析）。但根据加总数据，中国—东盟海上互联互通"硬联通"带来的运输成本降低，以及中国—东盟港口通关便利海关标准、程序、规章等一致的"软联通"推动的贸易便利化分别使世界总体福利增加 913 亿美元、29559 亿美元。这说明虽然推动海上互联互通建设需要面对政治互信不足、域外大国干预等重重困难，但其预期收益也是巨大的。

（3）各区域贸易条件的变化

贸易条件指一国的出口商品价格指数与该国进口商品价格指数之比。若此比值上升，意味着该国每单位出口商品可以换回更多的进口商品，贸易条件改善，反之，则贸易条件恶化。

情景Ⅰ的模拟结果表明，海上互联互通后中国与东盟各国的贸易条件均得到不同程度的改善，而日韩、美欧及其他国家的贸易条件出现不同程度恶化。其中，中国的贸易条件改善0.053%，东盟国家的贸易改善幅度均高于中国，而日韩的贸易条件恶化最为明显，下降0.087%。

情景Ⅱ的模拟结果显示，中国—东盟港口通关便利，海关标准、程序、规章等一致推动的贸易便利化提高后，中国和东盟国家的贸易条件均得到不同程度的改善，其中泰国和菲律宾的贸易条件改善分别达到了1.015%、2.900%，对于中国而言，贸易条件改善了0.153%。

综合情景Ⅰ和情景Ⅱ的分析，中国—东盟海上互联互通可使中国和东盟各国的贸易条件得到不同程度的改善，而中国—东盟港口通关便利，海关标准、规章、程序等一致的"软联通"带来贸易壁垒下降产生的影响要远远大于"硬联通"带来运输成本降低产生的影响。因此在推动中国—东盟海上互联互通建设中，应该着力抓好信息、通关、质检等制度标准的衔接，使双方海上互联互通建设更顺畅、更高效。

（4）各区域进出口变化

表 10-7　两种情景下各区域进出口变化

单位：%

	进口变化		出口变化	
	情景Ⅰ	情景Ⅱ	情景Ⅰ	情景Ⅱ
中国	0.565	2.285	0.416	1.826
泰国	1.398	4.154	0.910	2.810
新加坡	0.254	2.861	0.214	2.420
马来西亚	0.936	4.166	0.576	2.926
印尼	1.088	3.193	0.824	2.567
菲律宾	1.025	7.286	0.690	4.707

	进口变化		出口变化	
	情景 I	情景 II	情景 I	情景 II
越南	3.412	3.105	2.393	0.753
日韩	-0.154	-0.955	-0.075	-0.575
美欧	-0.027	-0.175	-0.015	-0.187
其他国家	-0.030	-0.203	-0.016	-0.197

资料来源：Run GTAP 模拟结果。

情景 I 的模拟结果显示，得益于"硬联通"带来的运输成本降低，中国和东盟国家的进口和出口均有所增长。出口方面，增长最快的是越南，增长 2.393%；泰国、印尼紧随其后，分别增长 0.910%、0.824%；中国增长 0.416%。而日韩、美欧及其他国家的进出口均有所减少。在进口方面，中国和东盟国家的进口增长率均大于出口增长率，说明运输成本下降对各国进口的正向刺激作用大于对出口的作用，原因可能是随着中国—东盟海上互联互通水平提高而增加的需求更多地从区域内得到满足。

情景 II 的模拟结果显示，双方港口通关便利，海关标准、程序、规章等一致的"软联通"带来的贸易便利化显著促进了中国和东盟各国的进出口，相比之下，东盟国家进出口增长率较高，中国由于贸易量已经达到较高水平，因此增幅较小。

综合情景 I、情景 II 可以看出，进出口变化呈现以下特点：第一，中国的进出口增长幅度均处于较后位置，与预期不同，中国—东盟海上互联互通更多的是改善了中国的贸易条件，而不是增加贸易量。第二，两种情景下，中国和东盟国家的进出口均有所增长，而日韩、美欧及其他国家的进出口均有所下降，呈现出"贸易转移"效应。

综合上述分析，中国—东盟海上互联互通中港航基础设施升级、航线增加等"硬联通"带来的运输成本下降，以及港口通关便利，海关标准、程序、规章等一致的"软联通"带来的贸易便利化，均能提升双方 GDP、社会福利和进出口水平，并使双方的贸易条件得到改善，而"软联通"的正向刺激作用要远大于"硬联通"的影响。因此在推动中国—东盟海上互联互通过程中，应着力海关通关制度、措施、标准的建设，凸显"软联通"的贸易便利化作用，最大化中国—东盟海上互联互通的经济效应。

2. 产业冲击效应

中国—东盟海上互联互通影响双边贸易和投资，但归根结底还是体现在产业上，因此，要充分利用新技术，发展新产业，加快港航物流产业、高新技术产业、装备制造业、海洋旅游业等的发展，提升产业竞争力。由于东盟国家与中国的工业化发展并不同步，中国—东盟海上互联互通有利于发挥双方各自的产业优势，挖掘产业合作潜力。

现实中，"硬联通"和"软联通"是中国—东盟海上互联互通的两个侧面，是同步推进的。因此，本章模拟关税下降 50% 和海关标准壁垒下降 10% 同时发生时，各个国家（区域）的产业变动效应。为了更直观地反映产业总体变化趋势，也限于篇幅，本章给出模拟冲击结果时，将 10 个部门归为初级产品、制造业和服务业三个方面。

（1）初级产品

从表 10-8 模拟结果可以看出，在关税下降 50%，海关标准壁垒下降 10% 的情况下，泰国粮食作物产出将增加，中国和东盟其余国家的粮食作物产出均有不同程度的下降。而日韩、美欧及其他国家粮食作物产出将会增加。在粮食作物进出口方面，中国和泰国表现为双增长，其中中国的进口和出口分别增长 2.86% 和 8.02%，泰国分别增长 1.93% 和 4.05%，这说明中国和泰国在粮食作物上相对于其他国家有明显的比较优势，运输成本降低和港口通关便利，海关标准、规章、程序等一致有利于中国和泰国农业的发展。而东盟其他国家则由于粮食作物产出减少，进口增加（新加坡除外），出口减少；而日韩、美欧及其他国家粮食作物产出增加，从而进口减少，出口增加。那么为什么中国粮食作物产出减少，但进出口反而增加呢？可能是由于海关程序简化，各国之间贸易更加便利，进出口的增长快于产出变化。在牲畜和肉制品方面，越南产出增加最多，增长 3.58%；中国产出有轻微下降，同时进口增长 2.67%，出口降低 1.69%。

自然资源方面，东盟国家中印尼产出增加 0.23%，而中国和东盟其余国家的自然资源产出均受到不同程度的冲击，其中，中国产出下降 0.54%，同时中国自然资源进口增长 1.00%。东盟国家自然资源进口需求也有不同程度的增长，越南增幅最大，增长 11.10%。出口方面，泰国成为自然资源出口增长最多的国家，增长 13.85%。美欧自然资源产出几乎不变，日韩产出增长 0.47%，其他国家产出也有轻微的增长，且美欧、日韩及其他国家均呈现进口减少、出口增加的态势。这说明中国—东盟海上互联互通也有利于其他国家的进出口贸易增长。

表 10-8　关税下降 50%，海关标准壁垒下降 10%后各区域各产业的变化

单位：%

类别	产业部门	中国	泰国	新加坡	马来西亚	印尼	菲律宾	越南	日韩	美欧	其他国家
						产出变化					
初级产品	粮食作物	-0.16	0.09	-1.63	-0.49	-0.26	-2.37	-3.28	0.27	0.09	0.05
	牲畜和肉制品	-0.02	-2.13	-1.60	-0.60	0.55	1.07	3.58	0.36	0.05	0.03
	自然资源	-0.54	-0.88	-0.46	-1.30	0.23	-1.18	-2.81	0.47	0	0.01
制造业	加工食品	-0.21	-2.59	0.73	1.72	0.64	-3.29	-4.28	0.02	0.10	0.03
	纺织及制衣业	0.19	-7.73	-8.89	-4.83	-0.74	-12.64	23.83	-0.95	0.10	0.18
	轻工业	0.09	-1.98	-3.81	-3.21	-0.81	-8.76	-1.32	0.87	0	0
	重工业	-0.03	3.68	3.76	2.17	-1.50	3.59	-5.47	-0.32	0.16	-0.21
服务业	公共事业与建设	0.58	3.43	3.87	1.18	1.05	5.52	6.68	-0.30	-0.01	-0.03
	交通与通信	-0.05	-0.55	-1.02	0.37	-0.01	-0.11	1.94	0.06	0.04	0.03
	其他服务业	0.07	-0.85	-2.01	-1.22	0.26	-0.40	-3.45	-0.01	0.01	0.02
						进口变化					
初级产品	粮食作物	2.86	1.93	-1.07	5.89	2.83	9.78	8.34	-0.55	-0.10	-0.25
	牲畜和肉制品	2.67	3.42	1.45	6.60	4.52	19.18	11.72	-1.37	-0.11	-0.11
	自然资源	1.00	5.77	3.68	6.14	5.95	6.66	11.10	-0.39	-0.17	-0.43
制造业	加工食品	5.43	2.81	2.37	4.66	2.46	9.77	6.98	-1.50	-0.18	-0.32
	纺织及制衣业	2.88	14.71	2.87	3.87	11.66	6.75	19.58	-1.81	-0.14	-0.34
	轻工业	2.92	4.83	5.01	6.29	5.55	11.56	7.07	-1.73	-0.09	-0.10
	重工业	3.41	5.28	2.61	4.55	3.68	7.24	2.95	-1.46	-0.15	-0.14
服务业	公共事业与建设	1.70	8.57	4.31	6.72	3.76	20.82	19.66	-1.09	-0.13	-0.11
	交通与通信	1.36	6.86	2.64	5.23	2.99	13.40	10.49	-1.38	-0.32	-0.39
	其他服务业	1.78	5.49	2.66	5.60	2.54	12.66	12.30	-1.35	-0.23	-0.29

类别	产业部门	中国	泰国	新加坡	马来西亚	印尼	菲律宾	越南	日韩	美欧	其他国家
					出口变化						
初级产品	粮食作物	8.02	4.05	-2.52	-5.60	-1.73	-7.44	-6.76	0.80	0.11	0.07
	牲畜和肉制品	-1.69	-10.64	1.75	-5.82	18.58	-33.00	13.28	3.99	0.24	0.40
	自然资源	11.19	13.85	2.26	-3.14	3.28	11.52	-4.14	0.13	0.07	0.05
制造业	加工食品	3.55	-3.76	2.50	4.08	2.32	-17.58	-8.33	-0.74	0.16	-0.09
	纺织及制衣业	0.09	-8.52	-6.70	3.75	5.37	-14.09	33.12	-5.69	0.12	0.03
	轻工业	0.42	-4.39	-4.74	-4.73	0.19	-19.20	2.67	2.14	-0.04	-0.04
	重工业	3.54	9.18	4.91	5.69	3.26	9.52	0.49	-1.44	-0.44	-0.62
服务业	公共事业与建设	0.33	-7.03	-9.46	-8.10	-2.29	-23.16	-16.45	2.25	0.24	0.25
	交通与通信	-0.60	-7.80	-1.91	-5.64	-2.25	-16.60	-8.27	1.25	0.38	0.41
	其他服务业	-0.91	-9.85	-5.40	-10.27	-3.04	-23.09	-26.69	2.20	0.32	0.36

资料来源：RunGTAP 模拟结果。

（2）制造业

在关税下降 50%，海关标准壁垒下降 10% 的情况下，中国纺织及制衣业、轻工业部门的产出均有一定程度的增加，其中纺织及制衣业产出增幅最大，增长 0.19%；其次是轻工业，增长 0.09%。这是因为中国在纺织及制衣业具有明显的比较优势。越南纺织及制衣业增幅最大，达到 23.83%；出口也有大幅增长，达到 33.12%。而东盟其他国家的纺织及制衣业部门产出将受到不同程度的冲击。在轻工业部门，中国依旧具有劳动力充足的优势，因此产出增长 0.09%，出口也增长了 0.42%。而东盟国家轻工业部门产出均有不同程度的下降，即便如此，由于劳动力优势明显，印尼和越南的轻工业部门出口依然有所增长，增幅分别为 0.19% 和 2.67%。日韩轻工业部门产出增加 0.87%，同时出口增加 2.14%，美欧以及其他国家轻工业部门产出基本不变，进口和出口均有所下降。另外，中国的加工食品部门和重工业部门产出降低，降幅分别为 0.21% 和 0.03%。重工业大部分属于资本或技术密集型产业，中国的重工业部门在国际上相对而言不具备比较优势。东盟国家在加工食品和重工业两部门产出受到不同的影响，新加坡和马来西亚在这两个部门上的产出均有所增加，菲律宾的重工业部门出口增幅最大，达到9.52%。这说明中国—东盟海上互联互通有利于推动重工业部门进出口的发展。日韩、美欧及其他国家加工食品部门产出均有所增加，美国和欧盟虽然不是海上丝绸之路沿线国家，但是凭借其在资本和技术密集型产业上的绝对优势，重工业部门产出依然增长0.16%。但由于中国—东盟海上互联互通建设产生的贸易转移效应，日韩、美欧重工业出口趋于放缓，两地区重工业部门出口分别下降1.44%和0.44%。

（3）服务业

在关税下降50%，海关标准壁垒下降10%的情况下，中国公共事业与建设部门产出增长0.58%；同时越南也成为交通与通信产出增幅最大的国家，增长1.94%。值得注意的是，东盟国家在公共事业与建设部门产出均有不同程度的增加，其中越南增幅达到6.68%。且该产业进口需求也均有所上升，菲律宾公共事业与建设部门进口需求增幅达到20.82%，但可以看到的结果是东盟国家在公共事业与建设部门出口方面呈现不同程度的下降。原因是东盟各国对公共事业与建设的需求增长迅猛，因此国内提供的服务不足以满足需求，从而进口增加。交通与通信部门方面，中国产出略有下降（0.05%），进口增长1.36%。整体上，由于中国—东盟海上互联互通带来的贸易自由化和便利化，各区域的交通运输业加速发展。因此中国应把握好这一机会，充分利用中国企业在交通基础设施建设上的领先优势，大力发展交通运输服务的出口贸易。在其他服务业方面，中国产出增加0.07%，出口下降0.91%，同时进口增加1.78%，说明中国的服务业将更多依赖进口。日韩、美欧及其他国家在这三个部门的产出变化不大，进口减少，出口增加。说明中国—东盟海上互联互通有利于这些国家服务业的出口。

五 结论

21世纪海上丝绸之路以海上互联互通为重点，优先推动港口等海上交通设施的建设，以港口、产业合作推动区域经济发展。中国—东盟海上互联互通不仅是中国—东盟经贸合作的基础，也是影响合作成效的重要因素。本章将海上互联互通定义为港航基础设施建设升级、航线增加的"硬联通"，以及港口通关便利，海关标准、程序、规章一致等"软联通"，相应地，其经济效应指"硬联通"引起运输成本下降，对贸易投资和经济增长的影响，以及"软联通"带来的贸易便利化对贸易投资和经济增长的影响。

"一带一路"倡议提出后，中国—东盟在港航基础设施建设、海上合作机制构建、海洋科技与人文交流方面取得了一定进展。但由于政治互信不足、域外大国干预、港航基础设施建设不足、海关制度和标准差异以及资金技术条件限制等，中国—东盟海上互联互通进展并不尽如人意。从经济学角度分析，中国—东盟海上互联互通的经济效应主要体现在运输成本下降、物流效率提高、双多边贸易和投资拓展、海洋经济与海洋产业发展等方面。运用 GTAP 模型模拟港航基础设施建设升级、航线增加的"硬联通"带来运输成本下降对双边贸易投资和经济增长的影响，以及港口通关便利，海关标准、程序、规章等一致的"软联通"带来贸易便利化对双边贸易投资及经济增长的影响，结果如下。

（1）在宏观经济层面，港航基础设施升级、航线增加等"硬联通"带来的运输成本下降，港口通关便利，海关标准、程序、规章等一致的"软联通"带来的贸易便利化，二者都能提升双方 GDP、社会福利和进出口水平，并使双方的贸易条件得到改善，且"软联通"带来的正向刺激作用要远大于"硬联通"带来的影响。因此在推动中国—东盟海上互联互通过程中，应着力海关通关制度、措施、标准的建设，为双方经贸合作提供良好的制度保障。

（2）在产业层面，海上互联互通有利于中国及东盟国家朝着各自比较优势的方向发展，中国的纺织及制衣业、轻工业、公共事业与建设部门产出增加，而自然资源产出大幅减少。东盟国家的牲畜和肉制品、纺织及制衣业、重工业、公共事业与建设部门产出也增加，而轻工业部门产出则大幅减少。

在未来，双方应增强战略互信、凝聚合作共识，共同制定海上互联互通建设规划，加强海关口岸管理对接，推进贸易便利化，以提升海上互联互通和双边经贸合作的层次和水平。

第十一章 "一带一路"科技合作的创新与增长效应

"一带一路"是创新之路，科技合作是"一带一路"建设的先导和支撑。梳理"一带一路"国际科技合作的模式和现状，分析其作用机制，构建"一带一路"国际科技合作理论模型，数值模拟其创新与增长效应，并在此基础上进行实证检验，结果表明：（1）当前"一带一路"沿线国家与中国的科技合作处于起步阶段，合作较多的为东南亚、南亚等地理邻近国，且具有偏向性；（2）各种科技合作可归为研发合作类、技术转移类，二者分别通过影响研发能力和知识存量促进"一带一路"沿线国家的创新与增长，对技术水平较低的国家作用更大，但在当前合作水平下该异质性不明显；（3）两类合作在产生创新与增长效应过程中相互促进、相互加强，因此两类科技合作同时开展才能充分发挥其效应；（4）若将"一带一路"沿线国家分为创新落后者和创新追赶者，则研发合作类作用效果在两类国家存在明显的差异，这与合作的技术层次、难度有关，也与技术转移类合作直接的生产率效应有关。由此得到的启示是，"一带一路"国际科技合作要因国施策、坚持研发合作和技术转移并举、注重研发合作的质量和效果。

一 引言与文献回顾

"一带一路"是中国政府根据时代特征和全球形势提出的重大倡议，

对促进区域互联互通、经贸合作、人文与科技交流，促进世界和平与发展等，都具有划时代的重要意义。"一带一路"不仅是经贸往来之路、文化交流之路，也是科技创新合作之路。2016 年 9 月，科技部等四部委联合发布《推进"一带一路"建设科技创新合作专项规划》①，提出科技创新合作是共建"一带一路"的重要内容，是提升我国与"一带一路"沿线国家合作水平的重点领域，也是推进"一带一路"重大工程项目顺利实施的技术保障，在"一带一路"建设中起引领和支撑作用。规划还明确了合作的重点任务和重点领域②。2017 年 5 月，习近平主席在"一带一路"国际合作高峰论坛上提出，要将"一带一路"建成创新之路，中国愿同各国加强创新合作，启动"一带一路"科技创新行动计划，开展科技人文交流、共建联合实验室、科技园区合作、技术转移等四项行动。论坛期间，科技部发布了《"十三五"国际科技创新合作专项规划》，提出要开创与"一带一路"沿线国家科技创新互联互通新局面，全面发挥科技创新合作对共建"一带一路"的先导作用，打造科技创新共同体。同时，中国科学院发布了《共建"一带一路"国际科技合作行动方案》③，提出要牵头构建"一带一路"科技合作网络，打造"一带一路"沿线国家"科技创新共同体"，实现到 2030 年使中国科学院在亚太、亚欧、亚非地区"协同创新网络体系"中处于"龙头"和"中心枢纽"地位，成为"一带一路创新共同体"的重要支柱的目标。至此，"一带一路"国际科技合作的顶层设计已经完成，在科技部、中国科学院及各省市的"一带一路"建设行动方案中实践和推行。

与"一带一路"国际科技合作的顶层设计和实践行动相伴随，学者们对"一带一路"国际科技合作的研究也不断深入。主要包括：（1）合作意义。科技合作在"一带一路"合作中的地位极其重要，一方面"一带一路"涉及国家众多，但由于政治体制、宗教文化等方面的不同，经贸合作

---

① 科技部、国家发改委、外交部、商务部：《推进"一带一路"建设科技创新合作专项规划》，科技部网站，http://www.most.gov.cn/tztg/201609/t20160914_127689.htm。

② 重点任务包括科技人文交流、科技合作平台建设、支撑重大工程、共建科技园区、关键共性技术研究；重点领域包括农业、能源、交通、信息、资源、环境、海洋、先进制造、新材料、航空航天、医药健康、防灾减灾等十二个领域。

③ 中国科学院：《中科院共建"一带一路"国际科技合作行动方案》，中国科学院网站，http://www.cas.cn/cm/201705/t20170509_4600002.shtml。

受阻严重,科技作为一种基础契约交易,具有先导功能,是"五通"的关键支撑;另一方面"一带一路"沿线国家多为新兴经济体和发展中国家,科技发展水平相对较低,经济发展的科技需求较大,科技合作无疑是"一带一路"建设有效推进的关键点和突破口。[1](2)合作内容和模式。甄树宁指出,"一带一路"国际科技合作需要在原有合作模式的基础上调整和创新,因时、因地、因势,分国家、分项目、分阶段选择不同的模式组合,以双边或多边协定促进合作平台建设,以产业园区带动。[2] 魏澄荣认为,海上丝绸之路创新合作网络需要打造科技创新平台、培育国际科技合作基地,提升海洋科技能力。[3] 魏澄荣指出,国际科技合作的模式包括国际学术(交流)会议、联合建立研究机构(实验室)、合作研究和发表论文、学者访问和交流、技术转移和技术转让、联合培训、共享网络资源和项目合作开发等。[4](3)合作现状和格局。现有关于"一带一路"国际科技合作现状和格局的研究多从论文合作、专利合作或兼具两者进行探索分析,研究结果显示,近年来中国与沿线国的合作在逐步加强,但论文合作数量和质量有待进一步提升;[5] 论文合作的数量、研究方向和被引频次差异较大,自然基金数量远超其他基金,物理学遥遥领先,与周边相邻国家合作比较多,与相距较远国家合作比较少;[6] 相较而言,专利合作比论文合作更活跃,"一带一路"沿线已经形成覆盖国家范围广、内部联系较密集的专利合作网络,[7] 但整体分布不均匀,集中于少数国家,新加坡、印度、以色列、俄罗斯和马来西亚五个国家占据专利合作的 82.1%。[8] 另外,

---

① 闫春、李斌:《"一带一路"背景下深化中国国际技术合作的对策》,《河北大学学报》(哲学社会科学版)2018 年第 2 期,胡键:《"一带一路"框架中的合作基础——基于沿线核心国家创新力现状的分析》,《湖南师范大学社会科学学报》2017 年第 2 期。

② 甄树宁:《"一带一路"战略下国际科技合作模式研究》,《国际经济合作》2016 年第 4 期。

③ 魏澄荣:《以科技引领 21 世纪海上丝绸之路核心区建设》,《社科纵横》2016 年第 11 期。

④ 魏澄荣:《"一带一路"国际科技合作模式和路径研究》,《亚太经济》2017 年第 6 期。

⑤ 王友发、罗建强、周献中:《近 40 年来中国与"一带一路"国家科技合作态势演变分析》,《科技进步与对策》2016 年第 24 期。

⑥ 吴建南、杨若愚:《中国与"一带一路"国家的科技合作态势研究》,《科学学与科学技术管理》2016 年第 1 期。

⑦ 张明倩、柯莉:《"一带一路"跨国专利合作网络及影响因素研究》,《软科学》2018 年第 6 期。

⑧ 叶阳平、马文聪、张光宇:《中国与"一带一路"沿线国科技合作现状研究——基于专利和论文的比较分析》,《图书情报知识》2016 年第 4 期。

胡键发现中国是以新兴技术为主推动"一带一路"科技合作的，因此要适当保护知识产权，在高技术出口上"有所为、有所不为"，并且中国必须在创新上不断作为，否则合作将会缺乏动力。① （4）合作策略和路径。闫春和李斌提炼了"一带一路"国际科技合作的特征，指出中国应加大拥有自主知识产权的产品和技术标准的输出，发挥主导的平台和机制的作用，深化和广化"一带一路"国际科技合作，以"一带一路"沿线国的优势学科为突破口开展四项合作举措，形成示范效应，构建命运共同体。② 邢晓玉和郝索指出，政府主导的科技园区合作只适合合作初期，后期应加大大学、科研机构及企业的作用，形成产学研的有效结合，科技园区的建立应综合考虑地理区位、亚洲金融秩序及外交政策三大因素，重视软实力、支持西部省份和重视人才激励。③ 任虎和袁静也指出，高校作为科学技术的前沿阵地，在技术转移中肩负多重任务，应采取"共同但有区别"的战略，注重发挥区位优势。④ 路铁军和王泽森指出，互联互通是"一带一路"的核心内容，交通无疑是重中之重，交通工程项目合作应坚持问题导向、加强统筹协调、注意风险防控和提高知识产权意识。⑤

现有文献对"一带一路"国际科技合作进行了较为广泛的分析和研究，但仍然存在不足：第一，多数文献介绍了"一带一路"国际科技合作的各种形式和模式，未分析其作用机理，也未依据其机理进行梳理、分类和研究；第二，国际科技合作是一国对外开放的内容和形式之一，也是推动"一带一路"沿线国家创新与增长的重要因素，但未有文献专门建立理论模型进行分析；第三，鲜有文献对"一带一路"国际科技合作的效果进行实证检验。因此，本章从科技合作对经济增长的影响出发，探讨"一带一路"国际科技合作的理论机制和模型，并在此基础上进行实证检验。本

---

① 胡键：《"一带一路"框架中的合作基础——基于沿线核心国家创新力现状的分析》，《湖南师范大学社会科学学报》2017年第2期。

② 闫春、李斌：《"一带一路"背景下深化中国国际技术合作的对策》，《河北大学学报》（哲学社会科学版）2018年第2期。

③ 邢晓玉、郝索：《基于"一带一路"新型科技产业园区模式构建与选择研究》，《科学管理研究》2015年第5期。

④ 任虎、袁静：《"一带一路"倡议下国际技术转移机制创新研究》，《科技与法律》2018年第1期。

⑤ 路铁军、王泽森：《"一带一路"背景下的交通科技创新国际合作》，《国际经济合作》2018年第11期。

章的边际贡献在于：（1）系统梳理"一带一路"国际科技合作模式，并从机理上将其划分为提升"一带一路"沿线国家研发能力的研发合作类和增加其知识存量的技术转移类两大类；（2）借鉴开放经济中的创新与增长理论，构建"一带一路"国际科技合作经济效应理论模型，数值模拟两类科技合作对"一带一路"沿线国家的创新增长效应，并依据研发基础和条件，将"一带一路"沿线国家划分为创新落后者和创新追赶者，分组检验其经济增长效应，给出推进"一带一路"国际科技合作的政策和建议。

二 "一带一路"国际科技合作的模式与现状

（一）合作模式

科技创新的主体有大学、科研机构及企业，国际科技合作应在不同国家和地区的研究者、大学、企业之间进行学术交流、研发合作、交换研究成果，或者参与其他国家大型科技计划，利用其他国家实验室等建立长期的合作关系。[①]"一带一路"国际科技合作要形成区域协同创新网络，需同时发挥各种主体的创新作用，除此之外，政府的引导和中介作用也极为关键。"一带一路"国际科技合作包括"一带一路"沿线国家的各种创新主体及政府与中国共同开展的各种科技活动，可以归纳为科技人文交流、共建联合实验室（联合研发中心）和技术转移平台、科技园区合作、支撑重大工程项目建设四种模式。

首先是科技人文交流。包括与"一带一路"沿线国家互派留学生，合作培养科技人才，扩大青年科学家来华研修规模，在"一带一路"沿线国家建设科研培训中心和培训基地，推动大学、科研机构、企业间的科技交流，科技论文和专利合作，以及共同开展创新规划和创新政策体系建设等。Beaver和 Rosen 提出，科学合作的主体是科学精英或立志成为科学精英的人，[②] 因此深化科技人文交流，增进科技界的相互信任和理解是"一带一路"国际科

① L. Georghiou, "Issues in the Evaluation of Innovation and Technology Policy", *Evaluation*, 1998, 4 (1): 31-57.

② D. de B. Beaver, R. Rosen, " Studies in Scientific Collaboration, Part Ⅱ: Scientific Co-authorship, Research Productivity and Visibility in the French Scientific Elite, 1799 - 1830," *Scientometrics*, 1978, 1 (2): 133-149.

技合作的基础。一方面，"一带一路"沿线各国政治经济发展情况各不相同，宗教信仰多元，以科技人文交流为切入点可有效避开政治障碍，促进民心相通，深化合作的民意基础。另一方面，深化"一带一路"国际科技合作要求找到各国的资源共性、技术短板及利益交汇点，进而解决各国面临的科技难题，在此过程中，开展科技人文交流不仅可以增强国家间的信任、降低信息成本，而且还可以深化科技人员对技术的认知和理解，提升研发创新能力。

其次是共建联合实验室（联合研发中心）和技术转移平台。即结合"一带一路"沿线国的重大科技需求，鼓励我国高校、科研机构和企业与"一带一路"沿线国相关机构合作，联合开展高水平科学研究，共同推动先进/适用技术转移，深化产学研合作，以重点领域合作形成先行示范基地。在某种意义上，共建联合实验室（联合研发中心）和技术转移平台是满足"一带一路"沿线各国个性化需求、推进"一带一路"国际科技合作长期稳定发展的关键。"一带一路"沿线各国都有强烈的科技需求，共建联合实验室是发挥"一带一路"沿线各国的技术和人才优势、推动合作研究和联合开发的重要手段。技术转移不仅是"一带一路"沿线各国提高本国生产力水平的有效方式，也是区域可持续发展的基础保障。[①] 虽然专有或专利技术的转移并不会直接提升自主创新能力，但这是突破技术瓶颈、补齐技术短板最直接和最有效的方法，也是进一步接收扩散技术，不断自主创新的基础。因而，在"一带一路"国际科技合作中，联合实验室、技术转移平台的建设极为重要。

再次是科技园区合作。包括两方面内容，一是引导我国高新区、自主创新示范区、农业科技园区、海洋科技园区、环保产业园区等与沿线国园区主动对接，鼓励国内有实力的企业与"一带一路"沿线各国共建科技园区，形成多元化的科技与产业合作模式；二是鼓励国内科技型企业到"一带一路"沿线各国创新创业，培育一批具有国际竞争力的跨国创新型企业，支持有条件的企业在科技实力较强的"一带一路"沿线国建立研发中心，加强知识产权和专利的利用，促进产业向价值链中高端攀升。从合作内容看，科技园区合作是落实"一带一路"倡议、促进产学研合作、提升

---

① 任虎、袁静：《"一带一路"倡议下国际技术转移机制创新研究》，《科技与法律》2018年第1期。

国际科技合作水平的重要途径。从合作实践看，科技园区也是当前"一带一路"国际科技合作的热点，包括蒙古国、埃及、南非、伊朗、印度尼西亚、泰国、保加利亚等国都希望依托科技园区，借助中国经验和技术发展本国科技。① 科技园区如此受到青睐，一方面缘于科技园区的建立为两国企业、学者的合作交流提供了直接平台，有利于"一带一路"沿线国家的科技创新，也能让科技迅速转入生产，提升"一带一路"沿线国家的产业价值，提升产品的国际竞争力；另一方面，科技园区的建立有利于集中力量共同研究和解决生产中面临的技术挑战和技术难题。因而，科技园区是促进中国与"一带一路"沿线国家产学研有效对接、高效生产的重要载体，对促进"一带一路"沿线国家经济增长、生产率提高及产业价值链攀升具有重要意义。

最后是支撑重大工程项目建设。其合作内容包括基础设施方面和科技资源方面。基础设施方面主要指科技支撑铁路、公路的联运联通，突破港口、水上通道建设，支持航运保障系统以及"一带一路"沿线国家电网建设和升级的关键技术；科技资源方面主要是促进科研仪器、数据、文献等资源的互联互通，推动科技资源共享。从经济效益看，重大工程项目建设为科技资源在区域内及区域间的流动和共享提供了便利，是发挥技术、经济溢出效应的基础，可为经济体带来"工程红利"，促进经济增长。②

（二）合作现状

当前，我国与"一带一路"沿线国家的各类科技合作都在不同程度上持续推进。2017 年中国接受"一带一路"沿线各国研究生留学人数约 4.9 万人，与"一带一路"沿线各国学者合作论文 29037 篇，累计合作专利 881 项，建立联合实验室 21 个，建立技术转移中心 16 个，共建科技园区 47 个，签署重大工程合作项目合同 7184 份，涉及金额约 1427.19 亿美元。③ 以 2017 年中国接受"一带一路"沿线各国研究生留学人数、与中国学者论文合作数、与中国专利合作数、建立联合实验室累计个数、建立技

① 《构建"一带一路"创新共同体 科技园区合作成热点》，http：//www.gov.cn/xinwen/2017-05/10/content_5192513.htm。

② 时茜茜、朱建波、盛昭瀚：《重大工程供应链协同合作利益分配研究》，《中国管理科学》2017 年第 5 期。

③ 资料来源见后文数据说明。

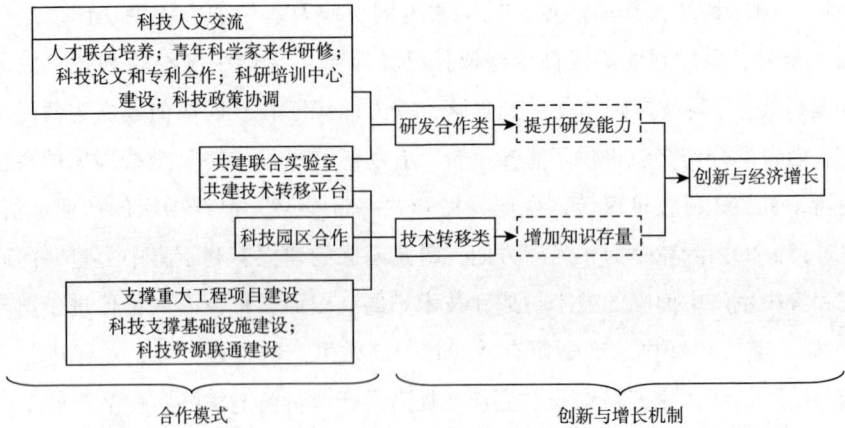

图 11-1 "一带一路"国际科技合作模式及其创新与增长效应机制

术转移中心累计个数、共建科技园区累计数、重大工程合作数为具体指标，运用熵权法分析"一带一路"沿线国与中国科技合作现状。依据图11-1对"一带一路"国际科技合作模式的分析，前4个指标反映"一带一路"沿线国与中国开展研发合作的情况（研发合作类），后3个指标则反映中国对"一带一路"沿线国的技术转移和技术帮扶（技术转移类），由此可对总体合作情况和两类科技合作的现状进行比较和分析。依次计算出总得分、研发合作类得分、技术转移类得分，然后采用"功效得分"进一步计算①，列出得分排名前20的国家，结果见表11-1。

表 11-1 "一带一路"沿线国与中国开展科技合作"功效得分"情况

排名	总功效得分 （COP）	研发合作类功效 得分（RD）	技术转移类功效得分 （TT）
1	印度尼西亚	新加坡	印度尼西亚
2	巴基斯坦	巴基斯坦	柬埔寨
3	泰国	俄罗斯	泰国

① 熵权法是一种根据各指标变异程度所提供的信息熵计算其权重，再通过熵权对各指标权重修正得到最终权重的客观赋权法，综合得分 = ∑权重×标准化后的各指标值，该得分值介于 0~1。为便于分析比较，利用功效得分法变换使各指标值处于 1%~100%，功效得分 = $(X_i - X_{min}) / (X_{max} - X_{min}) \times 100\%$。

排名	总功效得分 （COP）	研发合作类功效 得分（RD）	技术转移类功效得分 （TT）
4	越南	印度	黎巴嫩
5	柬埔寨	泰国	巴基斯坦
6	黎巴嫩	越南	越南
7	斯里兰卡	斯里兰卡	斯里兰卡
8	摩尔多瓦	印度尼西亚	文莱
9	缅甸	塞尔维亚	阿曼
10	文莱	黎巴嫩	摩尔多瓦
11	阿曼	缅甸	缅甸
12	塞尔维亚	马其顿	阿联酋
13	阿联酋	柬埔寨	约旦
14	捷克	孟加拉国	阿富汗
15	约旦	捷克	塞尔维亚
16	阿富汗	摩尔多瓦	捷克
17	俄罗斯	阿联酋	俄罗斯
18	印度	约旦	印度
19	新加坡	以色列	马来西亚
20	哈萨克斯坦	阿富汗	塔吉克斯坦

表11-1显示：（1）总功效得分排名前20位的国家主要是：大多数的东南亚国家、较多的南亚国家、部分西亚及中东欧国家，以及俄罗斯、哈萨克斯坦等邻国。东南亚、南亚、俄罗斯、哈萨克斯坦在地理位置上与中国邻近，部分西亚及中东欧国家积极响应"一带一路"倡议，与中国外交关系良好。从合作的"近邻性"来看，这符合"一带一路"倡议以中国周边国家的发展为依托，立足周边、辐射"一带一路"，以"亲、诚、惠、容"的周边外交理念打造利益共同体和命运共同体的主旨和诉求，也与现有研究的结论——科研合作随合作者间距离增大呈指数递减相一致。[①]（2）总功效得分排名与技术转移类功效得分排名相近，但与研发合作类功效得分排名差别较大，说明当前中国与"一带一路"沿线国的科技合作主要以

[①] J. S. Katz, "Geographical Proximity and Scientific Collaboration," *Scientometrics*, 1994, 31（1）：31-43.

技术转移类合作为主，合作推进不均衡。这一结果也直观地体现在功效得分组合图（图11-2）中。图11-2中（a）和（b）显示，总功效得分排名前20的国家与中国的研发合作并不多（各国主要分布在COP-RD组合图的第二象限，呈强-弱的分布关系），而其与中国的技术转移类合作强度均较大（各国主要分布在COP-TT组合图的第一象限，呈强-强的分布关系）。（3）沿线各国与中国的科技合作多局限于研发合作类和技术转移类的某一类上，合作广度不足（图12-2的（c）和（d）中①，各国主要分布在第二、四象限，TT值大、RD值小）。此外，总功效得分与两类科技合作功效得分组合图也为沿线国提升与中国科技合作的功效、深化"一带一路"国际科技合作提供指导。例如，COP-RD组合图显示新加坡、俄罗斯、印度与中国的研发合作强度较大，但总合作得分并不高，因此应加强技术转移类合作以提升其合作功效（COP-TT组合图也显示了其技术转移类合作的不足）；RD-TT和TT-DR组合图显示，孟加拉国、马其顿在两类合作上的强度都较弱，当前的首要任务是根据实际突破合作障碍，其次才是拓展合作范围。

总体上看，"一带一路"国际科技合作目前还处于起步阶段，合作主要以技术转移类合作为主，"一带一路"沿线各国与中国的科技合作存在偏向性，推进中国与"一带一路"沿线国的科技合作要依据各国情况因国施策，明确合作领域和模式，以提升"一带一路"国际科技合作中的功效和水平。

上述分析引发的疑问和问题是：在目前的合作强度和广度下，"一带一路"国际科技合作是否能够促进"一带一路"沿线国的创新与增长，实现与"一带一路"沿线国的互利共赢？如果是，各类科技合作的作用机理、效果又有何差别？其效果与"一带一路"沿线国的研发基础条件有何联系？分析和探索这些问题，可以为构建"一带一路"科技合作网络、打造"一带一路创新共同体"提供具体、科学的理论和现实依据。下文我们按照"作用机制—理论模型—数值模拟—实证检验（分组检验）"的思路进行分析和解答。

---

① 研发合作排名前20的国家与技术转移类合作排名前20的国家不同，图11-2中（c）是研发合作前20的国家及其技术转移类合作功效得分情况，而（d）是技术转移类合作前20的国家及其研发合作类功效得分情况。

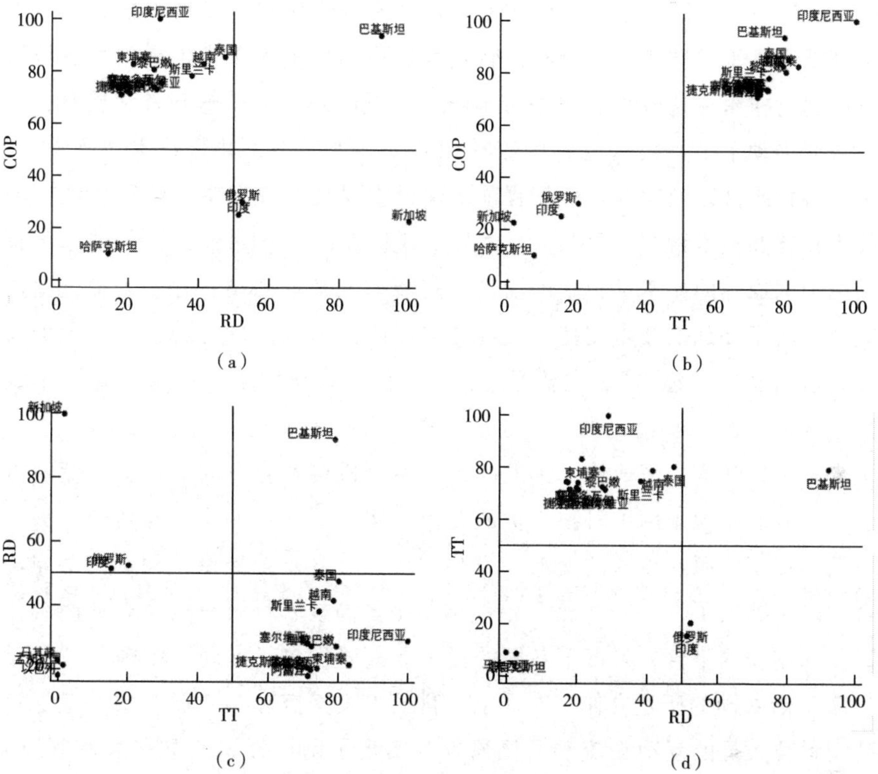

图 11-2　"一带一路"沿线各国与中国开展的各类科技合作的"功效得分"组合

三　"一带一路"国际科技合作的经济效应：机制、模型与数值模拟

（一）作用机制

在以 R&D 为基础的内生增长模型中，知识和技术既是创新的产出，也是创新的投入，因此一国的知识和技术存量也代表其研发创新能力。"一带一路"国际科技合作可以增加"一带一路"沿线国的知识和技术存量，也可以提升"一带一路"沿线国的研发创新能力，不同合作模式的作用机制存在差别，也使知识存量与研发创新能力产生分离。在上述四种科技合作模式中，通过共建技术转移中心，"一带一路"沿线国可直接利用

我国的专有或专利技术突破技术瓶颈，迅速补齐技术短板；依托共建科技园区，"一带一路"沿线国可直接借助中国经验和技术发展本国科技，在提高技术水平的同时，也让科技转化为生产力；支撑重大工程项目建设一方面通过技术帮扶改善了"一带一路"沿线国的基础设施条件和质量，另一方面推动了工程技术的跨国流动和共享。本质上，共建技术转移平台、共建科技园区以及支撑重大工程项目建设主要是对"一带一路"沿线国的技术转移和技术帮扶，可归入技术转移类。此时"一带一路"沿线国直接利用中国成熟的技术进行生产活动，就能增加知识和技术存量，提升生产效率，属于外部的技术支持，显性的知识或技术（如软件源代码、数据库等）容易产生"溢出"，主要通过这些合作模式作用于"一带一路"沿线国的技术创新和经济增长。[①] 与此不同，科技人文交流通过互派留学生，扩大青年科学家来华研修，推动高校、科研机构及企业间的科技交流等方法，一方面实现了两国科技人员的交流，实现了知识的交互与传递；另一方面实现了资源和技术的交汇，为共同攻克技术难题提供了便利。共建联合实验室提供了"一带一路"沿线国与中国高校、科研机构及企业间合作研发和创新的平台，发挥了各国的技术和人才优势，推动了中国与"一带一路"沿线国的研发合作。本质上，科技人文交流和共建联合实验室通过两国科技人员的互动交流和共同研发，实现了隐性知识（如经验和观点）的交互与传递，增强了研发人员对知识和技术的认知、理解、应用和拓展能力，内生地提升了沿线国的研发创新能力。两类国际科技合作影响"一带一路"沿线国创新与增长的机制见图11-1。

（二）理论模型

基于国际科技合作影响"一带一路"沿线国创新与增长的这两种机制，借鉴开放经济中的创新与增长理论，将 Debasis 等人基于 R&D 的内生增长模型[②]拓展国际科技合作条件，建立"一带一路"国际科技合作理论模型。具体如下。

---

① 相较于一般的贸易和 FDI 的技术溢出，技术转移对创新与增长的作用更大，也更直接。
② M. Debasis, R. G. Manash, "Innovation, Imitation and Intellectual Property Rights: A Note on Helpman's Model," *Journal of Economics*, 2006, 87 (1): 29-53.

假设所有耐用品都按照相同的水平提供[①]，人力资本按一定比例配置到最终生产部门和创新部门，一国的许多创新来自模仿式创新，[②] 因此设定厂商的生产函数为：

$$Y(H_Y,K,A)=H_Y^\alpha A\left(\frac{K}{\eta A}\right)^{1-\alpha}=(H_YA)^\alpha K^{1-\alpha}\eta^{\alpha-1} \tag{11.1}$$

$$\dot{A}=\delta H_A A^\varphi \tag{11.2}$$

其中，H_Y 为生产部门的人力资本，K 和 A 分别为物质资本和技术水平，α 为产出弹性，η 为用于资本积累而放弃的消费数，进而有 $\dot{K}=Y-C$；H_A 为知识创新部门的人力资本，$H_Y+H_A=H$，δ 是研发的生产率系数。φ 为自主创新系数，$0<\varphi\leqslant1$。

首先，考虑"一带一路"国际科技合作影响创新与增长的第一种机制，即通过技术转移中心、共建科技园区、支撑重大工程项目建设等合作模式实现对"一带一路"沿线国的技术转移和技术帮扶，增加了"一带一路"沿线国的知识存量，提升了生产效率，这类科技合作以外部技术支持的形式影响沿线国的创新活动，因此在（11.2）中引入技术转移参数 θ：

$$\dot{A}=\delta H_A A^\varphi(1+\theta),(0<\theta<1) \tag{11.3}$$

θ 越大，表明技术转移类合作强度越大。

其次，考虑第二种机制，即科技人文交流、共建联合实验室等促进了科研人员的交流和互动，增强了研发人员对知识和技术的认知、理解、应用和拓展能力，内生地提升了沿线国的研发创新能力，因此在（11.3）中引入研发合作参数 ε：

$$\dot{A}=\delta(1+\theta)H_A^{(1+\varepsilon)}A^\varphi \tag{11.4}$$

至此，"一带一路"国际科技合作被引入并内生于生产函数。下面我们考虑其平衡增长路径。假设消费者拥有相对风险系数不变的瞬时效用函

[①] 物质资本 K 是产出 Y 中放弃 η 单位消费而进行耐用品生产的结果，$K=\eta A\bar{x}$，$\bar{x}$ 为耐用品供应量，将 $\bar{x}$ 代入生产函数即有 $Y(H_Y,A,\bar{x})=H_Y^\alpha A(\bar{x})^{1-\alpha}$。

[②] "一带一路"沿线国家多为低技术水平国家，自主创新能力弱，该假定符合实际。

数 $U(C(t)) = \dfrac{C(t)^{1-\sigma}}{1-\sigma}$，其终生效用可表示为 $U = \displaystyle\int_{t=0}^{\infty} U(C(t))e^{-\rho t}dt$，

其中 ρ 为贴现率。

假设社会计划者的目标是实现终生效用最大化，其面临的动态优化问题：

$$\begin{cases} \max \quad U = \displaystyle\int_{t=0}^{\infty} U(C(t))e^{-\rho t}dt \\ s.t. \ Y = (H_Y A)^{\alpha} K^{1-\alpha} \eta^{1-\alpha} \\ \dot{A} = \delta(1+\theta)H_A^{(1+\varepsilon)}A^{\varphi} \\ \dot{K} = Y - C \\ H_Y + H_A = H \end{cases} \tag{11.5}$$

为求解该最优化问题，建立如下 Hamilton 函数：

$$J = \frac{C(t)^{1-\sigma}}{1-\sigma} + \lambda\left[(H_Y A)^{\alpha}K^{1-\alpha}\eta^{1-\alpha} - C\right] + \mu\left[\delta(1+\theta)H_A^{(1+\varepsilon)}A^{\varphi}\right] \tag{11.6}$$

根据一阶条件有：

$$\begin{cases} C^{-\sigma} = \lambda \\ \mu\delta(1+\theta)(1+\varepsilon)A^{\varphi}H_A^{(1+\delta)-1} = \lambda\alpha\eta^{\alpha-1}A^{\alpha}K^{1-\alpha}(H-H_A)^{\alpha-1} \end{cases} \tag{11.7}$$

根据欧拉方程有：

$$\begin{cases} \dot{\lambda} = \rho\lambda - \dfrac{\partial J}{\partial K} = \lambda(1-\alpha)\eta^{1-\alpha}A^{\alpha}(H-H_A)^{\alpha}K^{-\alpha} \\ \dot{\mu} = \rho\mu - \dfrac{\partial J}{\partial A} = \rho\mu - \lambda\alpha\eta^{\alpha-1}A^{\alpha}K^{1-\alpha}(H-H_A)^{\alpha} - \mu\delta\varphi(1+\theta)H_A^{(1+\varepsilon)}A^{\varphi-1} \end{cases} \tag{11.8}$$

由一阶条件和欧拉方程容易得知 $-\sigma\dfrac{\dot{A}}{A} = \dfrac{\dot{\mu}}{\mu}$，因而在平衡增长路径上：

$$g = \frac{\dot{C}}{C} = \frac{\dot{A}}{A} = \left(-\frac{1}{\sigma}\right)\frac{\dot{\mu}}{\mu} \tag{11.9}$$

$$\frac{\dot{\mu}}{\mu} = \rho - [(1+\varepsilon)(H-H_A)/H_A - \varphi] \delta(1+\theta) H_A^{(1+\varepsilon)} A^{\varphi-1} \qquad (11.10)$$

上式中，H_A 仍然为未知变量，需要进一步求解。因为 $-\sigma \dfrac{\dot{A}}{A} = \dfrac{\dot{\mu}}{\mu}$，根据 (11.4) 式和 (11.10) 式有：

$$\rho = [(1+\varepsilon)(H-H_A)/H_A - \varphi + \sigma] \delta(1+\theta) H_A^{(1+\varepsilon)} A^{\varphi-1} \qquad (11.11)$$

不难发现，该式是非线性的，无法得出 H_A 显函数表达式，因此需要借助数值模拟的方法讨论经济系统的动态特征。

（三）数值模拟

在数值模拟分析国际科技合作（ε 和 θ）对"一带一路"沿线国创新与增长的影响之前，首先要确定"一带一路"沿线国的经济特征参数。根据已有文献，部分参数取值如下：ρ 取 0.03;[1] δ 取 0.02;[2] H 设定为 2;[3] 对于 φ，根据 Mansfield 等人的研究，60% 的专利会在 4 年内被模仿，"一带一路"沿线国整体技术水平较低，因此设定自主创新系数 $\varphi = 0.4$。[4] 各国的知识存量不尽相同，一般而言，技术水平较高的国家知识存量较大。"一带一路"沿线各国中，以色列、俄罗斯、印度等国的科技水平较高[5]，新加坡、乌克兰、马来西亚等国次之。依据程惠芳和陈超对世界各国创新能力的研究，"一带一路"沿线国的创新能力在创新领导者俱乐部、创新追赶者俱乐部和创新落后者俱乐部均有分布，[6] 因此从实际出发，我们对知识存量 A 分别取 0.6、0.4 和 0.2，以便对不同技术水平的国家与中国开展科技合作的创新效果进行对比。模拟结果见图 11-3。

---

① Jones I. Charles，"R&D-Based Models of Economic Growth，" *Journal of Political Economy*，1995，103（4）：759-784.

② R. J. Barro，X. Sala-i-Martin，*Economic Growth*，The MIT Press，Cambridge，2004：433-457.

③ 杨煜、张宗庆、胡汉辉：《区域研发联盟与经济增长方式转变》，《科研管理》2010 年第 9 期。

④ E. Mansfield，M. Schwartz，S. Wagner，"Imitation Costs and Patents：An Empirical Study，" *Economic Journal*，1981（4）：907-918.

⑤ 尤其是以色列，其研发投入占 GDP 的 4.5%，居世界第一，全球创新排名第四。

⑥ 程惠芳、陈超：《开放经济下知识资本与全要素生产率——国际经验与中国启示》，《经济研究》2017 年第 10 期。

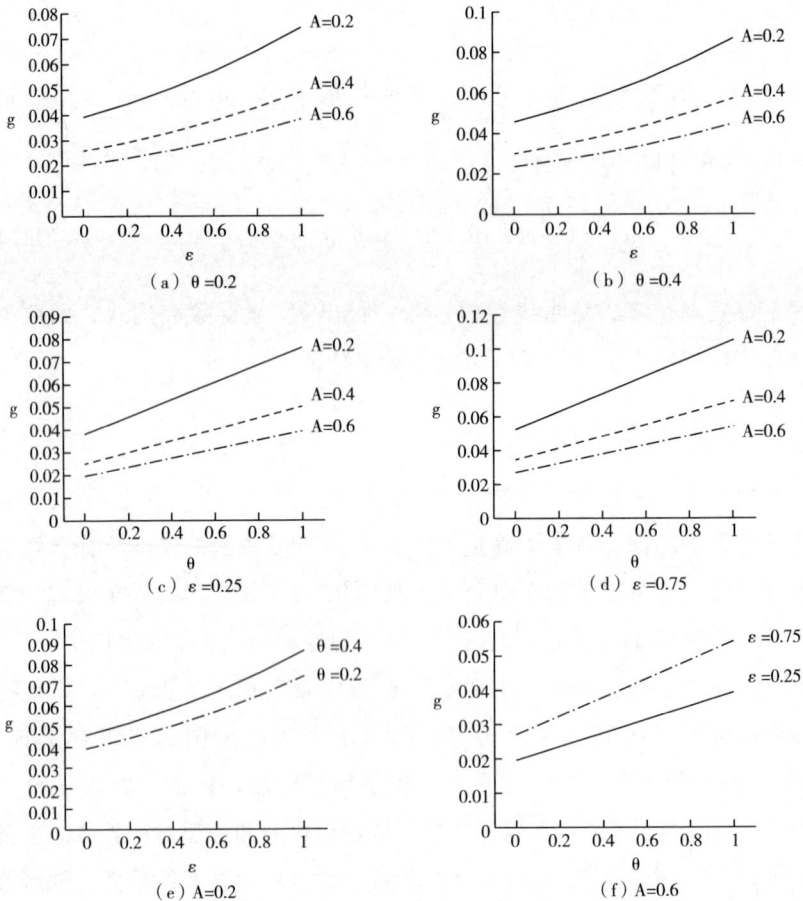

图 11-3 "一带一路"国际科技合作对经济增长影响的数值模拟

图 11-3 中的（a）、（b）显示：给定技术转移类合作系数 θ，创新与增长率 g 随着研发合作系数 ε 的增大呈指数型增长趋势，并且技术水平越低的国家（A 越小），研发合作的创新与增长效应越显著（曲线位置越高）。分析其原因，一方面科技创新合作会推动技术进步，国际科技合作无疑会推动各国技术进步，加速其经济增长；另一方面技术水平落后的国家对技术的需求更大，较少的技术进步就能显著促进其创新与增长。同时，比较（a）与（b）发现，加强技术转移类合作（系数 θ 越大）会放大研发合作的创新与增长效应。

结论 1：研发合作类国际科技合作可以促进沿线国的创新与增长，且这种促进作用在技术水平较低、知识存量较小的国家更显著。技术转移类合作会放大研发合作的作用。

图 11-3 中的 (c)、(d) 显示：给定研发合作系数 ε，创新与增长率 g 随着技术转移类合作系数 θ 的增大而增大，并且技术水平越低的国家（A 越小），技术转移类合作的创新与增长效应越显著（曲线位置越高）。该结果也符合实际，即技术水平较低的国家，直接的技术转移和技术帮扶的效果最明显。同时，比较 (c) 和 (d) 发现，加强研发合作类合作（系数 ε 越大）会提升技术转移类合作的效果。

结论 2：技术转移类国际科技合作也可促进"一带一路"沿线国的创新与增长，这种促进作用在技术水平较低、知识存量较小的国家更显著，并且加强研发合作类合作会提升技术转移类合作的效果。

图 11-3 中的 (e)、(f) 从另一个角度验证了结论 1 和结论 2，尤其是国际科技合作中研发合作类与技术转移类之间的相互促进作用。(e)、(f) 显示：对于同一个国家或技术水平一致的国家，技术转移类合作力度 θ 越大，创新与增长率 g 越高，而研发合作强度 ε 越大，创新与增长率 g 也越高。并且，对于任一技术转移类合作力度 θ，研发合作强度 ε 越大，g 越大（图 11-3 中的 (e)），对于任一研发合作强度 ε，技术转移类合作力度 θ 越大，g 也越大（图 11-3 中的 (f)）。技术转移类合作与研发合作类合作之间的相互促进作用符合预期，从实践中分析，新技术的发现和运用需要一定的技术基础，技术基础较低的国家，新技术的应用也会受到阻碍，技术转移类合作能够在一定程度上帮助克服这些困难，进而强化了研发合作类合作对经济增长的促进作用，同时，研发合作类合作提升了技术吸收能力，改善了技术转移类合作的效果。据此还可得出如下结论。

结论 3：科技创新是一个生态或系统，尽管研发合作类、技术转移类合作二者促进创新与增长的机理和路径不同，但二者在产生创新与增长效应过程中相互促进、相互加强，共同提升国际科技合作的经济效应。

四 实证检验

前文对"一带一路"国际科技合作经济效应的机制分析、模型构建与数值模拟均表明，"一带一路"国际科技合作通过影响"一带一路"沿线国的知识存量和研发创新能力两条路径影响其创新与增长，但前文的分析也显示，当前"一带一路"国际科技合作仍处于起步阶段，合作推进并不均衡，以技术转移类合作为主，合作的深度和广度不足。因此，现实中"一带一路"国际科技合作是否推动了"一带一路"沿线国的经济增长，实现了中国与"一带一路"沿线国的互利共赢，是否形成了协同创新网络和"一带一路创新共同体"，还需要进行实证检验。

（一）模型设定、变量及数据

本章以"一带一路"沿线国的经济增长率为实证研究对象[①]，用 $\ln PGDP$ 表示。核心解释变量为"一带一路"沿线国与中国的科技合作，包括研发合作类、技术转移类合作及其交互项，分别用 RD_{COP}、TT_{COP} 和 $RD_{COP} * TT_{COP}$ 表示。控制变量包括"一带一路"沿线国自身的投资、就业、人力资本、产业结构、贸易开放度等因素，用 X_{it} 表示。另外，在开放经济中，一国的经济发展并不独立，"一带一路"沿线国除了与中国的科技合作之外，"一带一路"沿线各国之间也有着密切的经贸或技术往来，因此"一带一路"沿线各国经济的增长可能受到其周边"邻近"经济体经济增长的影响。故而，建立"一带一路"国际科技合作经济增长效应的空间计量模型如下：

$$\ln PGDP_{it} = \alpha + \rho W * \ln PGDP_{it} + \theta RD_{COP,it} + \gamma RD_{COP,it} * TT_{COP,it} + \sum_i \beta_i X_{it} + u_{it} \quad (11.12)$$

$$\ln PGDP_{it} = \alpha + \rho W * \ln PGDP_{it} + \theta TT_{COP,it} + \gamma RD_{COP,it} * TT_{COP,it} + \sum_i \beta_i X_{it} + u_{it} \quad (11.13)$$

$$u_{it} = \lambda W u_{it} + \epsilon_{it}$$

模型中，i 和 t 分别表示国家和时间，ρ 表示"邻近"国经济增长的影响（W 为空间距离权重），θ 表示"一带一路"沿线国与中国的研发合作类合作（式（11.12））、技术转移类合作（式（11.13））的影响，γ 表示两类科技合作交互作用的影响，β_i 表示 i 国自身因素对其经济增长的影

---

① 和一般的基于 R&D 的内生增长模型一样，在长期，决定一国创新的因素也是决定其增长的因素，因此理论模型中创新率等于增长率，见式（11.9）。考虑到与中国的科技合作的影响这一层面，对"一带一路"沿线国创新率的影响必然也转化为对其增长率的影响，且缺少能有效衡量"一带一路"沿线国创新率水平的数据指标，因此，在实证研究部分，研究对象仅以经济增长率代表。

响，u_{it}为空间误差项。如果 $\lambda = 0$，则为 SAR 模型，表示受到"邻近"国经济增长的直接影响；如果 $\rho = 0$，则为 SEM 模型，表示受到"一带一路"沿线国其他因素的影响。如果 $\rho = \lambda = 0$，模型变为 OLS 估计模型。

模型中核心解释变量、控制变量、空间权重矩阵解释如下：

（1）核心解释变量。根据图 11-1，接受"一带一路"沿线国研究生留学生、科技论文和专利合作、共建联合实验室等属于研发合作类，将其综合为一个指标，建立技术转移中心、共建科技园区、承接沿线国重大工程项目属于技术转移类合作，将其综合为另一个指标，见表 11-2。指标权重的确定，考虑到综合值须在时序上可比，本章借鉴刘思明等的动态综合评价法[①]进行测算[②]。

表 11-2　核心解释变量

核心解释变量	具体内容	权重
研发合作	"一带一路"沿线各国来华研究生留学人数	0.0908
	"一带一路"沿线各国学者与中国学者合作论文数	0.3422
	"一带一路"沿线各国与中国专利合作数	0.1806
	中国与"一带一路"沿线国建立联合实验室累计个数	0.3864
技术转移	中国与"一带一路"沿线国建立技术转移中心累计个数	0.0930
	中国与"一带一路"沿线国共建科技园区累计个数	0.1765
	中国与"一带一路"沿线各国重大工程合作数	0.7304

（2）控制变量。从投入要素出发，选择固定资产投资占 GDP 比重（INV）、就业人数占比（EP）和人力资本投入（HC）三个指标，其中人力资本投入借鉴孟令国等人的方法以高等教育入学率衡量[③]；同时，一国经济发展所处的阶段不同，产业结构不同，生产效率和经济增长率也不相同，因此本章将产业结构纳入模型，并以工业增加值占 GDP 的比重

---

① 刘思明、张世道、朱惠东：《国家创新驱动方测度及其经济高质量发展效应研究》，《数量经济技术经济研究》2019 年第 6 期。

② 其基本原理是通过构造综合评价函数的总离差平方和，求解最大特征值，以其对应的归一化特征向量为指标权重，测算结果能在时序立体数据表上体现出各被评价对象横向和纵向的差异。

③ 孟令国、张杰、吴宇帆：《东南亚国家人力资本投资对经济增长的影响及启示——基于人口红利的视角》，《东南亚研究》2015 年第 6 期。

（IND）表示；此外，考虑贸易开放对经济增长的影响，将商品贸易额占GDP比重（TRD）列为另一控制变量。

（3）空间距离权重。借鉴谢杰和刘任余的方法[1]，将空间距离权重设定为：

$$W_{ij}^D = \begin{pmatrix} 0 & w(D_{ij}) & w(D_{ik}) \\ w(D_{ji}) & 0 & w(D_{jk}) \\ w(D_{ki}) & w(D_{kj}) & 0 \end{pmatrix}, w(D_{ij}) = D_{min}/D_{ij} \qquad (11.14)$$

其中，D_{ij}表示两国首都间的欧式距离，D_{min}为所有距离中的最小值。[2]

本章研究时段为2009—2017年[3]，各变量数据来源如下：留学生数据来源于《来华留学生简明统计》；论文合作数据来源于 Web of Science 核心合集数据库；专利合作数据来源于美国专利商标局（USTPO）；联合实验室和技术转移平台数据来源于中国"一带一路"网；科技园区数据来自中国国际贸易促进委员会境外产业园信息服务平台；重大工程项目数据来源于《中国对外经贸统计年鉴》。各国人均 GDP、固定资产投资占 GDP 比重、就业人数占比及工业增加值占 GDP 的比重数据来源于世界银行数据库。高等教育入学率数据来源于世界银行数据库、《"一带一路"沿线国家统计年鉴》及联合国教科文组织（UNESCO），其中新加坡的数据利用高等教育毛入学率进行了代替，数据来自刘进和张露瑶的研究。[4] 少数国家个别年份数据缺失，利用线性插值法进行插补。一些国家数据严重缺失，给予剔除。[5]

（二）实证结果分析

首先要判断采用空间面板数据模型的合理性。计算 2009—2017 年各年

---

① 谢杰、刘任余：《基于空间视角的中国对外直接投资的影响因素与贸易效应研究》，《国际贸易问题》2011 年第 6 期。

② 两国首都间的距离利用 ArcGis 测算而来。

③ 尽管"一带一路"倡议自 2014 年才开始实施，但 2008 年金融危机后，面对发达国家的需求不足、增长乏力及合作的不确定性，我国已着力加强与"一带一路"沿线国的合作。数据显示，2009 年印尼、俄罗斯、老挝、越南等 10 个"一带一路"沿线国家已经与中国共建了科技园区。

④ 刘进、张露瑶：《"一带一路"沿线国的高等教育现状与发展趋势研究（六）——以新加坡为例》，《世界教育信息》2018 年第 11 期。

⑤ 剔除的国家有 21 个，包括：阿联酋、阿曼、埃及、巴勒斯坦、波黑、东帝汶、黑山、卡塔尔、科威特、罗马尼亚、马尔代夫、塞尔维亚、沙特阿拉伯、塔吉克斯坦、土耳其、土库曼斯坦、文莱、乌兹别克斯坦、叙利亚、亚美尼亚、也门。

份 ln$PGDP$ 的全域 Moran's I，结果显示 Moran's I 均大于 0.1，且在 0.01 的显著性水平下显著（见表 11-3），表明各国 ln$PGDP$ 存在显著的空间正相关关系，选择空间回归模型是合理的。

表 11-3　Moran's I 结果

年份	Moran's I	p	年份	Moran's I	p
2009	0.147	0.000	2014	0.108	0.000
2010	0.128	0.000	2015	0.103	0.000
2011	0.122	0.000	2016	0.122	0.000
2012	0.110	0.000	2017	0.122	0.000
2013	0.107	0.000			

其次，依据式（11.12）和（11.13），选取固定效应模型进行回归，分别得到表 11-4 中模型（1）、（1′）和模型（2）、（2′）的回归结果。进一步在模型中加入研发合作类、技术转移类合作的交互项 $RD_{COP} * TT_{COP}$（为防止交互项引入造成多重共线性，进行了去中心化处理），最终得到表 11-4 中模型（3）、（3′）和模型（4）、（4′）的回归结果。

表 11-4　"一带一路"国际科技合作经济效应的估计结果

解释变量	SAR				SEM			
	（1）	（2）	（3）	（4）	（1′）	（2′）	（3′）	（4′）
RD_{COP}	0.1293 (0.0801)		0.1218 (0.1340)		0.1735** (0.0870)		0.0803 (0.1441)	
TT_{COP}		0.0656** (0.0302)		0.0298 (0.0364)		0.1009*** (0.0331)		0.0707* (0.0498)
$RD_{COP} *$ TT_{COP}			0.4354** (0.1879)	0.2359* (0.1412)			0.4092** (0.1862)	0.2114* (0.1269)
INV	0.0078*** (0.0017)	0.0078*** (0.0016)	0.0074*** (0.0017)	0.0077*** (0.0017)	0.0067*** (0.0016)	0.0064*** (0.0016)	0.0064*** (0.0016)	0.0063*** (0.0016)
EP	0.0213*** (0.0043)	0.0206*** (0.0043)	0.0224*** (0.0043)	0.0212*** (0.0043)	0.0274*** (0.0051)	0.0276*** (0.0051)	0.0269*** (0.0051)	0.0282*** (0.0050)
HC	0.0015 (0.0010)	0.0012 (0.0010)	0.0012 (0.0010)	0.0013 (0.0010)	0.0008 (0.0011)	0.0003 (0.0011)	0.0007 (0.0011)	0.0003 (0.0011)

续表

解释变量	SAR				SEM			
	(1)	(2)	(3)	(4)	(1′)	(2′)	(3′)	(4′)
IND	−0.0161***	−0.0166***	−0.0146**	−0.0153***	−0.0108*	−0.0115*	0.0102*	−0.0104*
	(0.0058)	(0.0058)	(0.0058)	(0.0058)	(0.0059)	(0.0059)	(0.0059)	(0.0059)
TRD	−0.0002	−0.0001	−0.0001	−0.0004	−0.0011*	−0.0011*	−0.0012*	−0.0011*
	(0.0005)	(0.0005)	(0.0005)	(0.0005)	(0.0005)	(0.0006)	(0.0006)	(0.0006)
ρ/λ	0.8319***	0.8337***	0.8455***	0.8341***	0.8628***	0.8652***	0.8677***	0.8652***
	(0.0416)	(0.0408)	(0.0398)	(0.0426)	(0.0356)	(0.0351)	(0.0345)	(0.0350)
σ^2	0.0109***	0.0109***	0.0107***	0.0108***	0.0108***	0.0106***	0.0106***	0.0105***
	(0.0007)	(0.0008)	(0.0007)	(0.0008)	(0.0008)	(0.0008)	(0.0008)	(0.0008)
log-likelihood	318.750	319.795	321.405	321.330	320.014	322.628	322.410	324.012
观测数	396	396	396	396	396	396	396	396

注: ***、** 和 * 分别表示在1%、5%、10%的统计水平上显著；括号内为标准误。下同。

表11-4中，模型（1）、（1′）和模型（2）、（2′）的估计结果显示，"一带一路"沿线国与中国的研发合作类、技术转移类科技合作均可在一定程度上促进"一带一路"沿线国的经济增长，理论分析和数值模拟得出的结论1和结论2成立，但当前合作现状下，技术转移类合作的经济增长效应更显著。出现这一现象的原因，可能是"一带一路"沿线国整体科技水平不高，采取技术转移技术帮扶模式，能够直接提高其生产效率，更有助于促进其经济增长；也可能与合作现状有关，当前"一带一路"国际科技合作以技术转移类合作为主，技术转移类合作的强度相对较大，因而其经济增长效应更显著；还可能与科技合作本身的属性有关，相较于技术转移，研发合作存在合作效果时滞，短期内对经济增长的促进作用难以释放；也可能是三者兼而有之。下文将进一步分析和验证。值得一提的是，"以技术转移类合作为主""技术转移类合作的经济增长效应更显著"这一结果体现了"一带一路"倡议秉承的"以义为先、义利并举"的义利观；同时也揭示了由于技术的非竞争性特点而令技术转移类合作成为实现"互利共赢"和打造人类命运共同体的重点领域、成为"一带一路"合作的先导和支撑的顶层设计。另外，比较模型（1）和（1′）发现，SEM模型下研发合作类科技合作对"一带一路"沿线国经济增长的促进作用更加显著，可能是与

"一带一路"沿线国科技合作中一些不可观测因素（如"一带一路"沿线国之间的科技产品贸易、科技竞争等）空间关联的随机冲击造成的。

加入交互项后的模型（3）、（3'）和模型（4）、（4'）的估计结果显示，加入交互项后，技术转移类合作的显著性发生了变化，但交互项的统计意义显著。模型（3）、（3'）分别对 RD_{COP} 求偏导，得到 $\dfrac{\partial \ln PGDP}{\partial RD_{COP}} = 0.1218 + 0.4354\, TT_{COP}$、$\dfrac{\partial \ln PGDP}{\partial RD_{COP}} = 0.0803 + 0.4092\, TT_{COP}$，变量 TT_{COP} 前的系数均大于0，表明技术转移类合作会提升研发合作类合作对沿线国经济增长的边际促进作用；模型（4）、（4'）分别对 TT_{COP} 求偏导，得到 $\dfrac{\partial \ln PGDP}{\partial TT_{COP}} = 0.0298 + 0.2359\, RD_{COP}$、$\dfrac{\partial \ln PGDP}{\partial TT_{COP}} = 0.0707 + 0.2114\, RD_{COP}$，变量 RD_{COP} 前的系数也均大于0，表明研发合作类合作会提升技术转移类合作对"一带一路"沿线国经济增长的边际促进作用。由此可见，研发合作类与技术转移类合作在"一带一路"沿线国经济增长中相互促进，在进行技术转移的同时进行研发合作，有助于发挥技术转移的促进作用，或者，在进行研发合作的同时进行技术转移，有助于夯实研发合作的基础，前文结论3成立，即：尽管研发合作和技术转移二者促进创新与增长的机理和路径不同，但二者在产生创新与增长效应过程中相互促进、相互加强，共同提升国际科技合作的经济效应。

理论机制的分析结果还表明，"一带一路"国际科技合作对"一带一路"沿线国经济增长的促进作用存在异质性，研发合作类和技术转移类合作对技术水平较低的国家的促进作用更大。因此，下文将"一带一路"沿线国按技术水平分组进行实证检验。在划分标准上，借鉴程惠芳和陈超的做法，将"一带一路"沿线44个国家划分为创新落后者、创新追赶者和创新领导者三类。[①] 创新落后者包含15个国家：阿尔巴尼亚、阿富汗、巴基斯坦、巴林、不丹、柬埔寨、拉脱维亚、老挝、孟加拉国、缅甸、尼泊尔、伊拉克、印度、印度尼西亚、越南；创新追赶者包含27个国家：阿塞拜疆、爱沙尼亚、白俄罗斯、保加利亚、波兰、俄罗斯、菲律宾、格鲁吉

---

① 程惠芳、陈超：《开放经济下知识资本与全要素生产率——国际经验与中国启示》，《经济研究》，2017年第10期。

亚、哈萨克斯坦、吉尔吉斯斯坦、捷克、克罗地亚、黎巴嫩、立陶宛、马来西亚、马其顿、蒙古国、摩尔多瓦、塞浦路斯、斯里兰卡、斯洛伐克、斯洛文尼亚、泰国、乌克兰、匈牙利、伊朗、约旦;创新领导者包含2个国家:以色列、新加坡。创新领导者国家数量太少,不符合面板数据模型的样本条件,因此仅对创新落后者、创新追赶者两组国家进行分组估计,结果见表11-5。

表 11-5 "一带一路"国际科技合作经济效应的分组估计结果

解释变量	SAR				SEM			
	创新落后者		创新追赶者		创新落后者		创新追赶者	
RD_{COP}	0.2640 *** (0.0971)		0.0136 (0.1374)		0.2253 ** (0.0981)		0.0428 (0.1448)	
TT_{COP}		0.1278 ** (0.0493)		0.1067 ** (0.0419)		0.0136 * (0.0073)		0.1473 *** (0.0419)
INV	0.0051 ** (0.0024)	0.0050 ** (0.0024)	0.0067 *** (0.0024)	0.0079 *** (0.0025)	0.0044 ** (0.0021)	0.0041 ** (0.0021)	0.0055 ** (0.0023)	0.0052 ** (0.0023)
EP	0.0074 (0.0101)	0.0069 (0.0097)	0.0276 *** (0.0052)	0.0241 *** (0.0052)	0.0074 (0.0102)	0.0113 (0.0104)	0.0319 *** (0.0059)	0.0331 *** (0.0057)
HC	0.0028 (0.0019)	0.0028 (0.0020)	0.0005 (0.0014)	0.0002 (0.0013)	0.0029 (0.0019)	0.0033 * (0.0019)	0.0004 (0.0013)	0.0015 (0.0013)
IND	−0.0257 *** (0.0091)	−0.0294 ** (0.0094)	−0.0060 (0.0087)	−0.0044 (0.0086)	−0.0471 *** (0.0086)	−0.0524 *** (0.0082)	0.0048 (0.0084)	0.0058 (0.0081)
TRD	0.0014 (0.0009)	0.0012 (0.0010)	−0.0016 * (0.0008)	−0.0014 * (0.0008)	0.0018 ** (0.0008)	0.0019 ** (0.0009)	−0.0043 *** (0.0009)	−0.0039 *** (0.0009)
ρ / λ	0.7150 *** (0.0638)	0.7483 *** (0.0607)	0.8202 *** (0.0502)	0.8235 *** (0.0493)	0.7995 *** (0.0455)	0.8297 *** (0.0463)	0.8279 *** (0.0430)	0.8351 *** (0.0413)
σ^2	0.0099 *** (0.0012)	0.0102 *** (0.0013)	0.0109 *** (0.0010)	0.0106 *** (0.0009)	0.0098 *** (0.0012)	0.0095 ** (0.0013)	0.0101 *** (0.0009)	0.0096 *** (0.0009)
log-likelihood	112.454	108.943	192.431	195.607	113.632	111.054	201.377	207.329
观测数	135	135	243	243	135	135	243	243

表 11-5 的结果显示：第一，研发合作类合作促进了创新落后者（技术水平较低的国家）的经济增长，但对创新追赶者（技术水平较高的国家）的作用不显著。可能的原因，一是研发合作的规模不足、质量不高、协同创新作用不强，且研发合作主要集中于新加坡、巴基斯坦、俄罗斯、印度等少数国家（中国与这五国的专利合作占比达 70.24%）；二是创新追赶者的技术水平相对较高，研发合作的技术层次高、难度大，技术起作用的时滞长，加之其与中国的研发合作还处于起步阶段，合作时间短，效果还未得到释放。该结果表明，研发合作是弱项，"一带一路"协同创新网络、"一带一路创新共同体"尚未形成，需要以"一带一路"沿线国的技术需求和技术优势为关键点和突破口，创新国际科技合作，才能引领"一带一路"建设。第二，技术转移类合作对创新落后者、创新追赶者的经济增长均具有显著的促进作用，但对两者经济增长的促进强度并未表现出显著的差异。结论 1、结论 2 的后半部分并未得到验证。究其原因，一方面，不论是创新落后者还是创新追赶者，技术转移类合作都是将中国成熟的技术直接应用于生产，提高了生产效率，因而对"一带一路"沿线国的经济增长效应显著；另一方面，合作现状分析显示，不论是创新落后国还是创新追赶国，科技合作均以技术转移类为主，因而科技合作在两类国家的表现没有显著差异。

从表 11-5 得出的这两个结论推断，要得出表 11-4——两组国家加在一起进行实证分析得出的"技术转移类比研发合作类的促进效应更显著"的结论，必然是前文推测的"三者兼而有之"的原因。

（三）稳健性分析

为避免内生性问题对模型估计结果造成的影响，本章从核心解释变量内生性和模型设定偏误两方面进行稳健分析。

首先，上述实证检验过程中，可能存在"一带一路"国际科技合作与"一带一路"沿线国经济增长互为因果关系等原因引发的内生性问题，导致模型估计结果偏误，为此，我们采用空间 SAR 模型的 GMM 估计进行稳健性检验。在利用 GMM 法对空间模型进行估计时，工具变量的选择至关重要，Kelejian 等人的研究表明（X_n, $W_n X_n$, $W_n^2 X_n$, $\cdots$, $W_n^D X_n$）可作为工具变量[1]，余泳泽和刘大勇也用该方法对模型的稳健性进行了检验。[2] 因此本章选择 $W * RD$、$W * TT$ 分别作为 RD、TT 的工具变量。对工具变量选取的合宜性检验发现：其 K-P rk LM 的 p 值均为 0.000，拒绝工具变量的不可识别性；K-P rk Wald F 检验的值分别为 23.65 和 24.11，大于临界值 16.38，C-D Wald F 检验的值分别为 28.67 和 97.12，大于临界值 10，不存在明显的弱工具变量问题，即工具变量的选择是有效的。利用上述工具变量进行估计，结果如表 11-6 所示。该结果的系数和显著性未发生根本性变化，说明考虑核心解释变量和遗漏变量造成的内生性问题后，本章的实证研究结果稳健。

表 11-6　工具变量法模型估计结果

解释变量	(1)	(2)	(3)	(4)
RD_{COP}	0.4157 (0.3194)	1.0945* (0.5976)		
TT_{COP}			0.1448* (0.0883)	0.3009** (0.1521)
$RD_{COP} * TT_{COP}$		1.4669** (0.6728)		0.8638*** (0.3176)
ρ	1.1655*** (0.0886)	1.2233*** (0.1049)	1.1303*** (0.0720)	1.1372*** (0.0752)
控制变量	控制	控制	控制	控制
观测数	369	369	369	369

其次，上述估计也可能存在模型设定偏误造成的影响，为消除该影响，文章进一步采用差分 GMM 法对 SAR 模型进行动态估计。估计中以 $\ln PGDP_{i,t-1}$、RD_{COP}、TT_{COP} 和 $RD_{COP} * TT_{COP}$ 为内生变量，$\ln PGDP_{i,t-1}$ 的工具

[1] Harry H. Kelejian, I. R. Prucha, Y. Yuzefovich, "Instrumental Variable Estimation of a Spatial Autoregressive Model with Autoregressive Disturbances: Large and Small Sample Results," *Spatial and Spatiotemporal Econometrics Advances in Econometrics*, 2004 (18): 163-198.

[2] 余泳泽、刘大勇：《我国区域创新效率的空间外溢效应与价值链外溢效应——创新价值链视角下的多维空间面板模型研究》，《管理世界》2013 年第 7 期。

变量选择了其二阶滞后项，RD_{COP}、TT_{COP} 和 $RD_{COP} * TT_{COP}$ 的工具变量选择了其一阶和二阶滞后项。估计结果如表 11-7 所示。表 11-7 的结果与静态模型相比，核心解释变量的符号相同，显著水平发生了些微变化，说明模型设定对模型结果的影响并不明显。因此，本章的研究结果稳健，研究结论可靠。

表 11-7 MM 动态模型估计结果

解释变量	（1）	（2）	（3）	（4）
RD_{COP}	0.4168 （0.3376）	0.3856 *** （0.0403）		
TT_{COP}			0.4059 *** （0.1096）	0.2042 *** （0.0109）
$RD_{COP} *$ TT_{COP}		0.2471 *** （0.0415）		0.9654 ** （0.0689）
ρ	0.3224 *** （0.0492）	0.3169 *** （0.0061）	0.3158 *** （0.0186）	0.3097 ** （0.0112）
$\ln PGDP_{i,t-1}$	0.1403 * （0.0777）	0.2368 *** （0.0213）	0.1647 *** （0.0374）	0.1343 *** （0.0257）
控制变量	控制	控制	控制	控制
AR（1）P 值	0.011	0.010	0.019	0.021
AR（2）P 值	0.455	0.087	0.288	0.127
Hansen 检验 p 值	0.110	0.236	0.405	0.220

五 结论及启示

本章梳理了"一带一路"国际科技合作的模式，分析了当前"一带一路"沿线国与中国的科技合作现状，阐释研发合作类和技术转移类合作推动创新与增长的机理，然后构建"一带一路"国际科技合作经济效应理论模型，数值模拟两类科技合作对"一带一路"沿线国经济增长的影响，进而基于 44 个沿线国与中国开展科技合作的数据进行实证检验。结果如下。

（1）"一带一路"国际科技合作主要有科技人文交流、共建联合实验室、科技园区合作和支撑重大工程项目建设四种合作模式,从作用机制看,可分为技术转移类合作、研发合作类合作两类,分别通过增加知识存量和提升研发能力两条路径影响"一带一路"沿线国的经济增长。

(2)当前"一带一路"国际科技合作还处于起步阶段,开展合作较多的是地理邻近中国的东南亚、南亚等国家,且其科技合作存在一定的偏向性,总体以技术转移类合作为主,深化合作既要拓宽合作领域,更要因国施策。

(3)理论上两类科技合作都促进了"一带一路"沿线国的经济增长,且在低技术水平国家的促进作用更大,但现有合作以技术转移为主,因此两类合作在低技术水平和高技术水平国家的异质性并不明显;并且,尽管研发合作类和技术转移类合作二者促进创新与增长的机理和路径不同,但二者在产生创新与增长效应过程中相互促进、相互加强,共同提升国际科技合作的经济效应。

(4)若将"一带一路"沿线国分为创新落后者和创新追赶者,则技术转移类合作促进了这两类国家的经济增长,而研发合作类合作仅对前者有促进作用,这与合作的技术层次、难度有关,也与技术转移类合作直接的生产率效应及当前的合作现状有关。

基于以上结论,可以得到以下几点启示。

(1)"一带一路"国际科技合作要因国施策。各类国际科技合作组合图为"一带一路"沿线各国与中国的科技合作指明了方向,要善用其合作模式图谱,一国一策、重点突破,以提高其合作层次和效果。例如,东盟国家中,新加坡在全球创新指数中排名第5位,炼油产业技术优势明显,生物医药、电子、物流领域技术需求突出,与新加坡的合作可以技术转移类和研发合作类两类合作同时推进;泰国、印度尼西亚和越南的技术需求集中于传统制造业和基础设施建设行业,科技合作应以相应行业的技术需求和技术转移为主;柬埔寨和缅甸是传统的农业国家,技术需求和合作重点以农业机械化和现代化为主。对于中亚五国,其经济发展主要依赖于石油、采矿及煤炭业,是重要的能源出口国,与中国经济互补性强,科技合作需求一致——集中于基础设施建设领域,因此合作应以支撑交通基础设施工程的技术转移为主。

(2)坚持研发合作和技术转移并举的原则。科技创新是一个生态或系统，研发合作和技术转移从不同侧面提升"一带一路"沿线国的技术和经济效率，与"一带一路"沿线国的研发合作增强其理解、应用和拓展技术的能力，提升技术转移实效，而技术转移则为研发合作创造必要的技术基础和条件。当前，纠正合作模式的偏向性是提升"一带一路"国际科技合作效果的重点方向。例如，与新加坡、印度、俄罗斯、哈萨克斯坦等国的研发合作需更多配合以技术转移；与印度尼西亚、越南等国则需加强研发合作，以提高科技合作水平。

（3）注重研发合作类的合作质量和效果。与技术转移类合作不同，研发合作类合作不仅要符合"一带一路"沿线国的经济和社会需求，还要考虑"一带一路"沿线国的技术基础、优势和特色，以保证研发合作的质量和效果。技术水平越高的国家和项目，研发合作的技术基础越重要。例如，俄罗斯在国防工业、航天工业、基础科学等领域具有技术优势，但其空港和空运业技术需求明显，因此，高质量的航空、空运科技合作可以产生合作共赢的效果；农业是泰国的优势产业，但农业灌溉技术是其短板，中国在这方面具有技术优势，因此与泰国高质量的农业科技合作效益可期。

（本章的主要内容发表于《财经研究》2020 年第 5 期）

第十二章 "一带一路"沿线 恐怖活动对旅游业 发展的影响

"一带一路"沿线为恐怖活动多发地带,恐怖活动及其空间溢出效应已成为制约"一带一路"旅游业发展的重要因素。利用空间杜宾模型量化评估"一带一路"沿线国家恐怖活动及其空间溢出效应对沿线各国旅游业的影响,结果显示:(1)"一带一路"沿线国家恐怖活动和旅游业发展均呈现显著的空间集聚特征;(2)恐怖活动对旅游业发展产生的直接效应、间接效应(空间溢出效应)和总效应均为负,间接效应更大,即恐怖活动不仅抑制活动发生国旅游业发展,还通过溢出效应对地理邻近和文化相近的国家旅游业产生重要影响;(3)在次区域层面,中蒙俄—中亚—东南亚、南亚—西亚、中东欧三大区域恐怖活动对旅游业的直接、间接和总影响也均为负,其中南亚—西亚区域的直接和间接影响最显著。这意味着,构建反恐合作联盟和旅游安全合作机制是应对"一带一路"沿线恐怖活动的必要措施,而南亚—西亚则是该合作的重点区域。

一 引言

"一带一路"区域横跨东南亚、南亚、中亚、西亚以及中东欧在内的亚非欧三大地理板块,并且跨越米索不达米亚文明、古埃及文明、古印度文明以及华夏文明四大东西方文明,沿线国家旅游资源丰富,该区域国际旅游总量占全球旅游70%以上。然而不同文明下宗教信仰（如基督教、伊斯兰教、佛教等）之间的矛盾与冲突，不同民族和种族的矛盾与冲突呈现突发性、多样性、复杂性、长期性的特点，尤其是"三股势力"（暴力恐怖势力、民族分裂势力及宗教极端势力）长期并存，从而使该区域成为恐怖活动多发地带。

2016年全球范围遭受恐怖主义影响最大的10个国家中，有8个来自"一带一路"沿线，分别为伊拉克、阿富汗、巴基斯坦、叙利亚、也门、印度、土耳其和埃及，且沿线约有40%的国家处于恐怖活动危险或高危状态。尤其是中亚地区，"三股势力"长期并存，成为"一带一路"沿线国家安全问题之首。[①] 恐怖活动严峻的现状和发展态势给"一带一路"沿线各国旅游业的发展带来不同程度的危害，成为制约"一带一路"沿线国家旅游业发展的重要因素，甚至给一些国家的旅游业造成重创，使其处于崩溃边缘。

二 文献回顾

恐怖活动的发生，会对经济产生一系列的负面影响，尤其是旅游业，恐怖活动对游客出行、旅游地形象等的影响最为直接。文献梳理发现，针对恐怖活动影响旅游业的文献主要集中在以下三个方面。

（1）恐怖活动对旅游目的地的影响。打击与破坏旅游目的地是恐怖组织和恐怖分子实现其战略或政治目的的有效工具，因为旅游目的地承载着恐怖分子要攻击的意识形态及价值观。[②] 恐怖活动对旅游目的地最为直观的影响是破坏当地旅游资源，如损毁旅游服务设施、破坏交通等，此外还包括改变游客出行选择、减少入境旅游人数和旅游收入、破坏旅游地形象、冲击游客安全预期等一系列负面影响，甚至可能影响或改变国际旅游格局。[③] 恐怖活动对旅游业的影响是多方面的，但是游客人数和旅游收入

① 张晓磊、张二震：《"一带一路"战略的恐怖活动风险及中国对策》，《国际贸易》2016年第10期，第21~36页。

② L. K. Richter, "Tourism Politics and Political Science: A Case of Not So Benign Neglect," *Annals of Tourism Research*, 1983, 10 (3): 313-335.

③ L. K. Richter, W. L. Waugh Jr, "Terrorism and Tourism As Logical Companions," *Tourism Management*, 1986, 7 (4): 230-238.

是各种影响的综合体现，且两者易于衡量，因此在相关研究中，恐怖活动对旅游目的地游客人数以及旅游收入的影响是学者们关注的焦点。Enders等人、Pizam 和 Fleischer、Krakover 等人、Yap 和 Saha、成观雄和喻晓玲的研究均表明，恐怖活动的发生会减少袭击地的游客人数和旅游收入。① 并且 Pizam 和 Fleischer 还指出，如果恐怖活动的发生频率较高时，旅游目的地的吸引力将不断下降，最终旅游业的发展停滞不前。Saha 和 Yap 同样也认为恐怖活动频繁发生导致国家政局不稳，其对旅游业的影响远大于一次性恐怖活动的袭击。②

（2）恐怖活动对旅游业影响的空间溢出效应。Enders 研究发现，希腊、意大利和奥地利境内的恐怖袭击会抑制各国旅游业份额的提升，同时作者认为，恐怖活动能够通过空间溢出效应深入邻近国家，但并未对这种影响做出量化评估。这一现象已成共识，如胡联合、潘泉，Pizam 等人，Edmonds、Mak，Paraskevas、Arendell，以及 Araña、León 均认为，恐怖活动具有空间溢出效应，会对袭击地周边国家的旅游业产生影响。③ 此外，Bassil 还指出这种溢出效应取决于恐怖袭击的强度，即恐怖活动规模越大、

① W. Enders, T. Sandler, G. F. Parise, "An Econometric Analysis of the Impact of Terrorism on Tourism," *Kyklos*, 1992, 45（4）：531 – 554. A. Pizam, A. Fleischer, "Severity Versus Frequency of Acts of Terrorism：Which Has a Larger Impact on Tourism Demand?," *Journal of Travel Research*, 2002, 40（3）：337 – 339. S. Krakover, "Estimating the Effect of Atrocious Events on the Flow of Tourists to Israel," *Horror and Human Tragedy Revisited：The Management of Sites of Atrocities for Tourism*, 2005：183 – 194. G. Yap, S. Saha, "Do Political Instability, Terrorism, and Corruption Have Deterring Effects on Tourism Development Even in the Presence of UNESCO Heritage? A Cross-country Panel Estimate," *Tourism Analysis*, 2013, 18（5）：587 – 599. 成观雄、喻晓玲：《突发事件对边疆地区入境旅游的影响——以新疆 "7.5" 事件为例》，《经济地理》2015 年第 5 期。

② S. Saha, G. Yap, "The Moderation Effects of Political Instability and Terrorism on Tourism Development：A Cross-country Panel Analysis," *Journal of Travel Research*, 2014, 53（4）：509–521.

③ 胡联合、潘泉：《当代恐怖主义活动对欧洲国际旅游业的影响》，《欧洲》2000 年第 4 期；A. Pizam, G. Smith, "Tourism and Terrorism：A Quantitative Analysis of Major Terrorist Acts and Their Impact on Tourism Destinations," *Tourism Economics*, 2000, 6（2）：123 – 138. C. M. Edmonds, J. Mak, "Terrorism and Tourism in the Asia Pacific Region：is Travel and Tourism in a New World after 9/11?," *East – West Center Working Papers*, 2006, No. 86. A. Paraskevas, B. Arendell, "A Strategic Framework for Terrorism Prevention and Mitigation in Tourism Destinations," *Tourism Management*, 2007, 28（6）：1560 – 1573. J. E. Araña, C. J. León, "The Impact of Terrorism on Tourism Demand," *Annals of Tourism Research*, 2008, 35（2）：299–315.

持续时间越久，其溢出效应就越明显、波及范围就越广。① Yang、Wong 运用空间滞后模型实证检验了中国 341 个城市入境游的决定因素，结果证实包括恐怖活动、自然灾害在内的突发事件是影响入境游的重要因素，并且这种突发事件能够通过溢出效应传递至邻近地区，但作者并未对这种溢出效应做更进一步的量化分析。② 上述学者对恐怖活动溢出效应的研究多是集中在定性描述和分析阶段，而 Neumayer、Plümper 量化评估了恐怖主义的空间溢出效应对伊斯兰国家旅游业的影响，结果表明，由于伊斯兰恐怖组织的跨国性质，伊斯兰国家发生恐怖袭击将会通过空间溢出效应作用于袭击地点以外的伊斯兰目的地的旅游业，使其旅游业份额出现小幅下滑。③

（3）"一带一路"沿线恐怖活动对旅游业的影响。随着"一带一路"建设的不断推进，有关"一带一路"沿线国家恐怖活动对旅游业影响的研究也日渐增多。董锁成等，王道转，马凯和刘启刚指出国际旅游合作是"一带一路"构想的合作重点，但该地区民族问题、宗教问题以及恐怖主义严重影响"一带一路"国际旅游合作的全面推进。④ 马超、张青磊指出旅游安全事件不断增多不仅威胁东盟旅游业发展，也给中国游客带来安全挑战，因此中国应与东盟在亚洲新安全观理念下，将旅游安全合作纳入"一带一路"倡议框架，完善旅游安全合作机制，共建命运共同体。⑤ 张晓磊、张二震将恐怖活动风险划分为高、中、低三个等级，结果显示，"一带一路"沿线地区的恐怖活动袭击呈现出"大分散、小集中"的特点，并且对沿线地区的贸易和投资产生较严重的负面影响。宫玉涛认为，"一带一路"沿线恐怖主义活动的新态势之一就是袭击的对象出现新变化，即更

---

① C. Bassil, "The Effect of Terrorism on Tourism Demand in the Middle East. Peace Economics," *Peace Science and Public Policy*, 2014, 20（4）: 669-684.

② Y. Yang, K. K. Wong, "A Spatial Econometric Approach to Model Spillover Effects in Tourism Flows," *Journal of Travel Research*, 2012, 51（6）: 768-778.

③ E. Neumayer, T. Plümper, "Spatial Spillovers from Terrorism on Tourism: Western Victims in Islamic Destination Countries," *Public Choice*, 2016, 169（3-4）: 195-206.

④ 董锁成、赵敏燕、郭鹏等：《"一带一路"生态旅游带发展模式与对策》，《中国科学院院刊》2016 年第 6 期；王道转：《"一带一路"下中国与东盟国家应对网络恐怖主义研究》，《中国公共安全》（学术版）2018 年第 4 期；马凯、刘启刚：《"一带一路"视阈下国际反恐警务合作存在的问题与路径》，《广西警察学院学报》2018 年第 5 期。

⑤ 马超、张青磊：《"一带一路"与中国—东盟旅游安全合作——基于亚洲新安全观的视角》，《云南社会科学》2016 年第 4 期，第 19~24 页。

多指向诸如旅游景点、各类交通工具和公共活动场所，通过袭击事件对游客所造成的心理冲击来破坏当地旅游业的发展。① 赵敏燕等人采用核密度估计法和全球恐怖主义指数分析"一带一路"沿线国家恐怖主义事件和恐怖活动死亡人数的时间和空间格局特征，结果显示恐怖活动呈现"北非—中东—西亚—中亚—南亚—东南亚"的弧形震荡带，并且恐怖活动发生数量及死亡人数逐年增多。② 贾宇、李恒指出"一带一路"沿线国家的恐怖活动影响力不断升温，并且暴恐极端思想不断外溢，严重制约各国的经济发展和国际合作。③

综观上述研究，仍然存在三个方面的不足：（1）恐怖活动的溢出效应虽然引起了学者们的广泛关注并对其进行了实证检验，但研究方法多为一般计量模型，鲜有文献采用空间杜宾模型（SDM）量化评估空间溢出效应。空间杜宾模型区分了直接效应和间接效应（空间溢出效应），能够较为准确地估计恐怖活动的空间溢出效应。（2）在有关恐怖活动空间溢出效应的研究中，大多只考虑了地理邻近，而忽略了文化相近产生的溢出效应。Neumayer 和 Plümper 的研究表明，当恐怖活动与文化争端和宗教冲突有关时，以相同文化和宗教为特色的旅游目的地极易成为恐怖组织的袭击目标，因此，除了地理邻近因素外，还应将文化相近纳入模型中，综合考量恐怖活动的空间溢出效应。（3）"一带一路"沿线是恐怖活动多发地带，同时也蕴含丰富的旅游资源，虽然该地区的恐怖活动和旅游业发展引起了学者们的关注，但缺少对"一带一路"沿线恐怖活动及其空间溢出效应对旅游业的定量研究。因此，基于上述研究不足，本章采用能够区分直接效应和间接效应（空间溢出效应）的空间杜宾模型，同时考虑地理空间邻近因素和文化相近因素，量化评估"一带一路"沿线恐怖活动及其空间溢出效应对旅游业的影响。本章后续安排如下：第三部分，变量选取与模型构建，主要关注恐怖活动和旅游业的衡量指标，并根据所选指标对两者的空间分布特征进行初步分析，接着构建空间杜宾模型；

---

① 宫玉涛：《"一带一路"沿线的恐怖主义活动新态势解析》，《党政研究》2016年第2期。
② 赵敏燕、董锁成、王喆等：《"一带一路"沿线国家安全形势评估及对策》，《中国科学院院刊》2016年第6期。
③ 贾宇、李恒：《恐怖活动对"一带一路"倡议实施的威胁评估与对策研究》，《宁夏社会科学》2017年第1期。

第四部分，实证检验与结果分析，首先是"一带一路"整体，其次分中蒙俄—中亚—东南亚、南亚—西亚和中东欧三个区域分别进行实证检验；第五部分是主要结论和建议。

三 变量选取与模型构建

(一) 变量选取与数据说明

根据旅游经济学的相关理论，影响旅游业发展的主要因素有经济发展水平、旅游服务水平、交通便利化水平等，但恐怖活动是一种意外的影响旅游业发展的突发因素。本章主要关注这个突发因素，因此把传统的主要因素作为控制变量，而将恐怖活动作为主要的解释变量进行研究。变量及指标选取如下。

旅游业发展：其主要指标有入境游客人数、旅游收入、旅游支出、入境游客天数等，其中旅游收入是衡量一个国家（地区）旅游业发展程度和旅游经济效益的重要依据和手段，[1] 同时也是恐怖活动对旅游业产生冲击的综合体现。因此，本章在实证分析中采用入境旅游收入反映"一带一路"沿线国家旅游业发展状况。

恐怖活动：恐怖活动因其规模、性质、持续时间等不同对旅游业产生不同程度的影响。因此，为较全面反映"一带一路"沿线国家恐怖活动程度，本章采用全球恐怖主义指数（Global Terrorism Index，GTI）。GTI 是将每年的恐怖袭击事件总数、造成的死亡总数、伤害总数、财产损失总额等指标加权赋值，取值范围为 $[0, 10]$，是能够综合评价各国恐怖活动程度的指数。由于部分国家 GTI 为 0，为避免取对数之后出现无穷大的情况，借鉴 Busse 和 Hefeker 的方法，用公式 $\ln[X+(X^2+1)^{1/2}]$ 进行变换。[2] 同时，本章还将采用恐怖活动造成的死亡人数作为替代变量，进行稳健性检验。

控制变量：一个国家旅游业发展的主要影响因素包括经济发展水平、对外开放水平、旅游服务水平、交通便利化水平、外商投资水平等。因

---

[1] Y. Eilat, L. Einav, "Determinants of International Tourism: a Three-dimensional Panel Data Analysis," *Applied Economics*, 2004, 36 (12): 1315-1327.

[2] M. Busse, C. Hefeker, "Political Risk, Institutions and Foreign Direct Investment," *European Journal of Political Economy*, 2007, 23 (2): 397-415.

此，本章将上述变量作为影响因素。其中，经济发展水平用各国人均 *GDP* 衡量;[①] 对外开放水平采用美国传统基金会公布的经济自由度指数衡量; 旅游服务水平采用各国服务业就业人数占总就业人数的比例来表示;[②] 交通便利化水平用于反映一国旅游基础设施便利化情况和旅游可达性，采用各国航空客运量表示;[③] 外商直接投资可以通过投资过程中的商务旅游、观光旅游带动旅游服务发展,[④] 本章采用各国外商直接投资总额衡量; 旅游资源是一国旅游业发展的基础，对于入境旅游者而言，一个国家中有国际影响的旅游景点对其吸引力较大，本章借鉴苏燕瑜的做法，以一国世界自然与文化遗产、国家地质公园、国家历史文化名城、国家重点风景名胜区、国家 4A 级及以上旅游区的旅游资源总数除以国土面积来衡量其旅游资源水平。[⑤]

表 12-1　变量选取及说明

变量	衡量指标	数据来源
旅游业发展	入境旅游收入（Tourism）	世界发展指数
恐怖活动	全球恐怖主义指数（Terrorism）恐怖活动造成的死亡人数（Death，用于稳健性检验）	美国经济与和平研究所公布的《全球恐怖主义指数报告》、国家恐怖主义与反恐研究联盟的全球恐怖主义数据库
经济发展水平	各国人均 GDP（Pgdp）	世界发展指数
对外开放水平	经济自由度指数（Openness）	美国传统基金会公布的经济自由度指数
旅游服务水平	各国服务业就业人数/总就业人数（Service）	世界发展指数

---

① J. Shan, K. Wilson, "Causality Between Trade and Tourism: Empirical Evidence from China," *Applied Economics Letters*, 2001, 8 (4): 279–283.

② 毛润泽:《中国区域旅游经济发展影响因素的实证分析》,《经济问题探索》2012 年第 8 期，第 48~53 页。

③ A. Urtasun, I. Gutiérrez, "Tourism Agglomeration and Its Impact on Social Welfare: An Empirical Approach to the Spanish Case," *Tourism Management*, 2006, 27 (5): 901–912.

④ J. Khadaroo, B. Seetanah, "The Role of Transport Infrastructure in International Tourism Development: A Gravity Model Approach," *Tourism Management*, 2008, 29 (5): 831–840.

⑤ 苏燕瑜:《入境旅游业国际竞争力影响因素的实证分析》,《统计教育》2009 年第 12 期，第 54~59 页。

续表

变量	衡量指标	数据来源
交通便利化水平	各国航空客运量（Passenger）	世界发展指数
外商投资水平	各国外商直接投资总额（FDI）	世界发展指数
旅游资源水平	旅游资源总数/国土面积（Resource）	《世界遗产名录》

注：入境旅游收入、人均 GDP、FDI 均采用 2005 年美元不变价；为消除数据不同量纲的影响和减少模型中的异方差性，实证分析部分除比值变量以外，其余所有变量取对数变换。

（二）恐怖活动与旅游业的空间分布特征及空间效应分析

1. "一带一路" 沿线恐怖活动与旅游业空间分布特征

在下文构建模型前，需要初步分析"一带一路"沿线国家[①]恐怖活动与旅游业的空间分布特征，若两者均具有空间集聚的特征，则建模时需要将两者的这种特征考虑在内。

"一带一路"沿线国家恐怖活动呈现显著的空间集聚特征。恐怖活动多发地带主要包括中国、俄罗斯（Terrorism 指数分别为 5.543 和 5.329），东南亚的菲律宾、泰国、印尼、缅甸（Terrorism 指数分别为 7.126、6.609、4.550 和 4.956），南亚的印度、孟加拉国、尼泊尔、巴基斯坦、阿富汗、斯里兰卡（Terrorism 指数分别为 7.534、6.181、4.387、8.400、9.441 和 7.905），西亚的伊拉克、土耳其、叙利亚、埃及、沙特、也门、黎巴嫩、以色列（Terrorism 指数分别为 10.000、7.519、9.009、7.170、5.808、7.877、5.638 和 5.062）。无论是从地区还是从国家来看，恐怖活动都呈现空间集聚的分布特征，即恐怖活动多发国其周围也是恐怖活动较为严重的国家。该结果显示，"一带一路"沿线国家恐怖活动可能具有空间效应，实证分析时需要将这种效应纳入模型中。

---

① 本章选取包括中国在内的 65 个"一带一路"沿线国家，具体是：东亚 2 国（中国、蒙古国）、东盟 10 国（新加坡、马来西亚、印尼、缅甸、泰国、老挝、柬埔寨、越南、文莱、菲律宾）、南亚 8 国（印度、巴基斯坦、孟加拉国、阿富汗、斯里兰卡、马尔代夫、尼泊尔、不丹）、中亚 5 国（哈萨克斯坦、乌兹别克斯坦、土库曼斯坦、塔吉克斯坦、吉尔吉斯斯坦）、西亚 17 国（伊朗、伊拉克、土耳其、叙利亚、约旦、黎巴嫩、以色列、巴勒斯坦、沙特、也门、阿曼、阿联酋、卡塔尔、科威特、巴林、塞浦路斯、埃及）、中东欧 16 国（波兰、立陶宛、爱沙尼亚、拉脱维亚、捷克、斯洛伐克、匈牙利、斯洛文尼亚、克罗地亚、波黑、黑山、塞尔维亚、阿尔巴尼亚、罗马尼亚、保加利亚、马其顿）、独联体（俄罗斯、乌克兰、白俄罗斯、格鲁吉亚、阿塞拜疆、亚美尼亚、摩尔多瓦）。

另外，"一带一路"沿线国家旅游业发展也呈现较为明显的空间集聚特征。其中入境旅游收入 Tourism 指数（各国入境旅游收入取对数后的数值）较高的国家主要集中在亚洲的泰国、中国、印度、新加坡、马来西亚、俄罗斯、印度尼西亚、越南（Tourism 指数分别为 24.683、24.517、23.863、23.634、23.681、23.274、23.256 和 22.833），西亚的土耳其、阿联酋、卡塔尔、沙特阿拉伯、埃及（Tourism 指数分别为 24.007、23.693、23.256、23.219 和 21.918），中东欧的波兰、克罗地亚、匈牙利、捷克（Tourism 指数分别为 23.212、23.007、22.735 和 22.675）等国，这些国家多数在地理位置上处于邻近或相邻状态。而旅游收入较低的国家则主要集中在蒙古国（Tourism 指数为 19.753），中亚的吉尔吉斯斯坦、塔吉克斯坦、乌兹别克斯坦、土库曼斯坦（Tourism 指数分别为 19.983、18.823、16.641 和 14.493）等国，其中中亚的 4 个国家在地理分布上最为集中。整体而言，"一带一路"沿线国家旅游业发展也呈现较为明显的空间集聚分布特征，表明其可能具有空间效应，因此下文实证分析时同样需要考虑旅游业的空间效应。

2. 恐怖活动空间相关性和旅游业空间相关性检验

"一带一路"沿线国家恐怖活动与旅游业两者均呈现集聚的空间分布特征，为进一步验证各国恐怖活动的空间相关性及旅游业发展的空间相关性，以下引入全局 Moran's I 检验恐怖活动与旅游业自身的空间相关性。Moran's I 统计量是一种常用的衡量各区域间空间相关性的度量指标，具体计算公式如式（1）所示：

$$Moran's \ I = \frac{\sum_{i=1}^{N} \sum_{j=1}^{N} \omega_{ij}(x_i - \bar{x})(x_j - \bar{x})}{S^2 \sum_{i=1}^{N} \sum_{j=1}^{N} \omega_{ij}} \qquad (12.1)$$

其中，N 为研究区内地区总数（本章为"一带一路"沿线国家数 65），ω_{ij} 是区域 i 和区域 j 的邻近关系（下文将对其做详细介绍），x_i 和 x_j 分别是研究样本的属性值，$\bar{x}$ 为属性值的均值，$S^2 = \frac{1}{N} \sum_{i=1}^{N} (x_i - \bar{x})^2$ 为属性值的方差。Moran's I 的取值范围为 [-1, 1]，大于 0 表示研究样本正相关，越接近 1 表明有相似的属性集聚在一起（即高值与高值相邻、低值与低值相

邻）；小于 0 表示负相关。"一带一路"恐怖活动（Terrorism）和旅游业
（Tourism）各自的 Moran's I 结果如表 12-2 所示。

表 12-2 "一带一路"沿线国家恐怖活动和旅游业发展的 Moran's I

恐怖活动	2010 年	2011 年	2012 年	2013 年	2014 年	2015 年	2016 年
Moran's I	0. 234 ***	0. 243 ***	0. 186 **	0. 283 ***	0. 265 ***	0. 258 ***	0. 260 **
Z（I）	2. 773	2. 864	2. 185	3. 307	3. 107	3. 037	2. 322
旅游业	2010 年	2011 年	2012 年	2013 年	2014 年	2015 年	2016 年
Moran's I	0. 202 *	0. 198 *	0. 199 *	0. 190 *	0. 195 *	0. 206 *	0. 189 **
Z（I）	1. 815	1. 766	1. 772	1. 678	1. 691	1. 844	1. 996

注：*、**、*** 分别表示在 10%、5%、1% 的水平上显著。

表 12-2 结果显示，"一带一路"沿线国家历年恐怖活动的 Moran's I 值
均大于 0.1，表明恐怖活动自身具有正的空间相关性，呈现高（低）恐怖活
动值—高（低）恐怖活动值的空间集聚特征。其中，2014 年之后，恐怖活动
的空间相关性呈现下降的趋势。这与现实情况相符，一方面，"一带一路"
沿线国家和地区面临的恐怖活动频繁发生，恐怖活动多发地带的中东、南亚
及东南亚在地理上相邻或相近，这在一定程度上使恐怖活动的空间集聚程度
不断加强。另一方面，在"一带一路"建设中，沿线各国加强了反恐合作，
如 2015 年 9 月俄罗斯参与到打击叙利亚恐怖组织的阵营中，该地区内的反恐
力量得到了空前壮大；上海合作组织从一开始就将共同打击"三股势力"作
为核心议题，并成立专门机构将反恐合作组织化和法律化；2014 年 5 月，中
国国家主席习近平在上海亚信峰会上提出了"亚洲安全观"和对恐怖主义
"零容忍"的倡议，与"一带一路"沿线国家协力打击"三股势力"。反恐
合作在一定程度上打击和遏制了恐怖活动，使其空间集聚程度略有下降。

"一带一路"沿线各国旅游业发展也具有显著的空间相关性，从表 12-2
可以看出，2010—2016 年，"一带一路"沿线国家旅游收入的 Moran's I 在
0.2 上下浮动，这表明"一带一路"沿线国家旅游业发展有正的空间相关
性，呈现高（低）旅游业收入—高（低）旅游收入的空间集聚特征。目
前，"一带一路"沿线地区中，东南亚和中东欧地区旅游业相对发达，以
东南亚国家为例，泰国、马来西亚、新加坡旅游业发展较好，这些国家在

地理上相邻或相近。此外，旅游收入较低的国家则主要集中在蒙古国，中亚的吉尔吉斯斯坦、塔吉克斯坦、乌兹别克斯坦、土库曼斯坦，其中中亚的 4 个国家在地理上相邻或相近。因此，"一带一路"沿线国家旅游业发展呈现正的空间相关性。

（三）模型构建

1. 空间杜宾模型介绍

根据空间相关性的来源，空间计量模型主要分为三种，即空间滞后模型（Spatial Lag Model，SLM）、空间误差模型（Spatial Error Model，SEM）和空间杜宾模型（Spatial Durbin Model，SDM）。其中 SLM 主要用于研究相邻地区的行为对整个系统内其他地区的行为存在影响的情况，即空间相关性通过被解释变量来体现。SEM 的经济意义在于，某一个体发生的冲击会随着误差项的空间效应传递到相邻个体，即不同区域间的空间相互关系通过随机干扰项来体现。相较于传统空间计量模型（SEM 和 SLM），SDM 一个显著的特征就是模型中同时包含因变量和自变量的空间相关性，这使自变量和误差项的参数估计不会因为遗漏变量空间相关性而受到影响，也是唯一能得到解释变量无偏系数估计的模型，能够更好地估计不同观测个体产生的溢出效应和基于面板数据测算空间溢出效应。SDM 的经济学含义是，所关注的因变量不仅受到其自身空间效应的影响，同时还受到自变量空间效应的影响。该模型主要应用于因变量和自变量同时具有空间效应的情况，其一般形式可以表示为：

$$Y = \rho (I_T \otimes W_N) Y + X\beta + \gamma (I_T \otimes W_N) X + \varepsilon \qquad (12.2)$$

其中，ρ 是因变量的空间效应系数；W_N 是 $N \times N$ 阶的空间权重矩阵；I_T 是 $T \times T$ 阶的单位时间矩阵；$\otimes$ 为克罗内克积，用于任意两个大小的矩阵间的运算；ε 为随机干扰项（服从正态分布）；γ 是自变量的空间效应系数；Y 和 X 分别是因变量和自变量。[1]

2. 恐怖活动及其空间溢出效应影响旅游业的 SDM 构建

上文的初步检验表明，"一带一路"沿线国家的恐怖活动和旅游业发

---

① J. P. Elhorst, *Spatial Econometrics: From Cross-sectional Data to Spatial Panels*, Springer, 2014.

展均具有显著的空间相关性，因此实证分析需要采用同时包含自变量和因变量空间滞后项的空间杜宾模型，具体表达式如式 (12.3) 所示：

$$Tourism_{it} = \alpha + \rho W \cdot Tourism_{it} + \beta Terrorism_{it} + \gamma W \cdot Terrorism_{it}$$
$$+ \sum_{a=1}^{5} \lambda_a C \, on_{a,it} + \sum_{a=1}^{5} \eta_a W \cdot Con_{a,it} + \varepsilon_{it} \tag{12.3}$$

其中，W 是 $N×N$ 阶的空间权重矩阵，$W \cdot Tourism_{it}$、$W \cdot Terrorism_{it}$ 和 $W \cdot Con_{a,it}$ 分别表示旅游收入、恐怖活动及控制变量的空间滞后项，系数 ρ 是 Tourism 指数的空间相关性，γ 和 η_a 分别代表 Terrorism 指数和控制变量的空间溢出效应。

对于空间权重矩阵 W 的设置采用基于地理邻近和基于文化相近的复合空间权重矩阵，这是因为，一方面，"一带一路" 连接亚非欧三大地理板块，且沿线恐怖活动呈现连片发展态势，因此，地理邻近是恐怖活动产生空间溢出效应的重要因素；另一方面，"一带一路" 沿线国家文化形态、宗教信仰、种族关系各异，是诱发恐怖活动的原因之一，尤其是恐怖活动与文化争端和宗教冲突有关时，以相同文化和宗教为特色的旅游目的地极易成为恐怖组织的袭击目标，因此，恐怖活动也能够对文化相近的国家（地区）产生溢出效应。综上，本章在 SDM 空间权重设置中采用基于地理邻近和文化相近的复合空间权重矩阵。其中前者是从地理空间的角度设定不同区域间的相邻关系，采用基于地理邻近概念 Queen 相邻（即，如果区域 i 和 j 有共同的顶点或共同的边界，则区域 i 和 j 的邻近关系为 1，否则为 0）设置空间权重矩阵；基于文化相近的空间权重矩阵则是从 "文化距离" 的角度设定不同区域间的文化相邻关系，"一带一路" 沿线 65 个国家共分为东欧文化圈、伊斯兰文化圈、南亚文化圈、东亚文化圈、东南亚文化圈①，处于相同文化区域的国家间的文化邻近关系设置为 1，否则为 0。因此，空间权重矩阵具体设置如下：

---

① 东欧文化圈：文化受俄罗斯影响，信奉东正教，地理范围包括中东欧地区的国家；伊斯兰文化圈：代表伊斯兰文化，分布在中亚、西亚和北非地区，主要包括阿拉伯国家以及信奉伊斯兰教的其他国家和地区（如伊朗、巴基斯坦、东南亚的印尼等）；南亚文化圈：也称印度文化圈，代表印度教和佛教文化，主要分布在印度半岛与东南亚一些地区；东亚文化圈：以东亚为主，以中国为核心，包括韩国、日本等地，代表儒家文化和佛教文化；东南亚文化圈：包括中南半岛和马来群岛，主要信奉佛教和伊斯兰教。

$$W = \begin{bmatrix} \omega_{11} & \cdots\cdots\cdots & \omega_{1N} \\ \vdots & \ddots & \vdots \\ \omega_{i1} & \cdots \omega_{ij} \cdots & \omega_{iN} \\ \vdots & \ddots & \vdots \\ \omega_{N1} & \cdots\cdots\cdots & \omega_{NN} \end{bmatrix}$$

其中 ω_{ij} 表示区域 i 和 j 的地理邻近和文化邻近关系，若 i 和 j 有共同顶点或边界或两者处于相同文化区域 $\omega_{ij}=1$，否则 $\omega_{ij}=0$。

四 实证检验与结果分析

虽然前文的理论分析和空间相关性检验均表明，需采用空间杜宾模型才能较为准确地反映恐怖活动及其空间溢出效应对旅游业发展的影响，然而是否真正需要采用 SDM 模型，还需进行 LR 和 Wald 统计量检验。检验结果显示，Wald-lag 和 LR-lag 的值分别为 38.044 和 36.127，在 1% 的显著水平上拒绝了空间滞后模型（SLM）；Wald-error 和 LR-error 的值分别为 37.614 和 31.097，在 1% 的显著水平上拒绝了空间误差模型（SEM）。因此，本研究需要采用 SDM 模型进行实证分析。

（一）模型估计与结果分析

根据公式（12.3）建立的模型，利用极大似然估计法进行估计，结果见表 12-3。

表 12-3 SDM 模型估计结果

变量	估计系数	T 值	变量	估计系数	T 值
α	7.474***	11.809	ρ	0.342***	5.563
Terrorism	-0.374**	-2.038	W * Terrorism	-0.120***	-2.952
Pgdp	0.597***	2.267	W * Pgdp	0.278***	3.174
Openness	0.154*	1.769	W * Openness	0.087	1.043
Service	0.282	1.532	W * Service	0.062	1.415

变量	估计系数	T 值	变量	估计系数	T 值
Passenger	0.115 ***	4.481	W * Passenger	0.145 **	2.439
FDI	0.054	1.359	W * FDI	0.067 *	1.831
Resource	0.042	1.892 *	W * Resource	0.019	1.670 *

注：*、**、*** 分别表示在10%、5%、1%的水平上显著。

表 12-3 中，旅游收入的空间依赖效应系数 ρ 为 0.342，且通过 1% 的显著性水平检验，表明"一带一路"沿线国家旅游业发展具有显著的空间相关性，这与上文中旅游业 Moran's I 值为正的结论相符。此外，由于 SDM 模型中加入了解释变量的空间滞后项，公式（12.3）中各个解释变量的系数不再反映自变量对因变量的影响，而需要利用自变量的直接效应、间接效应和总效应来解释其对自变量的影响。直接效应是自变量对本地区因变量的影响程度，即恐怖活动对发生地旅游业收入的影响；间接效应是自变量对邻近地区因变量的影响程度，即恐怖活动空间溢出效应对地理邻近或文化相近国家（地区）旅游业收入的影响；总效应则是直接效应和间接效应的和。接下来对解释变量恐怖活动的直接效应、间接效应和总效应进行分析，结果见表 12-4。

表 12-4　SDM 模型的直接效应、间接效应和总效应

变量	直接效应	间接效应	总效应
Terrorism	-0.478 * (-1.723)	-1.721 * (-2.191)	-2.199 * (-2.446)
Pgdp	0.596 *** (9.076)	0.025 * (1.921)	0.621 * (1.742)
Openness	0.153 * (1.911)	0.072 * (1.761)	0.225 * (1.742)
Service	0.291 (1.569)	0.049 (1.390)	0.340 (1.627)
Passenger	0.113 *** (4.458)	-0.002 * (-1.956)	0.111 (1.450)
FDI	0.054 *** (2.747)	-0.034 (-0.651)	0.020 (1.260)
Resource	0.031 * (1.972)	0.010 (0.997)	0.041 (1.379)

注：*、**、*** 分别表示在10%、5%、1%的水平上显著；括号内为 t 值。

1. 恐怖活动的直接效应、间接效应和总效应分析

表 12-4 的估计结果显示，"一带一路"沿线国家恐怖活动影响旅游业发展的直接效应、间接效应和总效应均为负，且三者均在 10% 的水平上显

著，表明恐怖活动对旅游业的负面影响不仅作用于地区内，也作用于地区间，即恐怖活动具有显著的空间溢出效应，其不仅会抑制恐怖活动发生国旅游业的发展，同样也会通过溢出效应对地理邻近和文化相近国家的旅游业产生负面影响。

恐怖活动对旅游业的影响是从旅游目的地或者说恐怖活动发生地开始，并通过空间溢出效应作用于地理邻近或文化相近的国家（地区）。首先，恐怖活动直接作用于旅游目的地影响当地旅游业发展。第一，恐怖活动破坏了旅游目的地的旅游资源和旅游设施，使该地区旅游观光价值降低或者不再具有观光价值，此外，恐怖活动还有可能破坏旅游目的地的交通基础设施，影响目的地的可进入性和可达性，从而使游客的旅游活动受阻。第二，好的旅游地形象是旅游业发展的基础，[①] 当目的地发生恐怖活动事件后，其旅游形象受损，潜在游客对该地区的安全性产生怀疑，进而影响其旅游决策，如停止对该地区的旅游计划或"转战"相对安全的国家，即寻求替代旅游，从而造成该地区旅游需求减少等一系列负面影响。[②] 第三，恐怖活动对旅游业的影响，不仅与其性质、持续时间等有关，同时也取决于潜在游客对恐怖活动发生地的安全感知和心理预期。[③]恐怖活动发生后会通过各种渠道传播到潜在游客身边，并对游客对该地区的安全感知和心理预期产生较大负面影响，进而影响潜在游客对该地区的旅行选择。[④] 因此，恐怖活动通过破坏当地旅游资源和旅游设施、摧毁旅游地形象、改变游客安全感知和心理预期等一些负面冲击，导致当地旅游收入降低。

其次，恐怖活动通过空间溢出效应影响地理邻近或文化相近国家旅游业的发展。一国发生恐怖活动，其周边国家或地区也不能独善其身，一方面恐怖分子可能会逃匿至邻近国家，有再次爆发恐怖袭击的风险，使邻近国家的公民和潜在游客产生较大恐惧感，进而由于担心自身的人身安全而放弃到该国旅游。另一方面，对于与恐怖活动发生国文化相近的国家而

---

① 李燕琴、吴必虎：《旅游形象口号的作用机理与创意模式初探》，《旅游学刊》2004 年第 1 期。

② 黄震方、李想：《旅游目的地形象的认知与推广模式》，《旅游学刊》2002 年第 3 期。

③ P. Slovic, "Perception of Risk," *Science*, 1987, 236（4799）：280-285.

④ 李锋：《目的地旅游危机管理：机制、评估与控制》，中国经济出版社，2010。

言，其旅游业发展也易受恐怖活动的影响。除了地理因素，文化渗透也是恐怖组织制造恐怖活动的重要手段之一。因此，当一国发生的恐怖活动与文化冲突和宗教冲突有关时，旅游者在选择旅游目的地，尤其是基于文化动机和宗教动机选择旅游目的地时，会回避或谨慎选择与恐怖活动发生国文化相近的国家，从而通过基于文化相近产生的溢出效应间接地影响这些文化相近国家旅游业发展。

2 控制变量的直接效应、间接效应和总效应分析

在控制变量中，经济发展水平（Pgdp）的直接效应、间接效应和总效应分别是 0.596、0.025 和 0.621，表明经济发展水平和旅游业的发展存在显著的正影响。这是因为一国经济发展水平越高，其国民的消费能力就越高，进而对旅游业发展的刺激作用就越明显。此外，一国经济越发达，越有能力为游客提供高质量的旅游服务，同时用于改善交通设施、旅游接待设施的资金就越多，良好的物质基础是旅游业发展的前提条件，因此经济发展水平在一定程度上能够促进当地旅游业的发展。Pgdp 对旅游业发展的溢出效应也为正，表明本地区经济发展水平会对邻近国家或地区的旅游业发展产生正向促进作用，这可能是由于经济发达的国家用于投资国家边境的交通设施的资金多，从而从本国境内的游客进入邻近国家的可达性增强，在一定程度上促进了邻近国家旅游业的发展。

对外开放水平（Openness）的直接效应、间接效应和总效应分别是 0.153、0.072 和 0.225，表明对外开放水平在一国旅游业发展中起到正向促进作用，这是因为当一国开放水平较高时，其旅游产业的对外开放水平也相对较高，进而入境旅游就相对发达。

旅游服务水平（Service）的直接效应、间接效应和总效应分别是 0.291、0.049 和 0.340，表明服务业就业人数比例越高，与之相关的旅游服务配套设施就越完善，进而对旅游业发展产生正向积极作用。但对于"一带一路"沿线国家而言，这种作用并不显著，这可能是因为"一带一路"沿线国家尤其是东南亚和欧洲旅游业相对发达的国家，其旅游产业转型升级，从原有的劳动密集型向资本和知识密集型产业转型，即旅游业发展更多是依靠资金、知识、创新带动。

交通便利化水平（Passenger）也是"一带一路"沿线国家旅游业发展的一个重要因素，其直接效应为 0.113，表明一国交通便利化程度越

高，对游客而言该国的进入性和通达性就越强，在一定程度上可以促进当地旅游业的发展；其间接效应为-0.002，表明本地区交通便利化水平会抑制邻近国家或地区旅游业的发展，这可能是因为本国的可进入性和通达性优于邻近国家，有利于促进外国游客对本国的入境游而忽略其邻近地区，从而导致本地区交通便利化水平对邻近地区旅游业的发展有负的溢出效应。

外商直接投资水平（FDI）会促进本地区旅游业发展，但会对邻近地区旅游业的发展产生负向溢出效应，这可能是因为，一方面外商直接投资在投资的过程中可以带动本国的商务旅游、观光旅游等，从而对本国旅游业发展产生促进作用；另一方面，外商对交通、住宿、餐饮、旅游中介等行业的投资，使东道国的旅游基础设施、旅游服务水平优于邻近国家或地区，更多的游客选择本地而忽略其邻近地区，从而导致本地区的外商投资水平对邻近地区的旅游业发展产生负的溢出效应。但无论是正向作用还是负向溢出效应均对旅游业的影响相对较小，这可能是因为"一带一路"沿线多为不发达国家，基础设施较落后，外商投资在旅游业中的拉动作用不够显著。

旅游资源水平（Resource）的直接效应、间接效应和总效应分别是0.031、0.010和0.041，只有直接效应通过了显著性水平检验，表明旅游资源水平虽然能够促进本国旅游业的发展，但对周边国家或地区旅游业的溢出效应不显著。

（二）区域对比分析

"一带一路"横跨亚非欧三大地理板块，连接东南亚、南亚、中亚、西亚以及中东欧五大区域，各区域文化形态、宗教信仰、种族关系各异，恐怖活动的集聚程度和旅游业发展状况各异。"一带一路"沿线恐怖活动呈现连片分布特征，恐怖活动多发（少发）地带为东南亚、南亚和西亚（中亚和中东欧），这些区域在地理板块上相邻，并且每个区域的国家大多在地理位置上也相邻，且有些国家地处同一文化圈，与此对应的是，"一带一路"沿线国家旅游业发展也呈现较为明显的空间集聚分布特征。因此，可以推断出不同地理区域或不同文化区域的恐怖活动及其空间溢出效应可能会对旅游业产生不同的影响的结论，故下文有必要分区域进行研究。根据前文的分析，本章进一步将"一带一路"沿线 65 个国家划分为三大区域进行研究，具体如下：恐怖活动多发地带主要集中在南亚和西亚，因此，将南亚 8 国和西亚 17 国合为一个整体；中东欧地区是恐怖活动相对较少发生区域，将中东欧 16 国与包含乌克兰、白俄罗斯、格鲁吉亚、阿拜塞疆、亚美尼亚和摩尔多瓦在内的 6 个国家合为一个整体；其余国家则合为一个整体，具体包括中国、蒙古国、俄罗斯、中亚 5 国以及东南亚 10 国。这样的划分也符合地理邻近及交通网络联系的情况，估计结果见表 12-5。

表 12-5 "一带一路"沿线各次区域 SDM 的回归结果

	中蒙俄—中亚—东南亚	南亚—西亚	中东欧
空间效应系数 ρ	0.323* (3.042)	0.107* (1.641)	0.236** (1.943)
Terrorism 估计系数	−0.152 (−0.447)	−1.165*** (−1.894)	−1.118 (−0.625)
直接效应	−1.058* (−1.647)	−1.210** (−1.977)	−0.865 (−0.478)
间接效应	−2.619** (−2.365)	−2.791* (−3.479)	−3.747 (−1.402)
总效应	−3.677* (−3.026)	−4.001*** (−3.986)	−4.612 (−1.413)

注：仅列出恐怖活动（Terrorism）的回归结果；*、**、*** 分别表示在 10%、5%、1% 的水平上显著；括号内为 t 值。

表 12-5 显示，中蒙俄-中亚-东南亚地区、南亚-西亚地区以及中东欧地区的空间效应系数 ρ 分别为 0.323、0.107 和 0.236，且均通过显著性检验，表明三个区域的旅游业发展具有空间相关性。此外，三个区域的恐怖活动（Terrorism）的估计系数均为负，各区域恐怖活动均对其旅游业产生负向影响，这与上文"一带一路"沿线国家整体的实证结果相一致，表明恐怖活动无论是对本地区旅游业还是周边地区旅游业都存在负向抑制作用。

1. 中蒙俄—中亚—东南亚地区结果分析

中蒙俄—中亚—东南亚地区恐怖活动影响旅游业的直接效应、间接效应和总效应分别为-1.058、-2.619 和-3.677，且三者均通过显著性水平检验，表明该地区恐怖活动会对发生地以及地理邻近或文化相近国家（地区）的旅游业产生显著的抑制作用。中亚地区被称为"世界枢纽地带"，存在大量宗教极端型恐怖主义，典型的如频繁活动于塔吉克斯坦东部、吉尔吉斯斯坦南部、乌兹别克斯坦费尔干纳谷地及中国新疆地区的恐怖势力，严重影响当地旅游业的发展，并且与之地理相邻、文化相近的国家（地区）也极易成为恐怖分子逃逸和再次进行袭击的目的地和目标，因此，恐怖活动能够通过空间溢出效应作用于地理邻近或文化相近的国家（地区），进而影响这些国家（地区）旅游业的发展。近年来，东南亚地区的恐怖活动日渐频繁，菲律宾、印度尼西亚、马来西亚成为重灾区，尤其是著名的伊斯兰分裂组织在东南亚地区活动频繁，例如印度尼西亚频繁遭受恐怖袭击，且多与"伊斯兰国"组织有关，令印尼旅游业增长受阻，同时也对地理邻近且同样存在"伊斯兰国"组织的马来西亚旅游业产生了一定的负面影响。

2. 南亚—西亚地区结果分析

南亚—西亚地区恐怖活动影响旅游业的直接效应、间接效应和总效应分别为 -1.210、-2.791 和 -4.001，且均通过显著性检验。由于复杂的历史、种族、宗教、资源等方面的因素，西亚北非以及南亚地区长期遭受各种类型的恐怖主义势力的侵袭，其中西亚北非地区是世界范围内臭名昭著的"恐怖主义弧形带"的起点，也是遭受恐怖活动最为严重的区域。特别是 2011 年底以来，西亚北非国家局势相继出现动荡，并且在较短时间内如多米诺骨牌一样迅速蔓延至埃及、也门、巴林等国家，使当地旅游业受到重创，同时也严重影响到周边国家旅游业的发展，尤其是沉重打击了依赖旅游业的埃及。值得注意的是，南亚—西亚地区恐怖活动影响旅游业的三种效应强于中蒙俄-中亚-东南亚地区，该结论与实际情况相符，从前文的分析可以看出，南亚和西亚是恐怖活动分布最集中、影响最大、范围最广的区域，因此，不难理解该区域恐怖活动对恐怖活动发生地以及对地理邻近和文化相近的国家旅游业影响较大的事实。

3. 中东欧地区结果分析

中东欧地区恐怖活动影响旅游业的直接效应、间接效应和总效应分别为 -0.865、-3.747 和 -4.612，但三者均未通过显著性检验。虽然长期以来，恐怖主义幽灵在欧洲阴魂不散，该地区一度成为恐怖主义势力发动暴力恐怖袭击的"热点地区"，但相对而言，中东欧地区恐怖活动的发生次数以及恐怖活动造成的死亡人数均不及其他两个区域，加之该地区旅游设施比较完善，在世界旅游客源市场上具备很强的竞争力，旅游业相对发达，因此，恐怖活动对该地区旅游业发展的影响相对不显著。

（三）稳健性检验

为保证研究结论的可靠性，本章进行以下两种类型的稳健性检验。

第一种，以恐怖活动造成的死亡人数（Death）作为恐怖活动（Terrorism）的替换指标进行稳健性检验。结果显示，"一带一路"沿线国家恐怖活动造成的死亡人数也具有显著的空间相关性。因此，稳健性检验仍需采用空间杜宾模型。检验结果显示，主要解释变量 Death 的直接效应、间接效应和总效应除了显著性和大小有所改变以外，其系数符号均与前文的实证结果一致，表明本章的研究结果稳健，结论可靠。

第二种，上文的实证分析以及第一种稳健性检验中均采用的是基于地理邻近和文化相近的复合空间权重矩阵，该部分仅采用基于地理邻近的空间权重矩阵进行稳健性检验。相比前文的实证结果，稳健性检验中各变量的系数大小和显著性变化不大，最为显著的变化是表 12-2 中 Terrorism 和 Tourism 的 Moran's I 值整体上小于采用复合空间权重矩阵的结果，表明前文的实证结论可靠，同时也证明采用基于地理邻近和文化相近的复合空间权重矩阵更符合本研究目的。

五　主要结论及建议

本章通过构建能够区分直接效应和间接效应（溢出效应）的空间杜宾模型，实证检验"一带一路"沿线国家恐怖活动及其空间溢出效应对旅游业的影响，得出以下结果。

（1）"一带一路"沿线国家的恐怖活动和旅游业发展均具有显著的空间相关性，且均呈现明显的空间集聚特征。这与现实情况相符，一方面，"一带一路"沿线恐怖活动多发地带集中在西亚、南亚以及东南亚的国家，这些国家在地理上相邻或邻近；另一方面，旅游收入较低的国家则主要集中在中亚，这些国家在地理分布上也相对集中。因此，为反映两者自身的空间相关性，实证分析部分必须采用同时包含恐怖活动和旅游业空间效应的 SDM 模型。

（2） SDM 模型的实证检验显示，"一带一路"沿线国家恐怖活动影响旅游业发展的直接效应、间接效应和总效应均为负,表明恐怖活动对旅游业的负面影响不仅作用于地区内,而且也作用于地区间,恐怖活动不仅会抑制恐怖活动发生地旅游业的发展,同样也会对地理邻近和文化相近的国家(地区)产生溢出效应,进而对这些国家(地区)的旅游业产生负面影响。

(3)在"一带一路"沿线三大区域——中蒙俄—中亚—东南亚、南亚—西亚和中东欧,恐怖活动对旅游业的直接效应、间接效应和总效应均为负。并且,南亚—西亚地区的三种效应最大且显著,即相比其他两个区域,该区域恐怖活动对旅游业的影响更大,空间溢出效应更显著。

为了抑制恐怖活动对旅游业的负面影响,尤其是抑制其空间溢出效应,防止恐怖活动连片发生,因此,"一带一路"沿线国家反恐和旅游安全合作势在必行,故提出以下建议。

(1)恐怖活动具有空间集聚特征和空间溢出效应,为此,建立"一带一路"反恐合作联盟,利用相关组织(如上海合作组织)协调反恐行动与力度,同时,推动区域反恐情报共享,设置恐怖活动救援应急机制,减少恐怖活动的发生,有效管控恐怖活动对旅游业的负面影响,同时抑制恐怖活动空间溢出效应对地理邻近和文化相近国家(地区)旅游业的影响。

(2)建立"一带一路"沿线国家旅游安全合作机制。具体包括:第一,设立包含恐怖活动预警因子的旅游预警指数,研判和评估不同区域中可能存在的恐怖活动及其对旅游业造成的潜在影响,并互通旅游安全相关信息;第二,建立旅游安全救援制度,其中包含恐怖活动应急救援机制,如果一国发生包括恐怖活动在内的旅游安全事件应迅速与机制内其他国家开展协作,将事件的负面影响降到最低,同时这样做还有助于避免因信息传递不及时等给周边国家旅游安全环境带来的负面影响。

(本章的主要内容以同名发表于《经济地理》2020 年第 3 期)

第十三章　福建省"海丝"核心区建设的机制与路径

　　福建省的地理区位、产业基础、海洋资源、港口条件、人文特色等优势，使其成为 21 世纪海上丝绸之路的核心区。核心区的功能定位是 21 世纪海上丝绸之路互联互通的重要枢纽、经贸合作的前沿平台、体制机制创新的先行区域、人文交流的重要纽带。本章从互联互通、经贸合作、海洋合作、科技合作、人文交流等五个方面探讨并提出加快福建省"海丝"核心区建设的机制与路径。即：建设"海、陆、空、网"复合型互联互通网络，通过构建境外经贸合作区、产业园区、生产加工基地等形式，打造"海丝"生产价值链，促进福建与东南亚及台湾地区的"海丝"经贸合作。通过拓展远洋渔业合作，建设中国—东盟海洋合作中心等，加强福建与"一带一路"沿线国家的海洋合作。以东南亚国家为重点，以福建产业升级需求和东南亚相关国家产业发展为导向，创新"一带一路"科技合作机制，构建福建"海丝"核心区创新网络。以福建特色文化为纽带，推进"海丝"旅游合作，借助闽籍侨商力量，开展侨务公共外交，实施"海丝引智计划"，密切"海丝"人文交流。

一　福建省"海丝"核心区的功能定位

　　福建位于太平洋沿岸，地处西太平洋主航道，作为我国面向亚太地区的主要开放窗口之一，与东南亚、中东等国家和地区渊源深厚，友好往来历史久远，经贸关系稳固，在建设 21 世纪海上丝绸之路核心区、加强对外交流与合作方面具有明显的独特优势。

1. 互联互通的重要枢纽

福建地处台湾海峡东岸，在海洋地理上具有东西交汇、南北贯通等独特的区位，"海、陆、空"三者在福建沿海形成了"海丝"的交通接点，具有成为"海丝"互联互通枢纽的条件。

作为 21 世纪海上丝绸之路的核心区，福建位处连接台湾海峡东西岸的重要通道，向南对接东南亚、向西连通印度洋，是太平洋西岸航线南北交通的必经之地。福建省对外交通近年来得到巨大改善，现有厦门、福州等 5 个民用机场，114 个万吨级以上深水泊位，7 条出省铁路，9 条出省高速公路，初步形成了现代化综合交通运输体系。

福建拥有天然良港，在福建沿海，从北到南，原来分散的小码头、小港口已经整合起来，形成了包括两大集装箱、两大散货、两大石油石化液态在内的 6 大港口群。福建省不断整合港口，统一管理公共航道，提升港口集约化程度，积极推动省内港口与"海丝"沿线国家港口友好合作，厦门港、福州港与"海丝"沿线一些港口结为友好港，开展港口建设、运营管理和物流等方面的交流与合作。厦门港拥有港口、侨务、海洋等诸多方面的优势，被定位为东南国际航运中心、面向亚太地区的重要窗口，这为中国与东南亚国家开展产能合作、海洋经济合作、促进航路联通提供了良好的条件。福州江阴港至印度、巴基斯坦的港口航线和厦门至越南、菲律宾的油轮航线也在开辟中。

在福建省，与沿海港口同步建设的，还有与内地省份相连的多条铁路大通道。福建省不断加强以港口集疏运体系为重点的陆路通道建设，推进港口与铁路、高速公路、机场等交通方式的紧密衔接，积极拓展港口腹地，增加与其关联的陆地港、"飞地港"。铁路网线改变了福建仅有一条沿海铁路的历史，形成对接内地的三纵六横的便捷交通网，并不断推动海铁联运，为进一步畅通福建连接长三角、珠三角和中西部地区的陆上运输大通道提供了良好的条件，使福建有可能成为中西部地区重要的出海通道。目前中欧（厦门）国际货运班列已经常态化运行，并开始承揽台湾地区货源，实现了"海丝"与丝绸之路经济带通道的对接，推动了国际产能合作。

福建在加强建设陆路国际运输大通道的同时，也着力建设经马六甲海峡、印度洋至欧洲，经印尼至南太平洋，经东海、日本海至美洲等方向的海上互联互通大通道，加密东南亚、中东等近洋海运航线，延伸拓展欧美远洋海运航线，拓展非洲和拉美地区海运航线，并不断完善各大机场建设，新开通福州、厦门直飞澳大利亚悉尼、墨尔本，马来西亚亚庇、菲律宾宿务等地航班，具备国际区域航空枢纽功能，为将厦门建设成我国至东盟的国际中转地创造了条件。同时，福建沿海形成了一批临港产业园区、临港产业集聚区，建设了大型散货和油品码头，使福建可能成为"海丝"国家的大宗货物转运基地。

2. 经贸合作的前沿平台

首先，国际产能和经贸合作前景广阔。福建作为出口大省，经济的对外贸易依赖度很高。目前，福建经济处于产业转型升级的关键时期，正在通过加强与"一带一路"沿线国家的产能合作，逐步提高产业竞争力，实现产业转型升级。国家发展改革委在建设多双边合作机制、制定国际产能合作重点国别规划、争取金融机构融资支持、设立国际产能合作股权投资基金等方面对福建省予以支持。首批重点推动福耀玻璃集团、福建鼎瑞公司、福建吴钢集团、武夷实业股份公司、紫金矿业集团等福建省重点企业在印尼、肯尼亚、巴布亚新几内亚等国的产能合作项目。目前，福建省以采矿、有色金属、汽车、渔业、建材、船舶、轻纺、信息通信、工程机械、环保装备等为重点领域，以21世纪海上丝绸之路沿线国家和地区为重点方向，引导市场主体积极参与产能国际合作，带动省内装备制造和设备"走出去"。近年来，福建省政府积极引导和鼓励企业建设境外加工贸易小区、贸易促进中心、工业园区、商品城等多种形式的境外投资合作区，以点带面，整合资源，集聚规模。如，福建中柬投资公司在柬埔寨设立中国（福建）工业园区、福建泛华集团在印尼设立中印经贸合作区、晋江翁萨哈鞋业贸易有限公司投资建设的"波兰新达中国商城"等，形成具有福建特色的集群式"走出去"道路。

其次，闽台东盟合作载体独特。80%以上的台湾同胞的祖籍是福建，东南亚华侨华人中祖籍是福建的有1254万人，闽台两地与东南亚地区习俗相似、文化趋同，民间交流量大面广，闽台东盟特殊关系是福建与东盟交往的一个有效载体。东盟是台湾第二大贸易伙伴和第二大出口市场，特别是中国—东盟自贸区的建成，进一步促进了福建、东盟、台湾三地间的物资和资金流动。目前东盟已成为福建第二大贸易伙伴、第四大外资来源地和第二大对外投资目的地，未来福建、东盟、台湾三地的合作空间将更加广阔。福建在国家号召"走出去，引进来"的战略中，利用其自贸区政策优势和闽商与东盟国家的"商缘"优势，大力吸引东盟投资，东盟已经成为福建省利用外资的重要来源地。长期以来，福建作为中国面向亚太地区的重要开放窗口，与东南亚国家一直往来友好，经贸关系密切。福建产业基础较完善，近年来其出口由劳动密集型产品向高新技术密集型产品转型，资金及技术力量较强，产品性价比较高，建材、纺织服装、机电等产品在国际市场上有一定影响力。近几十年来，东盟各国在港口码头等基础设施、船舶制造、旅游、文化交流等方面，与福建一直有较好的合作。良好的合作基础激发了扩大贸易和投资的愿望。由于经贸往来历史悠久、互补性强，福建一向把东盟列为发展外向型经济的重点。目前，福建与东盟国家在产能合作、产业园区建设等方面有效推进，在电力、农业、制造业等领域都实施了一些合作项目，在公路、铁路、港口等领域的互联互通合作项目也相继启动，在升级海洋合作的同时将港口航运作为与东盟合作的重要领域。在"海丝"核心区和自贸区的"双区"政策驱动下，福建省与"海丝"沿线国家的经贸合作空间进一步扩大。

最后，海洋合作潜力很大。福建省地处中国东部沿海，有广阔的海洋资源及优越的港湾条件，为海洋渔业的合作与发展创造了良好的条件。作为渔业大省，丰富的海洋资源、特殊的海洋区位、良好的海洋产业基础都成为福建海洋经济可持续发展的优势。东盟地处海上丝绸之路的十字路口和必经之地，东盟各国拥有丰富的渔业资源，渔业经济也是各国的传统产业，与福建渔业存在互补性基础，近年来双方在海洋经济领域的合作取得了巨大发展。在远洋渔业方面，福建远洋渔业的规模位居全国第二，在印尼、缅甸等国家建立了多个海外渔业基地（印尼的金马安、马老奇、瑟兰岛，缅甸的仰光、伊洛瓦底江等），可发挥远洋渔业优势，与东盟国家开展海洋捕鱼、海上搜救等多方面的合作。在海洋产业科技方面，目前东盟多数国家仍然以传统的海洋资源开发为主，海洋工程装备、海洋生物、海洋新能源等战略性新兴领域发展缓慢，产业规模较小，技术水平不高。福建可以在海洋产业合作和技术交流方面先行先试，建设"中国—东盟海洋合作中心"，促进国际性海洋产业科技开发与合作。以海洋捕鱼和海洋科技合作为牵引，推动我国与东盟国家签订双边或多边海洋合作协议，推动海上国际合作，既发展经济、促进互利共赢，又缓解海洋争端、保护海上航道安全、实现海上联通便利化。

3. 体制机制创新的先行区域

福建既是"海丝"核心区、先行区，又是自由贸易试验区、国家生态文明试验区、国家自主创新示范区等。这些重大平台的建设，核心内容都是改革开放，都离不开体制机制创新。福建将发挥"多区叠加"的优势，以制度创新为核心，通过先行先试，为中国与"海丝"沿线国家的交流合作拓展新路径。

首先，福建自贸区应在促进投资贸易便利化、推进金融创新、改进监管服务、规范法制环境等方面先行先试，并将创新成果复制、推广，形成区内区外联动发展的局面。

其次，通过建设泉州金融服务实体经济试验区，整合现有地方财政资金渠道，扩大福建省现代蓝色产业创投基金规模和投向范围，增加中资金融机构海外网点建设，鼓励和支持中方企业开展以境外资产、股权等权益为抵押开展贷款，建立海外投资保险支持机制等，逐步实现金融创新。

最后，福建通过加强政府间交流协调以及与相关国家和地区组织的合作，完善与相关国家在投资保护、金融、税收、海关、人员往来等方面的合作机制。一方面加强与广东、浙江等周边省、区、市合作，共建21世纪海上丝绸之路协作网络；另一方面深化与台湾经贸合作，吸引台资企业借道福建拓展东盟市场，促进福建、东盟、台湾三地间的物资和资金流动，形成一体化大市场，实现互利双赢。

4. 人文交流的重要纽带

历史渊源久远。历史上福建是海上丝绸之路的重要起点和发祥地，在对外经贸文化交流方面发挥了重要作用。福州长乐太平港、泉州后渚港、漳州月港等，都曾在不同历史时期的海上丝绸之路上扮演重要角色。福州长乐太平港是郑和七下西洋的重要基地；泉州是联合国教科文组织确认的古代海上丝绸之路起点、宋元时期海上丝绸之路的主港，被称为"东方第一大港"；漳州月港则是明朝中后期海上丝绸之路的始发港。

地域文化特色鲜明。古代海上丝绸之路在开展经贸往来的同时，也成为多元文化的交融舞台，宋元时期兴盛的泉州就是汇聚多元文化的典型。而福建作为侨务大省，旅居世界各地的闽籍华侨华人达 1580 万人，分布在世界 188 个国家和地区，其中约 80% 集中在东南亚。基于华侨华人在 21 世纪海上丝绸之路建设中的战略重要性，国家将福建定位为 21 世纪海上丝绸之路核心区、泉州定位为 21 世纪海上丝绸之路先行区。"一带一路"沿线各国特别是东南亚国家是华侨华人的集聚地区，也是华商力量最强的区域，具有比较雄厚的经济金融实力、比较成熟的生产营销网络、比较广泛的政商人脉关系、比较牢靠的中华语言文化传播平台，具有融通中外的独特优势，是助力"一带一路"建设的重要力量。华侨华人移居东南亚历史悠久，在当地颇具影响力，更重要的是，绝大多数闽籍侨胞具有推动与促成"一带一路"建设的意愿。泉州的阿拉伯后裔达到 5 万人，阿拉伯国家对泉州有一种亲缘感般的认同，无论是"请进来"，还是"走出去"都有天然的优势和氛围。

二 福建省"海丝"核心区建设的机制与路径

（一）建设复合型互联互通网络

1. 拓展空中通道，连接"海丝"航空网

福建省在吸引东南亚国家更多航线经停福州机场和厦门机场的同时，推进福建机场第二轮扩建工程和武夷山机场迁建项目。重点推进厦门新机场建设，强化厦门国际机场区域枢纽功能，将厦门建设成我国至东盟的国际航班中转地。增强厦门、福州临空经济园区，加快航线和港口的合作，发展服务"海丝"沿线国家和地区的国际航空客货运业务，试点航空快件国际中转集拼业务，大力发展沿海捎带业务，将厦门机场和福州机场打造成对接东南亚和南亚国家的国内支点。考虑加开加密航班，开通往东南亚、西亚、欧洲等地的国际航线，开通武夷山—香港—曼谷、晋江机场至马来西亚的定期航班，研究开通福建至斯里兰卡班达拉奈克机场和汉班托塔机场的航班，研究福州、厦门至马来西亚、泰国、印尼、菲律宾等国的航空市场，构筑便捷高效的航空网络。

2. 完善陆路交通，形成东南沿海重要交通枢纽

当前，福建省内陆路交通存在一系列问题。福建省内铁路网建设相对落后，与内陆其他省份畅通的铁路网络不完善，这使得其港口辐射能力不足、腹地资源不足；福建省内铁路集疏运网络不发达，疏港公路支线建设滞后，尚未和港区建立快速运输通道，使得港口与腹地通达性不高；福建出省铁路少且运力低严重影响福建港口发展。主要表现在福州港罗源湾港区铁路支线没有直接连上向莆铁路；江阴港区虽连上了向莆铁路，但窗口空挡不足，缺乏直接连上中西部地区的铁路通道；福建目前只有4条港口铁路支线投入运营，其中连接核心港区的只有2条，另外的8条支线还处于规划建设中；福建出省铁路货运能力也明显不足，出省铁路中有货运功能的共4条，运力约5500万吨，省内其他货运承担了4000多万吨，留给港口的运能有限。

因此，福建打造东南沿海重要交通枢纽应当以省内省际铁路建设为重点，加强以港口集疏运体系为重点的陆路通道建设，推进港口与铁路、高速公路、机场等交通方式的紧密衔接。鼓励发展海铁联运，加强与重点省份的互联互通，畅通福建沿海连接长三角、珠三角的陆上通道，着力打造服务中西部地区的出海通道。同时加快建设5条陆路国际运输大通道：对接中老（挝）泰（国）、中越（南）通道的"福建—昆明—东盟"通道，对接孟（加拉）中印（度）缅（甸）通道的"福建—昆明—印度"通道，对接新亚欧大陆桥的"福建—乌鲁木齐—欧洲"通道，对接中伊（朗）土（耳其）、中巴（基斯坦）通道的"福建—喀什—中亚、西亚"通道，对接中蒙（古国）俄（罗斯）通道的"福建—北京—蒙古国"通道。

一是加强福建省内的铁路网建设，围绕福建核心港区布局港口支线，加强铁路货运能力；二是完善与江西、广东、浙江等相邻省份的铁路通联；三是大力发展海陆联运，加强规划协调，完善集疏运体系。重点加快建设衢（州）宁（德）铁路、福（州）平（潭）铁路、浦梅铁路建宁至冠豸山段、兴泉铁路、吉（安）永（安）泉（州）铁路、福（州）厦（门）铁路客运专线等铁路通道，开工建设厦漳城际铁路，推进福广铁路（龙岩至龙川段）、吉武温铁路、沿海货运铁路罗源湾至福州段等项目；充分利用向莆铁路开通运行的优势，拓展港口腹地，吸引江西方向的货源，加快推进向莆线铁海联运，打通江西省经莆田港的出海通道；闽粤两省应

加快高速公路建设，推动两地国道、省道的良好对接，在铁路、港口等方面加强合作，完善港航设施配套和铁路网衔接，继续谋划更多互联互通的交通项目，打造快速连通两省的现代化综合交通运输体系。此外，还应积极扩展港口腹地，鼓励发展"陆地港"，通过建设大型集装箱港区和大宗干散货港区的铁路集疏运通道来打造连接中西部的出海通道，同时推动中欧（厦门）国际货运班列实现常态化运行，承揽台湾地区货源。

3. 建设海上通道，打造国际高端航运服务平台

首先，目前，福建港口存在一定的重复建设问题，干线港与喂给港交替重合。由于港口的规划和建设主要依靠行政区划来进行，港口管理体制方面政企尚未完全分开，福建省内港口之间存在一定的地方保护主义，同质化竞争和低价竞争现象比较突出，不仅降低了港口的码头利用率，还导致对外难以形成竞争合力。此外，港口集约化和规模化发展不足。目前福建全省沿海港口共有生产性泊位505个，其中万吨级泊位174个，10万吨级及以上泊位30个，配套建设了8条10万~30万吨级深水航道，货物实际通过能力近7亿吨，其中集装箱通过能力超1800万标箱。福建现有477个码头分散在沿海29个县（市、区），3752海里长的海岸线上分布了27个港区共74个作业区。同一港口内的有些港区相互间隔几十公里甚至上百公里，相当一部分港区（作业区）仅有1~2个泊位，规模化特征不明显，港口一体化和深水岸线优势没有得到充分发挥。分散建设港口增加了港口集疏运、拖轮、口岸查验等配套设施的建设成本，也降低了港口生产效率、利用率和服务质量。

因此，要建设海上通道、打造国际高端航运服务平台，首先应理顺福建港口管理体制机制，筹建福建省海洋港口发展委员会，根据事权与支出责任相适应的原则，建立完善省级航道管理机构与地方政府的联动机制，理顺沿海航道、内河航道和通航建筑物建设管理体制机制，健全港口公共基础设施建设和养护制度。

其次，整合优化港口航线资源，完善港口基础设施，加快港口转型升级，以东南国际航运中心为载体，深化与台湾、东南亚和中东主要城市的合作，建设国际物流大通道，集中力量推进重点港区建设，以港口城市为海上合作战略支点，深化与东南亚重要港口的合作。

一是继续提升港口基础设施能力，加快港口转型升级，打造现代化港

口群。"一带一路"倡议提出五年来，福建大力实施港航集约提升工程，港口基础设施建设年均投资超100亿元。未来还应继续加大港口基础设施投资，集中力量推进重点港区发展，着力推进以临港工业为依托的新兴港区建设。以福州港、厦门港为核心，加快推动港区整体连片开发。进一步推进闽东北、闽西南协作区内其他港区与福州港、厦门港核心港区的差异化发展，提高集约化程度，提升核心港区规模化、专业化生产水平。大力完善港口集疏运体系，通过加快建设疏港铁路、公路，促进港口与物流企业、沿海与内陆地区紧密合作，充分发挥福州港、厦门港核心港区对经济腹地的辐射效应，构建良性互动、协同发展的开放格局。推进重点港区大型专业化泊位和配套深水航道等公共设施建设，建成一批能够适应当前航运发展的专业化、现代化大型泊位，为重点港区配套建成10万~30万吨级深水航道、疏港铁路和疏港高速公路。

二是加强与"一带一路"沿线国家的港口物流合作。拓展福建与东盟国家在港口码头、物流园区、集散基地和配送中心等方面的合作，吸引东盟国家有实力的企业来投资港口及临港产业，支持福建港口、物流企业到东盟国家参与港口投资和经营。探索与欧洲枢纽港口比如奥斯陆港、普利茅斯港、汉堡港、鹿特丹港、马赛港、那不勒斯港、比雷埃夫斯港、伊斯坦布尔港建立港口联盟，引进欧洲知名海运物流企业马士基等到福建开展业务合作。推动福建与埃及、吉布提、肯尼亚、莫桑比克、马达加斯加、塞舌尔及南部非洲关税同盟等东南非国家的港口、船舶修造和综合补给基地建设，推进港口以及疏港铁路和公路等基础设施合作建设。

三是大力发展海铁联运，扩展港口腹地。福建应积极推动实施港口新一轮的海铁联运扶持政策，实施精准的补贴政策引导，明确港口海铁联运扶持补贴政策的扶持对象、补贴标准、执行时间，进一步补齐港口海铁联运基础设施建设短板，解决港口铁路集疏运"最后一公里"问题，降低货物海铁联运成本，提高港口集装箱铁路集疏港比例，加快培育和壮大港口集装箱海铁联运市场。通过将海铁联运重箱量纳入扶持补贴箱量的统计来降低中远距离产生的高额滞箱费，鼓励海铁联运实际经营人积极拓展中西部内陆腹地业务，扩展港口辐射范围。提升厦门港拓展内陆腹地业务的能力，吸引更多的中西部货物从厦门港进出，使其具备与宁波港和盐田港竞争的能力。

四是鼓励福建与"海丝"沿线国家共同开辟新航线，畅通陆水联运通道，增加海上航线和班次，加强海上物流信息化合作，拓展东南亚往来海上新通道，发力建设经马六甲海峡、印度洋至欧洲，经印尼至南太平洋，经东海、日本海至南、北美洲等方向的海上运输大通道，加密东南亚、中东等近洋海运航线，延伸拓展欧美远洋海运航线，拓展非洲和拉美地区海运航线。重点加快厦门东南国际航运中心建设，优化厦门港口布局，统筹包括漳州境内的全港区建设，促进福建全省外贸集装箱向厦门集聚，构建覆盖全球主要港口的航线网络，提升厦门港在国际航运中的枢纽地位，加快构筑海上国际运输大通道。拓展中欧（厦门）班列与海铁联运，使厦门港成为"海丝"和丝绸之路经济带关键连接的物流枢纽。完善厦门与台湾主要港口（台中港、花莲港、高雄港、台北港等）和城市的合作，推动厦门与东盟、中东主要港口合作，以贯穿"海丝"重点港口（如马来西亚关丹港、新加坡港、印尼雅加达港、孟加拉国吉大港、斯里兰卡汉班托塔港、巴基斯坦瓜达尔港等）为核心，明确主推航线，大力发展港口联运业务，加快航线建设和港口合作。

五是充分利用罗源湾、湄洲湾两个大宗干散货集散基地和湄洲湾南岸、古雷港区两个石化基地，扩大天然气、煤炭、矿石等大宗物资进口，承接海上丝绸之路相关国家煤炭、铁矿石、天然气、油品等大宗货物转运，打造东南沿海海上丝绸之路能源矿产进口重要口岸和加工基地，构建海外国家在福建的矿产、能源进口中转及加工基地。

六是集中力量打造重要港区，着力打造国际集装箱干线港、区域性邮轮母港，以厦门港为基础、以福建沿海港口群为支撑，着力建设两岸航运交流合作先行区，国际航运服务业聚集发展示范区，东南沿海国际物流中心。重点推进福州港江阴港区建设，加快厦门国际邮轮母港建设，开通福建—台湾—香港—东盟邮轮航线。江阴港区作为海上丝绸之路核心区的支点港口，是所有港口中"一带一路"航线占比最高的，必须继续发挥其优势，加快建成国际深水码头，实现江阴港区货物吞吐量的进一步增长。江阴港区大力完善干支线网络，开辟了往宁德、马尾、泉州、莆田、台湾、香港的支线网络，奠定了江阴港区作为集装箱枢纽港区的地位。目前，世界主要的航运联盟均已落户江阴港区，须探索开辟覆盖包括曼谷在内的东南亚各大基本港。江阴港区应在增强水水中转业务的同时，继续不断地开拓水铁中转业务，拓宽除江西外的港口腹地。推进建设厦门国际邮轮母港，积极发展东北亚、东南亚等邮轮航线，构建集旅游、观光、会展、商贸于一体的东渡邮轮服务集聚区，继续践行创新"邮轮+文化""邮轮+目的地"等特色发展模式，不断优化邮轮发展营商环境，在吸引更多国际知名邮轮靠港厦门的同时，增大旅客吞吐量。

七是选择海上支点国家，与其重要港口结为友好港口。深化与马来西亚港口合作。马来西亚民都鲁港为全天候港口，处于西马、新加坡、文莱及沙巴州的中心点，目前是全球第二大 LNG 出口港。马来西亚正在加大对该港的扩建，要将之建成"区域枢纽港"。因此，福建应推动湄洲港和民都鲁港深度合作，鼓励位于莆田秀屿的福建 LNG 接收站从马来西亚进口天然气，实现能源和港口的双重合作。利用福建省内和马来西亚的旅游资源和邮轮产业优势，发挥华人邮轮巨头云顶集团的作用，开通厦门邮轮母港至马来西亚吉隆坡和东南亚其他港口的邮轮航线。与此同时，福建应抓住目前马来西亚的巴生港、马六甲港等港口在大规模扩建的机遇，鼓励省内的中资企业参与，推动钢铁建材、工程机械、水泥等优势产业参与其中。开展与斯里兰卡的港口合作。加开厦门港、福州港或泉州港至科伦坡港、汉班托塔港的班轮航线。密切与招商局国际的合作，吸引招商局国际加大对福建港口建设和运营的投资力度，并协助福建与斯里兰卡建立港口合作关系。

4. 推进信息通道建设和口岸通关协作

建设现代化信息通道。推进与"海丝"沿线国家的跨境光缆等通信网络设施建设，重点推动建设与马来西亚、印度尼西亚、泰国等东盟国家的信息走廊，搭建面向东盟国家的跨境电子商务及物流信息共享平台，完善信息网络合作和信息传输机制。实施跨境电子商务等新兴贸易业态监管机制，推动完善跨境电子商务海关监管平台的迁移和整合。推动互联网金融支付和港航物流信息融合，支持厦门建设以海运快递为核心的两岸快速物流通道及跨境电子商务产业园。完善电信基础设施，加大新一代信息基础设施建设投资，充分发挥厦门对台通信业务出入口的作用，进一步提高互联网通信出口带宽，为"海丝"提供优质的信息基础设施。

推进口岸通关协作。扩大口岸开放，促进港口通关有效整合，加强口岸基础设施建设，完善口岸通关机制，推动沿线电子口岸信息互换和服务共享，提升口岸通关便利化程度。继续加强与国内港口物流信息服务、电子口岸服务、跨境电商服务、大型物流企业信息服务等资源的互联互通。支持发展跨省区"陆地港""飞地港"，提升"厦蓉欧"（厦门—成都—欧洲）、"台平欧"（台湾—平潭—欧洲）亚欧货运通道功能，与"海丝"沿线国家或地区港口建立紧密型的物流供应链体系。推进福建与东盟国家跨境运输便利化，加强海上物流信息化合作，依托福建省内国际贸易"单一窗口"平台，推进保税区、出口加工区、保税物流园区、保税港区等海关特殊监管区域的整合，探索推进福建与东盟国家、台港澳地区及海上丝绸之路沿线区域的口岸通关部门信息互换、监管互认、执法互助等，打造便捷的通关体系和快速检验检疫模式，提升货物流通和人员往来便利化程度。

5. 设立"一带一路"基础设施联通基金

福建可以由省级财政提供启动资金，向金融机构、大型国有企业、知名投资机构等定向募集更多资金，设立省级"一带一路"基础设施联通基金。可运用基金鼓励发展航运金融业。设立国际海运、航空航线发展专项奖励资金，对老旧运输船舶和单壳油轮报废更新给予专项资金补助，对于新增、复航和加密中远程国际航线的航空公司给予补贴，对提高旅客中转率、增加国际货邮运量等航空枢纽建设工作给予补贴。促进铁路投融资体制改革，努力改善和提高铁路投资效益，促进铁路建设的可持续发展。

（二）拓展"海丝"经贸合作

1. 差异化推进国际产能合作

福建省应基于本省的产业基础和发展潜力推动投资贸易的可持续发展，结合"海丝"核心区、自贸区、福州新区、厦门服务外包示范区、泉州金改区、智能制造示范区等区域特色产业基础，突出重点，有所突破，差异化推进国际产能合作。目前，福建经济对出口贸易的依赖度较高，低技术制造品和服装占福建出口总额的比重大，福建企业必须优化出口商品结构，转变经营策略，通过与"海丝"沿线国家开展产能合作实现产业结构转型升级。根据"海丝"沿线国家的产业特点和资源禀赋差异，更加积极主动地推动福建企业"走出去"，鼓励和引导福建具有一定优势的机械装备、建筑建材、能源矿产、纺织鞋服等龙头企业到"海丝"沿线国家投资兴业，牵头建设境外经贸合作区和制造业基地，向外输出先进装备、技术标准、管理经验、营销模式,实现在更大范围内布局产业链和供应链。制定产业合理化政策推动企业兼并重组,提高产业的集中度,发展具有知名品牌和核心竞争力的大中型企业,提升中小企业专业化分工协作水平,打造一批具有创新能力的企业集团,以福建与东南亚国家的合作为重点,着力推动与相关国家的经贸合作。与此同时,积极吸引跨国公司及全球领先企业对闽战略投资,引导外资重点投向高端制造业、高新技术产业、现代服务业和节能环保等领域,深化与"海丝"沿线国家和地区在集成电路、平板显示、数控机床等领域的合作,促进产业向中高端发展。

(1)深化与东南亚国家的合作

当前福建与东南亚国家的经贸合作面临诸多问题。首先,东南亚各国生产力水平发展不均衡,人均收入水平和人口总量差异较大,从而影响其消费水平和市场规模,进而影响福建省内企业开拓东南亚各国市场的动力和机会。其次,福建出口到东南亚的劳动密集型产品和农产品等低附加值产品与东盟的本土产品同质化严重,在当地市场的竞争优势不明显,而在高附加值的产品如机电产品上福建企业水平有限,竞争优势不足。福建与东南亚国家相似的出口结构及其在国际分工中相似的演化路径,导致两者在第三方市场上存在直接竞争。最后,福建周边省份与东盟的密切往来对福建形成一定的竞争,云南、广西、广东等与东盟邻近,这些省份自然成为东盟贸易合作的首要目标。

因此,在进一步推进与东南亚国家的经贸合作过程中,福建必须充分发挥自身优势,重塑产业价值链,提升福建省企业的竞争力。一是充分利用互补优势,加大资源合作力度。近年来,福建对橡胶、木材、石油等原材料的进口需求不断增加,而东盟地区又是这些原材料的盛产地。泰国、印尼、马来西亚等国家农业发展条件好,农业颇具优势。福建应该在资源能源及农业方面与东盟各国深化合作,取长补短,全面带动相关产业链的发展,并引导华商企业与省内有实力的企业联手,合理利用资源,加速中国—东盟一体化进程。二是发展核心价值链。福建省具有一定优势的机械装备、石油化工和电子信息三大主导产业,应注重发展核心产业链,密切关注东南亚各国的产业结构调整,主动对接并推动产业转移,在维持制造业增长的同时,积极发展高新技术产业。加大招商力度,吸引东南亚国家扩大对福建的通信、旅游、交通运输、文化娱乐、金融等服务产业的投资。

三是开展与东南亚各国的差异化经贸合作。东南亚各国经济发展水平各异，既有发展中国家，也有发达国家。因此，福建与东南亚各国的经贸合作应实行差异化政策。例如，针对缅甸、柬埔寨、越南等国，应以技术、设备和资金的输出为主，充分利用当地丰富的劳动力，建立工业园区、设立工厂；针对新加坡，应以拓宽双方在金融、物流和高新技术等领域的合作为主，推动福建机械设备、石油化工、电子信息产品等的出口；针对泰国，则应以加强在贸易、科技、投资等领域的合作为主。具体如下。

①新加坡。针对新加坡，应以拓宽双方在金融、物流和高新技术等领域的合作为主，推动福建机械设备、石油化工、电子信息产品等的出口。依托新加坡高科技产业集群的产业链，扩展双方在科技研发、生物医药、信息共享、人才培养等方面的合作。同时，新加坡在金融、物流、医疗、教育等领域具有竞争优势，福建的这些产业处于发展的关键时期，因此，福建可以重点加强与新加坡在现代物流、金融、信息服务、服务外包等生产性服务业和商贸流通、健康服务、文化体育等生活性服务业的合作。

②马来西亚和泰国。马来西亚和泰国在互联网、汽车制造、电子电器产业方面比较发达，福建可在电子商务及互联网产业、电子电器及智能手机产业、汽车零部件及配套产业等方面与其合作。对于泰国，应以加强在贸易、科技、投资等领域的合作为主。泰国在土地、水源、食品加工等方面具有优势，已经成为亚洲最成功的食品出口国之一。泰国政府比较重视食品加工、橡胶产品、农产品贸易、生物技术及冷藏库等方面的建设，而福建很多企业都具有农产品加工、食品加工方面的优势，因此可以寻求在泰国的合作和投资机会。对于马来西亚，首选巴生港自贸园区，开展基于自贸园区的高标准、高水平的开放合作。福建在巴生港自贸园区有一定的基础，福州港和厦门港与巴生港缔结为友好港口，福建南山集团2015年在该园区建立福建特色馆，专门展示福建优势产业集群的产品，另外福建自贸区和巴生港自贸园区都是高度贸易便利化和投资自由化的园区，都具有制度优势。目前，巴生港自贸园区在规划建设国际轻工产业园，应引导福建鞋服纺织等轻工企业在该园区加大投资，形成福建产业集群，充分利用自贸园区的优势，开展各类转口贸易、生产加工业务，并以此为基地辐射整个东南亚市场。同时，巴生港还有著名的电子产业集群，巴生港所在的

巴生河流域（即巴生谷）在国际上有一定知名度。要推动福建电子信息业厂商和当地厂商开展研发、生产、营销方面的合作，共建研发中心、生产工厂，并共同开拓国际市场。

③印尼和菲律宾。福建在与印尼、菲律宾的产业合作上，要深化双方的基础设施建设合作、农业合作、海洋领域合作和能源投资合作。目前，印尼和菲律宾都在扩大基础设施建设，而中国在基础设施建设方面已经积累了很多经验，福建企业应该加大对其投资的力度。另外，印尼和菲律宾作为传统的农业国家，福建可以加强与其开展林业、渔业养殖和捕捞等方面的合作，支持福建企业在境外设立农业生产基地，参与海外农产品物流体系合作建设。此外，能源合作是福建与印尼经贸合作新的增长点，印尼是中国重要的能源合作伙伴，目前福建液化天然气项目已成为两国间的战略性合作项目，双方可在石油、天然气、煤炭、电力等领域以及风能、生物质能等可再生能源方面加强合作，逐步创造共同受益的能源发展环境，实现双方合作领域的可持续发展。

④柬埔寨。对于柬埔寨，应大力建设在柬埔寨设立的福隆盛（中柬）工业园。福隆盛（中柬）工业园位于柬埔寨临海的贡布省，由在柬侨商与国内企业共同投资建设。其定位是以重工业、建筑材料和汽车生产为主，大量生产钢材、汽车配件、PCV管、小五金及水泥等建筑材料，直接对接柬埔寨基建市场。该园区拥有储藏量达1.4亿吨的石灰岩矿山资源，预计可开采40年。目前该园区内的侨资企业泰文隆集团的水泥厂已正式投产，按照规划，2020年将达到年产500万吨规模，可解决柬埔寨水泥市场需求总量的60%。同时，该园区在贡布港也规划有1000多公顷土地，将形成一园两区的格局，联通物流供应链，形成一个辐射东南亚中部的重要工业基地。此外，柬埔寨具有帮助福建实现境外投资和产能转移的优势。具体表现在：柬埔寨近年来政治环境相对稳定，积极融入区域一体化和东盟一体化建设；柬政府拟定了鼓励外商投资的具体措施和柬埔寨新发展战略；具有丰富的自然资源、人力资源，内需市场潜力巨大；具有较好的外部优惠条件，美、欧、日等28个国家都给予了柬埔寨普惠制待遇（GSP）。因此，福建应以福隆盛（中柬）工业园为依托，探索与柬埔寨开展更深层次的合作，利用规划土地吸引福建钢铁冶金、建筑建材和纺织鞋服产业等劳动密集型企业入驻，实现产能转移目标。

⑤其他国家。福建还与东南亚其他国家（越南、文莱、缅甸、老挝）进行合作，由于这些国家具有优质廉价的劳动力资源和自然资源，市场还处于待开发阶段，而福建在劳动密集型产业如纺织面料、鞋帽等方面有巨大的优势，因此双方合作发展潜力巨大。福建应鼓励企业"集群式""走出去"，将低附加值、过剩的产能转移到东盟发展水平较低的国家，在东盟国家设立机械装备制造工厂，在基础设施建设、自然资源开发等方面开展合作，与当地企业共同投资形成产业集聚效应，扩大国际间产业分工格局，取长补短，推动福建省产业结构的转型升级。

（2）深化与"海丝"沿线其他国家的合作

①推进与斯里兰卡的合作。首先，可以建设福建—斯里兰卡工业园，争取将其纳入中国"一带一路"规划，特别是放到"中斯产业园"中，成为"中斯产业园"的"园中园"项目。"中斯产业园"的开发将引领和带动斯里兰卡南部地区整体发展，可能成为斯里兰卡建设高附加值产品加工中心、国际航运中心和国际商业中心的重要依托，也是中斯双边投资和产能合作的重点。其次，推动福建—斯里兰卡"两国双园"合作。发挥福建在冶金、机械、建材、电子信息产业的优势，面向斯里兰卡及南亚各国市场，参照中国—马来西亚"两国双园"模式，开展福建—斯里兰卡产能合作。选择福州、厦门或平潭自贸片区，以及科伦坡、汉班托塔、高勒港、亭可马里作为"两国双园"的载体，采取政府牵头、企业主导的合作模式。如，中国机械设备股份有限公司（CMEC）在斯里兰卡投资规模巨大，在斯里兰卡政府内部人脉资源丰富，可以探索福建省、CMEC和斯里兰卡三方联合建设"两国双园"，通过产业园区搭建两国优势产能合作平台，并将其打造成21世纪海上丝绸之路的标志性项目。最后，开展与斯里兰卡的茶产业合作。在茶产业方面，福建武夷山市桐木关是世界红茶发源地，福建的茶业种植、加工和连锁销售在全国具有领先性和影响力。建议福建茶叶企业赴斯里兰卡考察，开展对接合作，依托福建农林大学和天福茶学院开展茶业技术培训等合作。

②推进与巴基斯坦的合作。中巴经济走廊作为连接丝绸之路经济带和21世纪海上丝绸之路的重要通道，是连接中国西北地区与印度洋的重要通道，对巩固中巴友谊以及改善中国的地缘政治和地缘经济环境有重要影响。福建省作为"海丝"核心区，必然要助力中巴经济走廊的建设。在贸

易合作方面，继续将福建的传统优势商品（如纺织、鞋帽等）、机电产品等作为与巴基斯坦贸易合作的重点领域，将巴基斯坦作为福建拓展中东市场和中亚市场的一个桥梁。巴基斯坦所在的地区有丰富的矿产资源，而福建作为资源匮乏型省份，近年来对南亚的资源性产品（主要是矿产品）的需求量越来越大。因此福建要加强与巴基斯坦在矿产资源领域的贸易合作。在产能合作领域，从福建与巴基斯坦的比较优势和需求来看，应将水泥、钢铁、轻工、纺织、机电、矿业作为福建在巴基斯坦进行投资合作的重点领域。积极引导和推动这些行业的企业到巴基斯坦的瓜达尔港自由区和中巴经济走廊规划工业园区进行投资合作，这样既可以在更广阔的空间里优化福建企业的资源配置，实现产品生产当地化，更好地开拓西亚和中亚等国际市场，还可以为巴基斯坦引入大量的资金、管理、技术和人才，提升巴基斯坦的工业化程度，改变巴基斯坦工业发展落后的局面。

③推进与非洲国家的合作。重点布局北非的埃及和摩洛哥的港口及重要城市，在尼日利亚、安哥拉、喀麦隆等西部非洲石油生产国经营机电产品和运输工具。在东非重点布局肯尼亚和坦桑尼亚的港口及重要城市，如达累斯萨拉姆、桑给巴尔、内罗毕和蒙巴萨等。以南非为中心，设立贸易公司和经营网点。对中非和东非的低收入国家，重点销售服装、鞋帽等日常生活用品，以契合市场需求。

④推进与欧洲国家的合作。在与欧洲国家合作的过程中，外资引进型是产能合作的首选。增加对欧盟技术与设备的进口，加快改造传统产业，努力发展现代农业、先进制造业、高新技术产业、节能环保和新能源产业、现代服务业。组建同业公会联盟，集群式拓展欧洲市场。继续推动欧洲中国茶叶交易中心的运作，鼓励福建省陶瓷行业和纺织服装行业抱团开拓欧洲市场，提升企业组织化程度和谈判议价能力，形成规模和品牌效应。积极培育和发展电子商务平台，发展对欧贸易新业态。充分吸引欧盟高技术企业，提高福建利用外资的技术含量。利用欧盟技术改造福建传统产业，鼓励福建企业在意大利等国家投资服装、鞋帽等传统产业，吸收欧洲时尚生产技术，就地加工销售。利用欧洲企业的专业知识和技术能力提升福建企业的研发设计等核心竞争力。福建企业应开展对中东欧的工程承包和设备输出，并在向中东欧转移过剩产能的过程中合理利用欧盟的政策

优惠，推动福建企业的设备和产品进入欧洲市场，服装行业如皮草、高档滑雪服及运动装备可采取加工贸易等方式进入欧洲市场。

2. 打造"海丝"生产价值链

（1）布局"走出去"战略支点，打造"海丝"生产价值链

福建省已经与不少"海丝"沿线国家的城市、港口建立了友好城市、友好港口的关系，未来可进一步加强宏观规划，明确重点领域投资，并从构建福建"海丝"经贸合作网络的视角出发，统筹布局"走出去"的战略支点。需要对"海丝"沿线的重要城市（地区）进行深入考察、分析研究，筛选出一些重点区域，结合福建省对外经贸合作需要和这些区域的地理、经济特点，规划布局贸易物流型支点、生产制造型支点、科技研发型支点和综合型支点，以境外经贸合作区、产业园区、生产加工基地等实现项目的建设和运营，并将其与福建省连接起来，构建福建"海丝"经贸合作网络，逐步建立各个支点区域的物流连接、贸易连接和资本连接，最终形成以福建省为中心的全球生产价值链。

建立服务贸易专项扶持资金。一是加大对重点培育企业的资金支持力度，培育行业龙头企业；二是重点扶持一批服务出口基地，包括旅游、软件和信息服务的出口、飞机及其零部件维修服务、文化服务出口（油画、动漫网游、文物拍卖、影视制作等）、教育服务出口以及跨境电商服务等，培育福建外贸出口新优势；三是重点扶持新兴服务贸易行业，优化服务贸易结构，如重点扶持比重偏低但发展潜力大的高新技术研发、信息技术服务、金融服务、文化贸易等新兴服务业。

依托境外经贸合作区和产业园区促进优势产能有序转移，推动重点行业转型升级。重点支持福建企业在"海丝"沿线国家建设冶金、机械、纺织、服装、制鞋等产业合作园区和制造基地，打造一批跨国公司和国际知名品牌。努力培育知名品牌，举办"福建品牌海丝行"活动，依托福建牵头的"海丝"沿线国家境外展会，获取更多买家资源，推动福建产品在"海丝"沿线国家和地区的销售。即：以福建优势产业为中心进行跨国分工，打造"海丝"生产价值链，福建企业负责跨国运营、技术研发、时尚设计和高端制造，以"海丝"沿线国家和地区为生产加工基地和销售市场，推动福建企业向价值链的高端环节爬升。同时，加强园区互动，形成产业链互补。依托福州软件园、厦门软件园、福州 TMT 产业园、福州物联

网产业园等专业园区的发展，形成新的产业支柱。组织园区交流会，推动园区交流发展。

①建设轻纺鞋服境外工业园。以印尼万隆、泰国清迈、柬埔寨西哈努克港特区和孟加拉国等东南亚纺织服装产地为重点，在境外建设轻纺鞋服福建工业园，实现产业链国际化布局。

②建设国际合作产业园。以厦门、福州、泉州的台商投资区及各临港工业园区为基础，依托纺织、机械、电子、信息等产业与"海丝"沿线国家和地区共建产业园区。

③推动"海丝"金融机构入住。鼓励海外闽商在闽设立侨商银行，吸引新加坡、中国香港等地的银行入驻福建，支持东盟各国银行在福建的发展。

（2）打造重大经贸合作平台，促进双向投资

配合国家办好"一带一路"国际高峰论坛，办好亚洲合作对话（ACD）共建"一带一路"合作论坛暨亚洲工商大会、厦门国际海洋周、海上丝绸之路多边商务理事会、中国（泉州）海上丝绸之路国际品牌博览会等系列活动，以提升福建品牌和产品知名度。并依托中国国际投资贸易洽谈会、海峡两岸经贸交易会、中国·海峡项目成果交易会等会展平台，举办海上丝绸之路主题活动，在投洽会期间筹划举办"一带一路"投资合作和项目对接活动，扩大双向投资。继续在印尼、荷兰、斯里兰卡、比利时、泰国、柬埔寨、马来西亚、老挝、日本、韩国、美国、澳大利亚、菲律宾、缅甸、德国等国举办"中国福建周"系列交流活动，推动福建与这些国家在经济、文化、旅游、农渔等各领域的交流与合作。联合东盟、欧洲、非洲等国家驻华使领馆举办福建经贸推介会和国际产能对接会，积极推动福建的轻工、纺织、建材、医疗卫生、工程机械、渔业养殖等优势产能企业"走出去"。组织企业参加"亚欧互联互通产业对话会""南非中国周""中国—斯洛文尼亚投资论坛""中非合作论坛""印度国际综合商品交易会"等活动，开展国际产能和装备制造合作项目对接。推动在印尼等国合作兴建远洋渔业基地和渔业养殖基地，支持"中柬工业园""中肯·智造城""新加坡佳通集团工业园"等园区建设，协助吸引福建省相关领域的企业入驻产业基地和园区。加大招商力度。推动设立"海丝"投资基金，在"海丝"沿线国家增设境外投资贸易联络点，加大央企、500

强名企招商力度，吸引"走出去"需求强烈的央企、民企在厦门设立面向"海丝"沿线国家的区域总部。利用厦门投洽会、文博会、佛事展、石材展等重大展会契机，吸引"一带一路"沿线国家和地区的企业来福建参展和办展。积极举办"一对一"双向投资推介活动，继续举办中国（福建）—越南经贸合作论坛、中国（福建）—埃塞俄比亚投资合作论坛，在新加坡、马来西亚举办投资专场对接会，充分利用福建侨商资源优势，推动生成一批"海丝"外资重点招商项目。

3. 利用自贸区平台，创新商贸机制体制

首先，营造良好的外商投资环境。以福建自贸区建设为契机，转变政府职能，实施"负面清单+准入前国民待遇"的投资管理制度，对东盟国家企业申办营业执照、税务登记证等实行"一表申报、一口受理、一照一码"模式，提升投资自由化和便利化程度。对标高标准贸易规则，加快探索构建开放型经济新体制机制。按照"成熟一批、推广一批"的原则，抓紧在福建全省复制推广自贸区改革试点经验，逐步推进外商投资由行政审批制向备案制改革，全面提升福建省外商投资便利化水平。加强事中事后的监管，提高行政管理的透明度，支持外商投资企业享受与内资企业同等的国家和福建省各项鼓励和扶持政策，营造福建省国际化、市场化、法制化的营商环境。

其次，推动对外经贸合作支撑体系建设。积极发展跨境电子商务和国际物流服务平台，推动福建企业在"海丝"沿线国家建设仓储基地或第三方跨境电子商务平台，加快海外商贸物流基地建设，建设"海丝"沿线国家国际营销网络、商贸园区和商品市场。建设福建省口岸"单一窗口"，创新口岸大通关新模式。进一步提高海关、检验检疫、人员出入境、外事管理等方面便利化水平。推进对外投资合作安全权益保障体系，健全境外安全风险预警和信息通报制度，完善境外突发事件处理机制，加强境外中资机构和人员安全管理，指导企业做好安全风险应对工作。加强安全信息收集评估，强化对外投资合作金融风险管理。完善境外国有资产监管机制和责任追究制度，实现境外资产保值增值。

再次，创新招商引智政策。欧盟是世界三大智力资源高度集中的地区之一，集聚着全球著名的大学与研发机构。要改变引资政策，将引进外国智力资源放在战略地位，将自贸区建设成要素和人才双向自由流动的高地,将引进东南亚和欧洲知名大学和职业教育机构作为工作重点。引进德国制造业的工匠精神和职业教育技术助力福建发展创新制造业,鼓励福建高校与"海丝"沿线国家高校合作共同培养研究生和职业技术人才。尝试探索更具有灵活性的涉外用工政策,创新人才制度,促进自贸区内外人力资源的自由流动,探索技术移民制度。降低福建省办理绿卡手续的复杂性,为自贸区企业员工的跨境流动提供便利的出入境签证服务,吸引自贸区企业所需的国际研发、创新人才来闽兴业。利用自贸区优势,扩大服务业开放,吸引服务贸易和服务外包领军企业落户福建,重点包括软件、动漫、医药研发、试剂检测、物流供应链、电商平台设计运维等。

最后,推动金融市场化改革,创新金融扶持政策。支持各类金融机构在试验区设立分支机构,允许民营银行、金融租赁公司和消费金融公司等金融机构入驻。在自贸区内试行人民币资本项目自由兑换,金融产品利率市场化、人民币跨境使用等。探索构建福建与东盟的区域金融中心,加强多边的资本市场合作、货币合作和金融监管合作,鼓励区域内企业的交叉上市,加强区域内金融参与主体间的融合,建立货币结算中心,完善区域内统一的金融监管标准,推进跨境贸易投资的人民币结算,加强多边信息互换与共享平台,降低国际结算、股权投资、信用等风险。实现金融机构资产价格定价市场化、金融产品利率和汇率市场化。鼓励企业设立自由贸易账户、开展离岸业务。充分利用境内外两种资源、两种市场,实现跨境融资便利化。拓宽企业和项目融资渠道,完善融资担保机制,引导金融机构创新产品和服务。深化跨国公司总部外汇资金集中运营管理试点,促进跨国公司设立区域性或全球性资本金管理中心,助力贸易投资便利化。引导企业与国际性金融机构和专业投资机构合作,鼓励商业银行、信用保险公司对企业对外投资给予更多实质支持。充分发挥政策性和商业性保险的保障作用,降低投资、贸易合作风险。

4. 深化对台贸易,推动两岸共建海上丝绸之路

首先,发挥福建临海近台优势,以产业合作为抓手,深化福建自贸区与台湾自由经济示范区对接,建设两岸贸易中心、两岸区域性金融服务中心。推进新兴产业和现代服务业对台更深度的开放,促进人员、资金、服务要素的自由流动,探索建立两岸健康养老试验区,强化两岸在跨境电商、旅游和医疗服务领域的合作。支持台胞在自贸区内享受与大陆居民同

等待遇，打造创新创业新平台，扩宽交流交往新渠道，做大做强"三创"基地，建设两岸新兴产业和现代服务业合作示范区。与台湾地区强化在新一代信息技术、生物科技、金融服务、文化创意、观光旅游、现代物流和服务贸易等产业领域的对接，实现闽台产业对接，建设两岸新兴产业创新研发示范基地和高端产品制造基地，扩大对接船舶、生物医药和大型基础设施设备等领域的业务。在信息技术方面，对接物联网、云计算、电子信息产品制造业、软件和动漫制作，打造物联网通信传输产业基地、中国国际信息技术（福建）产业园、海西（泉州）云计算产业园和泉州软件园、厦门软件园等重要基地。在生物科技方面，对接生物医药产业，对接茶叶、花卉和果蔬等农产品种植与深加工制造业；在金融服务方面，对接福建自贸区、泉州国家级金融综合改革试验区，加强闽台金融服务交流与合作；在文化创意方面，对接台湾地区影视、图文出版、流行音乐、娱乐、设计创新、广告产业、设计产业、工艺产业、数字休闲娱乐产业、设计品牌时尚产业和创意生活产业等；在现代物流方面，对接福州港和厦门港，对接泉州湾中心港区、肖厝港区和斗尾港区大宗货物海铁联运物流枢纽港，引导和吸引台湾地区物流企业入驻泉州九大综合物流园区。通过各领域的深化合作，促进闽台经济的深度融合、形成跨海峡经济圈。

其次，将对台合作与对东盟合作的优势结合起来，以创新理念探索台湾企业参与"一带一路"建设的新模式，大胆先行先试，为中央对台工作开辟新思路、闯出新局面。同时加强福建相关企业的涉台培训，做好经贸合作中的对台工作，让企业发挥重要的对台宣传作用。利用厦门工博会平台举办"两岸经贸论坛""海峡两岸工业合作与发展论坛"，通过举办"海峡两岸健康产业合作发展论坛"等系列活动构筑两岸经贸合作平台。

最后，推动福建企业与台湾企业共同开拓"一带一路"国际市场，加强闽台"离岸式"合作。目前，福建已经把"推动闽台携手拓展国际合作"列为建设"海丝"核心区的八项主要工作任务之一。如，探索福建企业与台资企业携手在东盟国家建设产业园等，共同参与"一带一路"投资和发展项目，实现"两岸联手赚世界的钱"的目标。台湾企业拥有丰富的海外投资经验和产业转移经验，熟悉国际法规、惯例，在发展中国家享有良好声誉，福建企业在向"一带一路""走出去"过程中可以与台湾企业合作，联合投资，学习台湾企业处理国际业务的经验，而台湾企业也可以抓住"一带一路"的机遇，深化在全球的产业布局，提高其在全球产业链上的优势和地位。此外，台湾有不少中小企业往往在某个细分领域具有很强的竞争力，可以推动福建企业积极利用自身的资金与政策优势，与这类企业合作开拓国际市场。

（三）推进海洋全方位合作

福建省海域面积比陆域面积还大，海洋产业、海洋环境、海洋文化等都可以成为"海丝"核心区建设的重要抓手。在这些领域，福建省已经具备一些优势。但福建省与"海丝"沿线国家的海洋渔业合作也存在一些问题。首先，渔业发展水平阶段不同。由于设备、人员素质等方面的差异，以及技术发展和应用水平的不同，双方在合作过程中不能完全实现优势互补，或合作不稳定甚至无法形成合作。其次，海洋事务管理中的纠纷时有发生。在海洋捕鱼作业中经常出现违背合作原则的过度捕捞问题，尤其是远洋渔业经常出现纠纷，因此，秉承渔业可持续发展的原则，各国要加强这方面的磋商协调，在21世纪海上丝绸之路合作共赢理念下，构建一个有效的管理机制。最后，在渔业资源和环境维护等方面的合作还比较少。特别是在共同海域开展渔业资源保护的工作还很有限，比如在设定重点海域保护区或者禁渔区、对捕捞船只的控制等问题上的合作比较难。因此，福建必须认清现有海洋合作的问题，积极与"海丝"沿线国家开展海洋渔业合作，积极推进"智慧海洋"建设，鼓励和支持有实力的企业到沿线国家和地区建设远洋渔业产业园区、海外综合开发基地，同时加强与这些国家和地区在海洋研究开发、海洋科技创新、海洋环境保护、海洋安全救助等领域的合作，实现海洋产业的对接，与"海丝"沿线国家和地区共同扩展蓝色经济空间。

1. 积极发展远洋渔业

积极发展远洋渔业。积极开发太平洋、印度洋、大西洋等公海渔业资源，发展大洋性渔业。同时，进一步拓展包括东盟各国在内的主要入渔国渔场，巩固提升过洋性渔业。着力推进中国—东盟海上合作基金项目，积极扶持福建远洋渔业企业加快远洋渔船更新改造并向非洲等区域转场，引导其在印尼、缅甸、毛里塔尼亚等关键支点国家建立远洋渔业生产基地、水产养殖基地、冷藏加工基地、海外综合开发基地和服务保障平台，推进金马安等渔业综合基地运作。开展"互联网+"现代渔业行动，合作开发海洋渔业资源，与东南亚国家共建共享深海海底生物资源库和平台，提升海洋渔业信息化水平，建立与东南亚、南亚、西亚及非洲有关国家长期稳定的渔业捕捞合作关系，探索为"海丝"国家提供远洋渔船检测服务、远洋渔民教育培训等。重点支持宏东公司毛里塔尼亚远洋渔业综合基地的扩建、世海公司几内亚比绍远洋渔业产业园的续建等，支持中国和利比里亚国际渔业综合基地加快开展前期工作。继续扩大对印度洋沿岸的南非、肯尼亚、莫桑比克和马达加斯加等国家和地区的渔业投资，将远洋捕捞与渔业深加工相互结合，因地制宜地拓展闽非渔业合作。

鼓励福建海产品出口企业进一步升级贸易种类，以满足不同区域的消费者对于海产品的差异化需求。建立海产品质量安全管理合作机制，对入境海产品采取"统一申报、集中查验、分批核放"的模式，推进双边海产品通关便利化。逐渐优化福建与东盟和南亚国家海产品市场结构，促进与国际市场接轨。通过建立统一的海产品流通、交易市场，加快福建省内的福州海洋产业基地和宁德（霞浦）综合基地等渔业产业园区、东盟国家海产品交易所分中心等基础设施的建设，增加海产品交易种类和交易量，扩大大宗海产品现货和期货交易规模，吸引更多的境内外机构、投资者进入，提升线上交易总量和线上交易金额，促进现货交易和线上交易良性健康发展。不断完善中国—东盟海产品交易所信息化交易平台，鼓励福建的海产品生产和营销企业利用交易信息平台的数据整合优势，采取降低物流成本、减少库存等措施，降低双边海产品的价格，推动中国—东盟海产品交易持续拓展。

2. 拓展海洋合作领域

深化海洋科技和生态环境保护合作。推进福建与东盟、南亚国家的科研机构建立海洋生态保护联合实验室，建立海洋生物样品库和重要海洋生物种质资源库；与"海丝"沿线各国家开展基于生态系统的海洋综合管理研究，研发海洋环境保护和生态修复技术，联合进行海洋生态监测和环境灾难管理，深化海洋预报警系统研制的区域合作。搭建海洋保护区交流平台，以中国—东盟海洋合作中心为依托，联合国内外科研机构和高校开展海洋保护区管理经验交流和技术分享，加强福建与东盟等国家在海洋生态环境保护与修复、海洋濒危动物保护、海洋生物多样性、海洋生态系统服务等领域的交流合作，争取在海洋监测、海洋环境保护、生物多样性和海洋资源利用等领域制订共同行动计划。依托厦门国际海洋周，举办好"中国—东盟海洋经济合作论坛"，共同探讨和开展在海洋综合管理、减灾防灾、科技交流、环境保护、海洋文化等方面的合作。充分利用中国—东盟海产品交易所、海峡项目成果交易会、厦门国际海洋周、"6·18"虚拟研究院海洋分院等科研、交易平台，整合资源，推进福建省海洋产业集聚发展。同时，倡议"海丝"沿线各国共同发起和实施"绿色丝绸之路使者计划"，提高"海丝"沿线各国海洋环境污染防治意识和能力。实现海洋产业对接，发展好海洋合作伙伴关系，为缓解南海争端提供新思路。

深化海洋安全合作。推动福建与东盟等国家在海洋观测和预报领域的合作，推进海洋搜救、海上减灾防灾、海洋灾害预警等领域的合作，建设联合海啸预警和减灾合作与服务平台。参与国家统一部署的海上联合执法、联合防恐合作，加强与东盟国家海上安全执法机构的交流与合作，增进了解与互信，共同维护地区和平稳定与航行安全。

推进海事合作。鼓励福建省内的航运企业与东南亚、南亚国家的航运企业在航运保险、仲裁、交易、船舶融资租赁和海损清算等领域开展深度合作，并在福州、厦门自贸区探索设立东南亚海事服务基地和南亚海事服务基地。

3. 建设海洋合作平台

重点加快中国—东盟海洋合作中心建设进程，争取国家海洋局和中国—东盟海上合作基金的支持，推动中国—东盟海洋合作中心尽快挂牌运作。启动中国—东盟海洋合作中心基础能力建设、中国—东盟海洋合作中心人文交流、中国—东盟海洋数据信息服务平台、中国东盟—海洋公园生态服务平台和中国—东盟海洋产业技术服务平台等一批项目的建设，推进中国与东盟国家的全方位海洋合作，打造"创新、合作、共赢"的中国—东盟海洋合作秩序。

完善中国—东盟海产品交易所。支持中国—东盟海产品交易所建设区域性海产品现货交易中心，并在东亚、南亚等国家和地区设立交易分中心，形成丝路海产品电子交易平台。不断规范交易所的相关制度，完善海产品交易所的配套设施，如建设大型冷库、加快冷链物流建设等，不断利用各种优势资源来吸引更多的交易相关方，使港口的箱载海产品、码头、冷库等实现有效直接对接，缩短货物中转停留时间，降低有关交易各方交易成本。积极落实支持中国—东盟海产品交易所发展的九条措施，加快建设中国—东盟海产品电子信息平台，提高电子信息大数据平台交易能力，促进海产品的合理流通。通过对传统的海鲜行业进行供给侧改革，从交易环节入手，利用互联网模式开展撮合交易、自营（代销代购）、仓储质押、供应链金融及大数据服务，改变传统双边远海渔民作业的购销模式，实现鱼商随时随地对接；研发"海上 WiFi"以实现卫星网络与互联网的搭建和互通，进而实现海产品溯源系统，实现海产品的捕捞、卸货、交易、运输等全程追溯，确保消费者买到放心的海鲜，形成线上线下、电商店铺、展示与销售相结合的区域性海产品集散中心，实现海产品"线上交易、线下交割、人民币结算"的安全交易模式，进而促进"海上 WiFi"终端的普及和实际交易量；探索推行"一带一路"交易指数，打造海交所指数，通过大数据分析，结合渔船回港发布的供求信息、往年交易情况，利用数据分析模型，预测未来海鲜价格走势，帮助供需双方作出最优决策，打造全国乃至亚洲地区的海产品定价中心。创新海产品交易所的服务模式，将其延伸至供应链金融。鼓励银行在大数据信息支持下利用海产品质押开展垫款垫付业务，在第三方机构/平台对海产品进行验货、入库等管理后进行授信放款和付款赎货，解决下游企业缺乏资金的困境。推动建立关检与交易所"关所共管"机制、"检所联动"监管新模式，加快交易所在东盟地区的布局，推进缅甸、越南、马来西亚等海外分中心及配套设施建设。

（四）构建"海丝"核心区创新网络

1. 创新"海丝"核心区科技合作机制

借鉴全球国家间、组织间科技合作的新型制度、机制和模式，建立"海丝"沿线政府间科技合作长效机制；依托在闽科研机构、高等院校、科技部门与菲律宾、马来西亚、印尼、泰国等国家的智库开展点对点合作，成立丝绸之路科学研究院、科学家联盟和科技信息中心，打造有影响力的"海丝科技智库"，形成"海丝"核心区创新网络协作机制；围绕"海丝"核心区的产业优势和先进技术，面向东南亚相关国家的经济社会发展规划，以专项基金的形式，为重点领域、重点企业、重点项目、重点人才提供融资支持，形成"海丝"核心区创新合作机制；改革和完善科技人才流动制度（如签证）、评价制度、激励制度等，形成"海丝"核心区创新网络合作机制。

2. 搭建"海丝"核心区创新网络合作平台

推动设立辐射东南亚的海洋、冶金、风电等领域的研发中心总部；依托部分高校和在闽科研院所，布局一批联合实验室；结合东南亚相关国家的重大科技需求，联合推进高水平科学研究；共建一批海外研发中心，立足福建的研发和产业化优势，发挥紫金矿业、金龙汽车等已建的境外分支机构的平台作用，与"海丝"沿线国家共建一批海外研发中心；共建一批技术示范与推广基地，推广重点领域的先进适用技术，促进技术转移和成果转化；以福建产业升级需求和"海丝"沿线产业发展需求为导向，在数字经济、智慧城市、农业、能源、节能环保、医药健康、防灾减灾等领域共建科技合作平台；依托境外经贸合作区（如旗滨集团马来西亚工业园、三明钢铁集团肯尼亚钢铁产业园、福隆盛中柬工业园）和福建的科技产业园区（如福厦泉国家自主创新示范区、国家级高新区、厦门国家健康产业国际创新园、福州国家半导体照明国际创新园），共建以科技产业园区为载体的技术转移平台。加快建设经济海藻资源化利用与深加工重点实验室、海洋生物产业化中试技术研发公共服务平台、海洋生物技术研发中心等一批海洋科技重点实验室和海洋产业公共服务平台。推动厦门海洋高技术产业基地和科技兴海产业示范基地建设与对外合作，打造南方海洋创业创新基地。支持厦门大学建设海洋碳汇与未来地球协同创新中心，支持集美大学建设亚洲航标培训基地。

3. 构筑"海丝"核心区创新网络

以科技创新支撑产业合作为重点，基于现有产业合作基础，进一步发挥科技创新在产业合作中的作用，鼓励多层次创新主体与"海丝"沿线国家科技园区开展创新要素对接，推动一批园区建设国际创新生态系统，依托海外科技园区为科技型企业进入海外市场搭建平台、拓展渠道，形成科技创新与产业合作协同发展路径。

以海洋科技合作为切入点，整合在闽涉海研究机构（如国家海洋三所、厦门南方海洋研究中心等），与"海丝"沿线国家共建海洋科技合作平台（如中国—东盟海洋合作中心），共同开展海洋生态联合观测及风险预警、海岸带变化与修复、海洋碳汇等领域研究和海洋科学考察合作，拓展海洋科技合作新路径。

以人文交流和人才培训为纽带，依托与"海丝"沿线国家共建的科研基地、科技园区、科技协作组织等，面向"海丝"沿线国家开展技术转移、技术援助、技术培训等工作；依托社会组织（商会协会、非政府组织、华侨华人社团等）开展"海丝引智计划"，拓展科技人才流动新路径。

（五）密切"海丝"人文交流

1. 加强"海丝"人文交流

以妈祖文化、闽南文化、客家文化、朱子文化、万里茶道文化、陈靖姑文化、昙石山文化等福建特色文化为纽带，办好海上丝绸之路国际艺术节、福州丝绸之路国际电影节、世界妈祖文化论坛、南洋文化节、世界闽南文化节和海上丝绸之路（福州）国际旅游节等对外交流活动，融入更多的"海丝"文化元素，加强不同文明之间对话合作。将厦门的南洋文化节、嘉庚论坛办成具有全国影响力、对接东盟、辐射"海丝"沿线国家的文化交流平台。支持泉州建设海上丝绸之路国际文化交流展示中心，开展"东亚文化之都"系列活动，充分发挥"东亚文都、海丝泉州"先行区品牌效应，深化与"海丝"沿线国家的体育文化交流。继续办好世界福建同乡恳亲大会、世界闽商大会等海外联谊活动。与"海丝"沿线国家互办海洋文化年、海洋艺术节，传承和弘扬21世纪海上丝绸之路友好合作精神。积极支持华文教育体系建设，系统推广中华语言文化，大力支持海外华文媒体，充分整合利用其资源和渠道传播中国声音。支持有关高校、研究机构等建设海上丝绸之路研究院、"海丝"核心区研究院等高端专业智库，加强对"海丝"核心区的宣传推广。鼓励专业智库开展关于"一带一路"建设的学术交流和研讨，邀请东南亚、南亚等"海丝"沿线国家和地区的专家学者以及政商人士参加，并进行对话交流合作。深化青年、非政府组织、社会团体等友好交流，支持福建青少年学生与"海丝"沿线国家华侨华人子女开展研学旅行活动。

加强与闽籍华人和港澳台同胞的情感联系，支持福州、漳州、泉州、莆田等地系统整理福建海外移民历史文化资料，拓展泉州南洋华裔群寻根谒祖综合服务平台项目，推动福州"海丝博物馆"开工建设，做好福建省华侨华人展示馆筹建工作，进一步办好"海丝情、桑梓梦"活动。深入挖掘福建文化中的"海丝"元素，携手"海丝"沿线国家和地区，加强"海丝"题材文化艺术精品创作和推广，增强沿线人民对"海丝"文化的认同感。继续在"海丝"沿线国家和地区举办"中国·福建周"系列活动，继续组织以《丝海梦寻》和《丝路帆远》为代表的"海丝"文化艺术精品在"海丝"沿线国家和地区巡演、展出，组织承办"海丝"博览会、文化节等文化交流活动。

2. 推动人文经贸融合发展

紧扣"文化+"的核心，加强福建与台湾和东南亚地区的合作和交流，以"文化+"为媒，实施项目带动措施，为福建产业发展注入新动能。继续举办海峡论坛，以祖籍文化为主轴，通过寻根谒祖、探访亲友等活动，促进两岸交融，共同打造两岸经贸合作大平台。在举办各项活动过程中，开展经贸项目的签约和投建。以两岸祖籍文化为交流媒介，助力两岸经贸投融资，不仅可以凝聚亲情和亲缘，而且提供了发掘商机、合作共赢的机会。

目前福建与"海丝"沿线国家的人文交流主要以宣传、节庆、会展等方式进行，受众范围有限且持续时间较短。人文交流应当借助受众更广泛的载体来进行，可将文化内容融入消费产品，使人文交流向市场消费的方向转化，取得人文交流和贸易往来的双赢。此外，福建省动漫网游、创意设计、数字经济与新媒体等新兴业态的文化企业已形成聚集发展态势，规模不断扩大；文化与科技融合发展的路径进一步明晰，已拥有一批具有全国影响力的文化科技融合发展平台。

因此，福建应该充分发挥国际性经贸文化合作平台对"一带一路"倡议的宣介功能，在加大"海丝"题材文化艺术精品创作力度的同时，创新人文交流模式，在开展宣讲、节庆、会展等方式的人文交流时，融入以"海丝"为主题的动漫网游、创意设计等新兴文化。

3. 深化教育科技合作

加强对海外华人社群的文化支持，加快厦门大学、华侨大学等华侨创办高校的海外"反哺"办学进程，支持厦门大学"一带一路"汉学总中心建设，推动在"一带一路"沿线国家建立汉学分中心；充分发挥厦门大学马来西亚分校、华侨大学与泰国东盟普吉泰华学校合作办学的作用；支持华侨大学继续推进实施"海丝"人才培训计划，推动华侨大学将"一带一路政府官员中文培训班""安哥拉政府青年科技人才班"等打造成为"海丝"人文交流的重要品牌;积极为闽籍华人华侨聚居地的孔子学院、孔子课堂和华文学校提供师资、教材等多方面支持,鼓励网龙网络公司加强与"一带一路"沿线国家的教育合作,加快开发利用"互联网+"等技术,扩大海外华文教育的覆盖面,提升华文师资教学水平。加快建立中国—东盟海洋学院,提升中国—东盟海洋人才培养水平和科技创新水平,促进福建与东盟的海洋合作。

支持福建省内高校为"海丝"沿线国家举办面向青少年、科技人才的专业技能培训和中文培训,加大力度为海外华文学校培养师资力量。拓宽闽籍华侨与本省的文化沟通渠道,支持福建新华书店海外分店、闽侨书屋等项目按年度计划扩大海外覆盖面。持续实施福建省政府外国留学生奖学金项目,支持海外青年学生来闽接受教育和开展研学旅行。继续组织侨二代、侨三代回乡参访,加强与各侨社青年团的友好交流,吸引更多"海丝"沿线国家学生来闽接受华文教育,增强民族认同。实施闽—泰精神卫生、闽—法和闽—澳医疗卫生等合作项目,支持福建中医药大学与东盟国家深化中医医疗机构建设、人才培训和药物研发等方面的交流合作。推进厦门-斯里兰卡眼科合作项目等医疗卫生合作,支持福建有实力的民营医院赴"海丝"沿线国家和地区建设医院,打造"健康丝绸之路"。

4. 传承"海丝"历史文化

做好"海丝"申遗工作。积极配合国家海上丝绸之路申遗进程,做好文化遗产保护工作。继续申报"古泉州(刺桐)史迹"世界文化遗产,着手推进"海上丝绸之路·中国史迹"申遗工作,支持武夷山"万里茶道"申遗。与中国台湾和东南亚国家共同搭建海上丝绸之路文化遗产专项调查平台或机构,共同在重点海域水下开展海洋遗址遗迹的发掘与展示,推动建设海上丝绸之路文化遗产保护基地。研究马来西亚和福建的港口交流史,特别是马六甲港和泉州港等历史大港,为双方开展跨国"海丝"联合申遗做准备。

推进旅游合作。推动"两廊一路""海丝"旅游合作,与"海丝"沿线国家共建闽亚旅游合作走廊,与国内"海丝"沿线城市共建东部沿海旅游合作走廊,与"武夷山—恰克图"沿线国家和省市共建万里茶道。争取落地签、邮轮过境免签、退税等方面的便利政策,促进旅游往来便利化。

发挥"海丝"旅游推广联盟作用,积极推进落实跨省、跨区域旅游合作,开展"美丽中国——海上丝绸之路"旅游联合推广活动,搭建国际旅游营销平台、举办友好城市旅游推介会,出境旅游企业合作和文化旅游交流。鼓励设立"海丝"旅游公益基金、提供旅游优惠,积极吸引"海丝"沿线国家和地区游客来福建旅游,进一步推进福建与"海丝"沿线国家和地区的民间文化交流。打造"海丝"旅游专线。重点加强与东南亚、南亚和西亚的旅游合作,推出一批精品旅游线路,举办海上丝绸之路国际旅游节,主要打造以"海丝旅游"和"海峡旅游"为品牌的旅游专线,推动福建人民与"海丝"沿线国家和台湾人民的"民心相通";推进厦门开通21世纪海上丝绸之路国际邮轮游线,建立"海丝"先行区——泉州专线旅游品牌,培育一批讲好"海丝故事"和"福建故事"的专业中英文导游。建成"海丝"旅游集散中心。规划建设平潭国际旅游岛,打造福州、厦门、泉州、湄洲岛等"海丝"重要旅游目的地,提升武夷山、福建土楼、泰宁丹霞、宁德世界地质公园等一批重点旅游景区,开发特色明显、主题鲜明的"海丝"文化旅游产品。探索打造"海丝"旅游经济走廊和环南海旅游经济圈。

建设海洋特色文化产业带。进一步整合各类文化资源,利用厦门、福州在动漫、创意设计产业的优势,大力发展新兴文化,携手东南亚国家,围绕"海丝"主题,推进福建省内文化企业与互联网融合,培育一批以海洋旅游、节庆会展、休闲渔业和文化旅游等为主题的海洋文化创意产业平台,挖掘具有地域特色的海洋文化,形成21世纪海上丝绸之路海洋特色文化产业带。建设海上丝绸之路国家艺术公园、"海丝数字文化长廊"等一批"海丝"文化重点项目。设立海洋文化产业合作协会,即与"海丝"沿线国家合作设立从事海洋文化及相关行业研究、生产、宣传、服务并依法登记的社会团体。通过建立首个"海丝"海洋文化专家库,开办海洋文化讲堂,协助政府部门制定海洋文化发展规划,推进行业管理,搭建福建省与"海丝"沿线国家和地区的海洋文化交流与合作平台,开展海洋文明的寻根研究,进行跨区域的合作与交流,提高海洋文化传播能力,开展"海丝"海洋文化新媒体融合平台建设。

5. 发挥华侨华人的作用

一是要加强与重点华侨华人的联络。首先,要重视华侨华人意见领袖的人际影响和公共外交功能，加强与闽籍政坛领袖的联系，开展与东南亚国家的"政策沟通"，进而带动福建与"海丝"沿线国家的经贸合作和人文往来。充分利用华商资源，通过他们牵线搭桥，加强福建与东盟各国的官方合作平台建设，鼓励福建各地市与东盟各国的一些潜力城市本着优势互补、互利共赢、共同发展的原则，加快缔结友好城市，探索建立常态化合作交流机制，以促进双方进一步深化合作关系、拓展合作领域、提升合作层次。其次，借助闽籍知名侨商力量提高经济融入度。发挥华侨华人的人脉与商缘关系，充分利用福建国际商会和福建贸易促进会等组织，深化福建与东盟各国的关系，依托闽商大会、海外联谊会、华商会等载体平台，吸引闽籍华商回乡投资，鼓励华商与国内企业在交通运输、港口、产业园区建设等领域强强合作，借助华商力量实现产业转移和转型升级；发挥华商在船舶、运输、仓储、货运代理及能源资源开发等领域的优势，借助并支持华商参与一些海上支点、重要港口、能源资源开发等重要项目；借助当地华商经营多年的销售渠道和企业口碑等迅速融入当地市场，获得当地消费者的认同。同时，有针对性地做足做好重点闽商工作，组织以省级领导为代表的团队赴东盟各国开展以工商界华侨为主的招商引资活动，使更多的华商企业来闽投资。通过调动华侨华人及其企业在"海丝"沿线经济体中的引领作用，发挥其在企业经营、人际网络等方面融通"海丝"沿线和祖籍国的优势，发扬"丝路精神"，率先参与"海丝"具体项目建设，促进中国—东盟利益共同体的形成。

二是加强对新侨的工作。针对海外华侨华人构成渐变尤其是华裔新生代和新华侨华人占比不断提升、作用力日渐显现的趋势和特点，积极发挥中国侨商企业投资协会的作用，加强与侨团、商会的联系交往，深入挖掘侨资侨智资源，做好"海丝"沿线国家重点侨商、新华侨华人和华裔新生代工作。创新工作思路和办法，以海外华裔青年感兴趣的活动和方式，增强他们对祖籍地的文化了解和认同。依托商会、协会、华侨华人社团等民间组织，推动科技创新人才的自由流动。组织实施"海外社团接班人千人培养计划"，办好"海外青年精英研修班"，引导和推动新侨、新移民加入海外社团，发挥更大作用。华人科学家是我们招才引智的重要资源，应给予这类高端杰出人才激励和优惠政策，以推动其助力福建高新技术产业发展。

图书在版编目（CIP）数据

"一带一路"经贸合作及其经济效应／许培源著
. -- 北京：社会科学文献出版社，2021.4（2024.8重印）
（21世纪海上丝绸之路研究丛书）
ISBN 978-7-5201-8317-8

Ⅰ.①一… Ⅱ.①许… Ⅲ.①"一带一路"-对外经
贸合作-研究-中国 Ⅳ.①F125

中国版本图书馆 CIP 数据核字（2021）第 080579 号

21世纪海上丝绸之路研究丛书

"一带一路"经贸合作及其经济效应

著　　者／许培源

出 版 人／冀祥德
责任编辑／黄金平
责任印制／王京美

出　　版／社会科学文献出版社·文化传媒分社　（010）59367004
　　　　　　地址：北京市北三环中路甲29号院华龙大厦　邮编：100029
　　　　　　网址：www.ssap.com.cn
发　　行／社会科学文献出版社（010）59367028
印　　装／唐山玺诚印务有限公司

规　　格／开　本：787mm×1092mm　1/16
　　　　　　印　张：16　字　数：258千字
版　　次／2021年4月第1版　2024年8月第2次印刷
书　　号／ISBN 978-7-5201-8317-8
定　　价／89.00元

读者服务电话：4008918866